Ekkhard Verchau, 1927 geboren, war nach Kriegsdienst und -gefangenschaft zunächst in der Landwirtschaft und im Bergbau tätig, bevor er Geschichte, klassische Philologie, Archäologie, Staats- und Völkerrecht in Marburg, München und Tübingen studierte. Er betrieb Archivstudien u.a. in London und Paris. Nach seiner Promotion 1957 war er Dozent in der akademischen Erwachsenenbildung (Universitätsseminare u. ä.). Von 1962 an arbeitete er am Institut für Europäische Geschichte, Abteilung Universalgeschichte, in Mainz. Seit 1964 ist er Akademischer Direktor am Historischen Seminar, Abteilung Neueste Geschichte, der Johannes-Gutenberg-Universität Mainz. Seine Schwerpunkte in Forschung und Lehre sind die Geschichte Preußens, Marinegeschichte, Kolonialismus und Imperialismus, Europa zwischen den Weltkriegen, Nationalsozialismus und DDR-Probleme. Zu seinen Veröffentlichungen gehören u. a. »Europa und der Ferne Osten 1894–1898«, »Mein Feld – die Welt« und »Theodor Fontane. Mensch – Werk – Gesellschaft«.

Vom Autor neu bearbeitete und erweiterte Taschenbuchausgabe

Abbildungen im Innenteil und Umschlagfoto:
Bildarchiv Preußischer Kulturbesitz, Berlin
Umschlaggestaltung: Atelier Blaumeiser, München,
unter Verwendung eines Gemäldes von Franz von Lenbach
aus dem Jahre 1880 (Nationalgalerie Berlin-Ost)
Satz IBV Lichtsatz KG, Berlin
Druck und Bindung Ebner Ulm
Printed in Germany · 1 · 15 · 1081
ISBN 3-426-03668-1

1. Auflage

Ekkhard Verchau:

Otto von Bismarck

Mit zahlreichen Abbildungen

Ekkhard Verchau

22. 4. 85

Droemer Knaur

Inhaltsverzeichnis

Vorwort

Die erste Auflage der vorliegenden Biographie erschien Anfang 1969 und ist seit Jahren vergriffen. Die allgemein freundliche Aufnahme, die das Buch gefunden hat, bestärkte den Verfasser, den damals gewählten Weg fortzusetzen. Es war und ist nicht die Absicht, eine neue Theorie zu entwickeln oder eine neue These zu konstruieren, auch nicht, modische oder ideologische Fingerübungen am »Objekt« Bismarck vorzuführen und schon gar nicht, die vermeintliche Richtigkeit eines wie auch immer gearteten Dogmas an Bismarck als »Beispiel« zu beweisen. All dies ist geschehen und wird auch weiterhin geschehen, mit mehr oder weniger fragwürdigen Methoden und vornehmlich auf Kosten des Objekts, des Beispiels, das durch Theorie, These, Mode, Ideologie oder Dogma versetzt, vom Mittelpunkt der Betrachtung weggerückt, verschoben oder verdrängt und nicht selten verzerrt wird.

Der hier gewählte Weg sucht den Zugang zum Gegenstand der Betrachtung *von den Quellen her* und stellt Bismarck in den Mittelpunkt der Erörterung. Wieder wird bisher unveröffentlichtes Quellenmaterial beigefügt. Auch die Ergebnisse der neuesten Literatur werden berücksichtigt, soweit sie der Prüfung standhalten. Diese Auseinandersetzung führte, in Verbindung mit der verbreiterten Quellengrundlage, zu einer Erweiterung um mehr als ein Viertel des ursprünglichen Umfangs. Die Neuauflage enthält außerdem eine Zeittafel.

Dem Deutschen Zentralarchiv Merseburg (DZA), dem Bundesarchiv/Militärarchiv Freiburg/Br. (BA/MA) sei auch an dieser Stelle für Benutzung und Hilfestellung gedankt, ebenso Herrn Ulrich von Stosch (†) für die Benutzung des Nachlasses seines Großvaters Albrecht von Stosch.

Mainz, den 1. April 1981 E. V.

Erster Teil

Einführung

Wer die Aufsätze und Reden verfolgt hat, die aus Anlaß der 150. Wiederkehr des Geburtstags von Bismarck veröffentlicht worden sind, kann mit Befriedigung feststellen, daß sie sich in ihrer überwiegenden Mehrheit durch Sachlichkeit und Abstand auszeichnen, ja zum Teil sogar durch tiefschürfende Interpretation und hier und da auch durch einen neuen Deutungsversuch. Mißklänge, seien es solche der Verherrlichung oder solche der Verdammung, fehlten; man hat den Eindruck, daß das Pendel, das besonders nach 1945 wieder heftig in die zuletzt genannte Richtung ausgeschlagen war, sich selbst dort auf eine Mittellinie einzuschwingen scheint, wo man sehr hartnäckig an jener sogenannten historischen Linie festzuhalten geneigt war, die angeblich von Friedrich d. Gr. über Bismarck zu Hitler führt. Das ist ein wesentliches Verdienst der historischen Forschung, soweit sie sich von ideologischen oder national begrenzten Scheuklappen freizuhalten versteht.

Freilich, man hat nicht selten den Eindruck, daß Forscher und besonders Bismarck-Forscher von einer Warte aus Stellung nehmen, die es dem historisch und politisch Interessierten nicht gerade leichtmacht, bestimmte Aussagen oder Deutungen mitzuvollziehen oder knappe Anspielungen auf Ereignisse einer Zeit einzuordnen, die nun etwa 80 bis 160 Jahre zurückliegt. Bei allem guten Willen zum Verstehenwollen muß das Verständnis des weniger Belesenen dort aussetzen, wo die ganz schlichte Sachkenntnis fehlt.

»Man muß voraussetzen, daß man nichts voraussetzen kann.« Wer, wie der Verfasser, seit Jahren bemüht ist, historisch-politische Probleme interessierten Kreisen näherzubringen, die sich bezüglich der Vorbildung, des Alters, des Berufs, der Lebenserfahrung und anderer für die eigene Urteilsbildung wichtiger Faktoren aus sehr unterschiedlichen Gruppen zusammensetzen, wird ständig an diese nüchterne Einsicht eines international angesehenen Forschers gemahnt – eine Einsicht, deren Folgerungen nicht unwesentlich zu dessen Lehrerfolgen beigetragen haben, ohne daß dadurch dem Betrachtungsniveau Abbruch getan wäre. Die immer wieder anzutreffende Neigung bei Gelehrten, auf Tatsachen und Geschehnisse möglichst sparsam einzugehen und statt dessen das Hauptgewicht auf die Interpretation zu legen, hat in Fachkreisen seine volle Berechtigung – für den aber, der über Bismarck und die politische Geschichte in der zweiten Hälfte des 19. Jahrhunderts gar nicht oder mäßig oder nur einseitig orientiert ist, besteht das unbefriedigende Moment, nicht teilnehmen zu können. Er bleibt abseits.

Für ihn ist in erster Linie dieses Buch geschrieben. Einem interessierten oder zu interessierenden Leserkreis möchte es einen ersten Zugang zu Bismarck und seiner Zeit verschaffen. Die Aufgabe soll es sein, an die Wurzeln des Staatsmannes heranzuführen und die Beschaffenheit des Mutterbodens zu erkennen, in den sie tief eingesenkt sind. Weiter gilt es, einen Eindruck von der Art seines Handelns zu gewinnen, wobei der Kern seines Wesens ebenso deutlich hervortreten soll wie die Motive seines Wollens. Nicht zuletzt mögen charakteristische Streiflichter auf die Atmosphäre und die Zeitumstände fallen, in denen Bismarcks Entscheidungen heranreifen oder er selbst einmal das Ruder herumwirft und den Kurs, wenn nötig, wider den Strom bestimmt. Endlich soll auch noch ein Blick auf die Menschen seiner Zeit fallen, mit denen er dienstlich oder außerdienstlich in Berührung kam, zumal auch deren Urteile und Eindrücke uns Klärung geben werden auf die Frage, unter die man diesen Beitrag schließlich stellen könnte: Wer war eigentlich Bismarck?

Im Rahmen dieser Biographie ist Kürze geboten – das möge bedenken, wer das eine oder andere Problem vermißt. Die hier getroffene Auswahl ist u. a. bestimmt durch die Feststellung, daß der frühe Bismarck heute, vor allem bei der jüngeren Generation, so gut wie unbekannt ist. Ähnliches gilt von dem Bismarck, der sich nach der Entlassung in den Sachsenwald zurückgezogen hat. Beide aber gehören, obwohl noch nicht oder nicht mehr »aktiv«, zum Bild des historischen Bismarck. Im übrigen geht es hier nicht um eine Problemgeschichte, auch nicht darum, mit neuen Thesen einen weiteren Interpretationsversuch für das weite Meer der Bismarckforschung flott zu machen, sondern um die Darstellung der Persönlichkeit selbst. Und die gebietet energisch ein Zurück zu den Quellen. Hier und da wird ein neuer Akzent oder eine eigene Sichtweise geboten, und dies sowohl im Hinblick auf die politische Auseinandersetzung sowie auf den jüngsten Stand der historischen Forschung; die Erörterung aber bleibt doch stets auf Bismarck konzentriert. Dabei ist die Prüfung der vorgelegten Zeugnisse dem kritischen Leser durch den beigefügten Anmerkungsapparat erleichtert, der ihm über die für die Beurteilung bestimmter

Dokumente so wichtigen Fragen wie »Wer an wen?«, »Wann?«, »Was?«, »Wo?« und »In welcher Form?« möglichst genaue Auskunft gibt.

Die vielen Fehl- und Vorurteile, die sich die Mit- und Nachwelt über Bismarck und seine Zeit gebildet haben, sowie der Schwierigkeitsgrad für uns, jene Zeit mit ihren Problemen zu verstehen – Probleme, die sich so sehr von denen unserer Gegenwart unterscheiden, daß man vielfach den Eindruck haben kann, jene Epoche liege noch viel weiter zurück, als die Jahreszahlen es ausweisen –, lassen es geraten erscheinen, einige Überlegungen grundsätzlicher Art voranzustellen. Unser Weg zum Verständnis Bismarcks soll nicht beengt sein durch eine von vornherein verteidigende oder anklagende Grundeinstellung. Wer mit der Elle des Staatsanwaltes die Handlungen eines Staatsmannes mißt, muß sich notwendigerweise vermessen und zu so einseitigen Aussagen gelangen wie etwa Erich Eyck, der Bismarck den Sinn für Gerechtigkeit abspricht.[1] Auch wäre es verfehlt, spätere politische Entwicklungen auf das Konto Bismarcks und seiner Zeit zu buchen, mit denen sie nichts zu tun haben. So hat man z. B. die Zerstörung Preußens als eine »Sühne« für die Annexion 1866 in Norddeutschland hinzustellen versucht. Theodor Heuß, der süddeutsche Demokrat, bezeichnet treffend »solche Stellung des Urteils als vollkommen willkürlich gewählt und im letzten unsinnig, auch wenn sie sich weltanschaulicher Begründungen bedient... Denn sie unterschiebt Torheit, Unbildung, Wahn einem Mann, der sehr klug, sehr gebildet, sehr nüchtern war und in aller Kühnheit der Phantasie und Verwegenheit der Mittel sich unter dem Gesetz des Maßes wußte.«[2]
Mit dem Zitieren dieser bemerkenswerten Stellungnahme soll indessen einer Beurteilung Bismarcks nicht vorgegriffen werden. Diese möge sich vielmehr aus den folgenden Darlegungen entwickeln, indem wir die Quellen sprechen und Bismarck selbst möglichst oft zu Worte kommen lassen. Gerade bei ihm ist die Form der Selbstdarstellung eine für ihn angemessene und die für den Leser oder Hörer sicherlich anschaulichste und eindrücklichste. Der Schriftsteller Paul Heyse urteilt über ihn: »Würde dieser Herr, statt mit Politik sich zu befassen, auf dem Feld der Novellistik auftreten, so würde er als ernsthafter Konkurrent um die Gunst des Publikums einzuschätzen sein.«[3] Eine ähnliche Hochschätzung erhält er von Ludwig Bamberger, seinem liberalen Gegner: »Wenn ich Bismarcks Briefe lese, verzeihe ich ihm alles, was ich ihm politisch vorzuwerfen habe.«[4] Und Wilhelm Hausenstein vermerkt beim Lesen von Bismarck-Briefen in sein Tagebuch:[5] »Was für eine persönliche, durch und durch originale Gestalt. Von der Lektüre der Briefe geht etwas Kräftigendes

aus.« Über Bismarck als Meister der Sprache, der einen Vergleich mit Luther und Goethe zuläßt, haben namhafte Forscher wertvolle Beiträge geliefert.[6]

Was vom schriftlich formulierenden Bismarck gilt, trifft auch für den erzählenden zu. Der ihm gegenüber durchaus nicht unkritisch eingestellte Prinz Alexander Hohenlohe, Sohn des Reichskanzlers Fürst Chlodwig Hohenlohe-Schillingsfürst, schreibt:[7] »Das, was hauptsächlich an Bismarck faszinierte, das war die Originalität alles dessen, was er sagte. Ich kann das schwer beschreiben, aber ich hatte zum erstenmal in meinem Leben das Gefühl, hier einen Menschen vor mir zu haben, der anders war, gewissermaßen aus einem anderen Metall gegossen als alle anderen, die mir bisher begegnet waren. Ich kann nicht sagen sympathisch noch unsympathisch, sondern anders. Jedes Wort, jeder Satz, ja die ganze Art, wie er sprach, war originell und hatte nicht das geringste Triviale oder Affektierte. Ob er von Jagdabenteuern, Kriegserlebnissen, Politik, Geschichte oder was immer sprach, es war so malerisch anschaulich, daß man jedes Wort hätte festhalten und aufzeichnen mögen. Es waren Erzählungen, so wie man sie etwa bei Turgeniew oder Tolstoi liest, und dabei hatten sie nichts Künstliches oder absichtlich Gekünsteltes, sondern waren ursprünglich im höchsten Grade, ja ihr Reiz bestand eben darin, daß ihre Anschaulichkeit ganz unbewußt war.« Und Hohenlohe ergänzt noch: »Ihm [Bismarck] persönlich lag jede, wie immer geartete Pose oder Affektation ferne. Er war darin unschuldig und urwüchsig wie ein Naturkind. Auch das gehörte zu dem Zauber seiner Persönlichkeit.«

Ganz ähnliche Eindrücke bekam der Historiker Erich Marcks 1893, ebenfalls bei einem Aufenthalt in Friedrichsruh, von Bismarck:[8] »Sein eigenes Wesen, stark und groß, aber einfach, ungesucht, in jedem Augenblicke führend, aber zugleich den anderen anregend und heranziehend, wirkt befreiend und ermutigend.« Marcks spricht von der »Persönlichkeit, die immer ist und sich nie spielt«.

I

Herkunft – Anfänge

Da es heute kaum möglich ist, den in Mitteldeutschland gelegenen Geburtsort Bismarcks, Schönhausen bei Tangermünde in der Altmark, selbst in Augenschein zu nehmen, sei auf die Landschaftsschilderung des Bismarckbiographen A. O. Meyer zurückgegriffen. Wenn sie auch hier und da etwas romantisch verklärt erscheint, dürfte sie doch am ehesten noch den Landschaftseindruck wiedergeben, wie er zu Bismarcks Zeiten gewesen ist:[1] »Wer gegenüber von Tangermünde auf dem rechten Ufer der Elbe den hohen Deich entlang stromabwärts wandert, der blickt in eine weite Ebene hinaus. Vor ihm liegt saftig grünes Weideland mit Pferdekoppeln, Rinder- und Schafherden, dazwischen Korn- und Zuckerrübenfelder, im Hintergrunde die dunkelgrünen Wände weitgedehnter Kiefernwaldungen. Zu beiden Seiten des Deiches schlafen schilfumkränzte Weiher, auf ihrem stillen Spiegel die großen weißen Kronen zahlloser Wasserrosen; an ihren grünen Rändern leuchtet ein Blütenkranz gelber Schwertlilien. Einzelne Bäume und kleine Baumgruppen, Pappeln, Birken, Weiden, sind über die weite Landschaft hingestreut, hie und da auch Eiche und Kiefer zu kleinen Wäldchen gesammelt, einige dicht am Deiche, und aus jedem Wäldchen tönt unendlicher, vielstimmiger Vogelgesang, während der Bussard hoch in den Lüften kreist und über der einsamen Elbmarsch der Reiher dahinstreicht.
Eine gute Wegstunde unterhalb Tangermünde, ein Stück abseits der Elbe liegt, leicht ansteigend und lang hingestreckt, das Dorf Schönhausen. Hoch über ihm, weithin sichtbar, ragt aus den Kronen alter Eichen und Eschen ein seltsam geformter romanischer Kirchturm auf; breit und wuchtig emporstrebend, von einem steilen Giebeldach anstelle der Turmspitze gekrönt. Nahe bei der Kirche, versteckt im dichten Grün der Baumkronen, die Mauern von Efeu umsponnen, steht das Schloß Schönhausen.«[2]

In diesem Schloß – es hat den letzten Krieg unversehrt überdauert, wurde dann aber auf Befehl der Zonenmachthaber zerstört – ist Otto von Bismarck am 1. April 1815 geboren; zu einem Zeitpunkt also, als Napoleon noch nicht ganz niedergeworfen war. Die Geburtsanzeige, die tags darauf in der Spenerschen Zeitung in Berlin zu lesen war[3], erschien am gleichen Tage wie das Manifest, das Napoleon, von Elba nach Paris zurückgekehrt, an die Völker Europas richtete.

Die Bismarcks gehören zum märkischen Uradel, zu jenen Geschlechtern, die selbstbewußt von sich sagten, daß sie schon vor den Hohenzollern in der Mark gewesen waren. Noch Friedrich Wilhelm I. bezeichnete die altmärkischen Vasallen als »schlimme, ungehorsame Leute« und nannte unter ihnen besonders die Schulenburgs, die Alvenslebens und die Bismarcks.[4] Die Vorfahren waren Landjunker und Offiziere gewesen, große Begabungen hatte die Familie eigentlich nicht hervorgebracht. Auch der Vater, Ferdinand von Bismarck, war früh in die Armee eingetreten, hatte aber bald schon dem freieren Leben eines Gutsherrn den Vorzug gegeben. Er galt als kräftig, herb und humorvoll, ohne Ehrgeiz und sonderliche geistige Bedürfnisse zu haben. Ihm neigte der Sohn innerlich wohl mehr zu, gegen den er eine »wirklich maßlose uninteressierte gutmütige Zärtlichkeit« hegte. Ganz anders die bürgerliche Mutter, Wilhelmine Mencken. Sie war sehr gebildet, ehrgeizig und von einer kalten Verstandesklarheit, dabei doch nicht frei von mystischer Schwärmerei. Weiter schildert der Sohn sie als »eine schöne Frau, die äußere Pracht liebte, von hellem, lebhaftem Verstande, aber wenig von dem, was der Berliner Gemüth nennt. Sie wollte, daß ich viel lernen und viel werden sollte, und es schien mir oft, daß sie hart, kalt gegen mich sei.«[5] Ihr Vater, Anastasius Ludwig Mencken, war Kabinettssekretär unter Friedrich dem Großen und unter den beiden folgenden Monarchen Geheimer Kabinettsrat gewesen. Er gehörte zu den Reformern, die im Geiste der Aufklärung zur Neuerung des Staatswesens beitrugen – nicht ohne Stolz vermerkte der Enkel: »Der Freiherr vom Stein hat meinen Großvater als einen ehrlichen, stark liberalen Beamten bezeichnet.« Unter den mütterlichen Vorfahren befanden sich noch Kaufleute und Ratsherren, vorwiegend aus Oldenburg, sowie Geistliche und namhafte Professoren, die in Helmstedt und Leipzig tätig gewesen waren.[6]

Solche außerordentlichen Unterschiede der sozialen Herkunft, der kulturellen Überlieferung, der menschlichen Charaktere und der körperlichen Konstitution mußten sich bei den Nachkommen erheblich auswirken. Manches Außergewöhnliche, das bei Bismarck auffällt, wird auf die Erbanlagen zurückzuführen sein, die er von diesem ungleichen Elternpaar erhalten hat.

Der Erziehungs- und Bildungsgang wurde wesentlich von der Mutter bestimmt. Noch nicht sieben Jahre alt, kam er im Januar 1822 auf die Plamannschen Anstalten nach Berlin, ein Internat, das bis zur Tertia vorbereitete. Die hier noch von Friedrich Ludwig Jahn herrührende strenge Zucht und die Erziehung nach den Prinzipien Pestalozzis sagten dem Jungen gar nicht zu, der starkes Heimweh nach dem väterlichen Gut hatte:

»Wenn ich aus dem Fenster ein Gespann Ochsen die Ackerfurche ziehen sah, mußte ich immer weinen vor Sehnsucht nach Kniephof.«[7] Nach der Auflösung dieser Schule wechselte er im September 1827 über zum Friedrich-Wilhelm-Gymnasium. Diese Schule stand in hohem Ansehen, mehr noch das Gymnasium zum Grauen Kloster, wo er die letzten Schuljahre bis Ostern 1832 verbrachte.
Seine Erinnerungen beginnen mit einem Rückblick auf diese Zeit: »Als normales Produkt unsres staatlichen Unterrichts verließ ich 1832 die Schule als Pantheist, und wenn nicht als Republikaner, so doch mit der Überzeugung, daß die Republik die vernünftigste Staatsform sei, und mit Nachdenken über die Ursachen, welche Millionen von Menschen bestimmen könnten, Einem dauernd zu gehorchen, während ich von Erwachsenen manche bittre oder geringschätzige Kritik über die Herrscher hören konnte.«
Dieser in der Schulbildung begründete Hinweis auf eine Hinneigung zu liberalen Grundgedanken mag gerade bei den landläufigen Vorstellungen, die man mit Bismarck allgemein verbindet, überraschen. Sie gewinnt aber an Aussagekraft, wenn man etwa die Stellungnahme eines bekannten Antiliberalen aus jener Zeit heranzieht. So schrieb im März 1820 der Direktor im Preußischen Polizeiministerium, von Kamptz, an den ihm gleichgesinnten Fürsten von Wittgenstein über die Schulverhältnisse: »Ein großer Teil des Republikanismus kommt aus der Tollheit, die wir in unsren Schulen mit der griechischen Literatur treiben. Unsre Jugend... verlebt ihre schönste Zeit in den schönen Zeiten der griechischen Freistaaten; der erste Monarch, Alexander, von dem sie hört, erscheint ihr als der Unterdrücker jener schönen Freistaaten; nun schreitet man nach Rom, dort hört der Knabe von den sieben Königen, allein nur aus den Schriften der römischen Republikaner, sie erscheinen ihm als Tyrannen; die goldene Zeit des römischen Freistaates beschäftigt ja den Knaben, sie wird in ihrer ganzen verführerischen Schönheit genau und umständlich vorgetragen; die Kaiser erscheinen auch hier wieder als Unterdrücker der Freiheit und in ihrer (größtenteils) persönlichen Schlechtigkeit... Der Jüngling verließ bei einem solchen Unterricht, selbst wenn keine unerlaubten Einmischungen von seiten der Lehrer erfolgen, die Schule erfüllt und begeistert von Bildern und Reden aus griechischen und römischen Freistaaten auf der einen und von der Abneigung gegen Monarchie und unsre heutigen Staaten auf der anderen Seite.«[8] Die Meinung Bismarcks und die Beobachtung von Kamptz' finden eine bemerkenswerte Bestätigung auch bei Carl Schurz, wenn er in seinen Lebenserinnerungen über 1848 schreibt:[9] »Der Idealismus, der in dem republikanischen Staatsbür-

ger die höchste Verkörperung der Menschenwürde sah, war in uns durch das Studium des klassischen Altertums genährt worden.«
Eine liberale und republikanische Komponente ist mithin früh entwickelt, die in der Folgezeit immer wieder auftaucht, gelegentlich auch bei entscheidenden Situationen deutlich wird und von der er selbst dann ganz offen spricht. So etwa im August 1870, als er einem amerikanischen General erklärte, seine Neigungen seien in den jungen Jahren ganz republikanisch gewesen (all toward republicanism), Familieneinflüsse aber hätten diese Neigungen unterdrückt. Auch sei er in seiner politischen Laufbahn später zu der Überzeugung gelangt, daß Deutschland noch nicht genügend fortgeschritten sei für den Republikanismus.[9] Zeigt sich hier schon die Unhaltbarkeit einer Auffassung, die in Bismarck lediglich den stockkonservativen Preußen sehen will, so sollte andererseits die genannte Komponente keineswegs zu hoch veranschlagt werden, zumal Bismarck wenige Sätze später in den Erinnerungen betont, daß ihm auch damals doch die angeborenen preußisch-monarchischen Gefühle und die Sympathien für die Autorität geblieben seien.

II

»Warum soll ich harmonisch sein?«

Im Frühjahr 1832 begann Bismarck mit dem Studium der Rechte in Göttingen. Ohne Eifer und eigentliche Neigung dafür, wandte er sich im Vollgefühl des Freiseins von Elternhaus und Schule dem geselligen Umgang zu, in einer Weise, daß er auf den Promenaden, Paukböden, beim Reiten und in den Kneipen recht bekannt wurde[1] und bis heute noch legendenumwoben ist. Übermütig schrieb er an seinen Bruder:[2] »Ich mache zu meiner unendlichen Genugtuung die Beobachtung, daß Schulden sich durch flotte Kneiperei eher vermehren als vermindern.« Kaum in Göttingen eingetroffen, kam er schon – was in der Folgezeit noch öfter geschah – mit dem Universitätsrichter in Berührung, weil er leere Flaschen zum Fenster hinausgeworfen hatte. Auf die Frage, wie er dazu gekommen sei, erklärte er, dies sei die natürliche Folge schnellenden Streckens der Armmuskeln bei dem Öffnen der die Flasche haltenden Hand gewesen.[3] Zu seinem Umgang gehörten auch ausländische Kommilitonen, unter ihnen der spätere amerikanische Diplomat und Historiker Motley, mit dem ihn eine fortdauernde Freundschaft verband.

Nach drei Semestern wechselte er über nach Berlin, wo er ebenfalls drei Semester studierte, die Berührung mit der Wissenschaft aber ähnlich oberflächlich blieb wie in Göttingen, obwohl an beiden Universitäten bedeutende Professoren lehrten. Dabei muß man wohl nicht nur sein Alter berücksichtigen – mit 20 Jahren verließ er die Universität nach erfolgreicher Staatsprüfung (Mai 1835) – und das damit verbundene Schwanken in bezug auf das Berufsziel, sondern auch den »ursprünglich eigenen Sinn«, der sich in der Wahl seiner Interessengebiete und der Auswahl seines Umgangs kundtat. Er hielt sich nicht eng an sein Fachgebiet, sondern ging seinen sprachlichen, literarischen und historischen Neigungen nach. Dazu erhielt er noch besondere Anregungen durch seinen Freundeskreis, aus dem neben Motley noch der baltische Graf Alexander Keyserling hervorragte. Vor allem aber fühlte sich Bismarck nicht nur als Student, sondern, wie sein Lebensstil in Göttingen schon gezeigt hatte, als Aristokrat und Angehöriger der führenden Gesellschaftsschicht. In Berlin hielt er ebenfalls den Anschluß an diese Kreise, so kritisch-distanziert er ihnen auch gegenüberstehen mochte. Seinem Freunde schrieb er[4] von einer »seeligen Gemeinschaft mit 30 Vettern ... von deren Beisammensein eine polizeiwidrige Anhäufung von Dummheit die einzige Folge ist; ›sie essen

nicht, sie trinken nicht‹, was thun sie denn? Sie zählen ihre Ahnen.« Zugleich aber schilderte er sich selbst nicht weniger ironisch: »En attendant lebe ich hier wie ein gentleman, gewöhne mir ein geziertes Wesen an, spreche viel französisch, bringe den größten Teil meiner Zeit mit Anziehen, den übrigen mit Visitenmachen und bei meiner alten Freundin der Flasche zu; des Abends«, so renommierte er weiter, »betrage ich mich im ersten Rang der Oper so flegelhaft als möglich.«
Natürlich wurde auch politisiert, und bei solcher Gelegenheit bemerkte er 1835 gesprächsweise gegenüber Keyserling: »Constitution unvermeidlich, auf diesem Wege zu äußeren Ehren, außerdem muß man innerlich fromm sein.«[5] Ein sehr hintergründiger Satz, der, wenn er so gefallen ist, einigermaßen überrascht, zumal zu diesem Zeitpunkt, aber vielleicht doch ahnen läßt, wonach der junge Mann im Grunde sucht und was ihn *eigentlich* bewegt.
Die ersten Monate der juristischen Ausbildung erledigte er an Berliner Gerichten, wo sich bei ihm aber öfter der Wunsch regte, »die Feder mit dem Pflug, und die Mappe mit der Jagdtasche zu vertauschen; doch das bleibt mir ja immer noch übrig«.[6] In Aachen, der nächsten Ausbildungsstation, wurde er beim Regierungspräsidium in die preußische Verwaltungspraxis eingeführt und legte dort am 30. Juni 1836 das zweite Examen ab. Die mündliche Prüfung[7] erstreckte sich, bezeichnend für den Geist und die Anforderungen jener Zeit, »zunächst auf die allgemeinen Wissenschaften, namentlich auf die griechische und lateinische Sprache und auf Philosophie und Geschichte, sodann auf die kameralistischen Wissenschaften, namentlich auf Staatsrecht überhaupt und auf verschiedene Zweige der Staatswirthschaft und Finanzwissenschaft, sowie insbesondere auf das gegenwärtig in Preußen geltende Steuersystem, endlich auf die Rechtswissenschaft, wobei verschiedene Materien des gemeinen, preußischen und französischen Civilrechts, sowie des gemeinen deutschen Lehnrechts unter Einwebung praktischer Rechtsfälle zur Sprache kamen«.
Das Urteil der dreiköpfigen Kommission nach der dreistündigen mündlichen Prüfung lautete: »Candidat legte in Bezug auf die allgemeinen Wissenschaften recht gute Schulstudien an den Tag und zeigte durch Übersetzung und Interpretation einiger Stellen aus Xenophons Cyropädie sowie aus Ciceros Buche ›de officiis‹ seine Vertrautheit mit den alten Sprachen. Seine Antworten auf die ihm vorgelegten philosophischen und historischen Fragen waren durchaus befriedigend. – In den kameralistischen Wissenschaften entwickelte Candidat recht gute Kenntnisse, und vor allem zeigten seine Antworten auf die ihm über Staatsrecht und

Staatswirthschaft vorgelegten Fragen, daß er über das Erlernte nachgedacht und schon selbständige Ansichten gewonnen hat. – Nicht minder gut bestand Candidat in der Rechtswissenschaft. Seine Antworten bewiesen, daß er sich die allgemeinen Vorschriften des römischen Rechts sowie des preußischen Landrechts zu eigen gemacht hat, und seine Beurtheilung der ihm vorgelegten Rechtsfälle ergab, daß er auch die erwähnten Vorschriften praktisch anzuwenden weiß. Im französischen Recht schien er sich wenigstens einige Kenntnisse erworben zu haben.
Durchgängig zeigte Candidat eine vorzügliche Urtheilskraft, Schnelligkeit im Auffassen der ihm vorgelegten Fragen und Gewandtheit im mündlichen Ausdruck.«
Nach dieser sehr gut abgeschlossenen Prüfung blieb Bismarck als Regierungsreferendar zunächst noch in Aachen. Die Vorgesetzten bezeugten, daß er »mit einem ebenso scharfen Verstande als leichter und richtiger Auffassungsgabe begabt« sei, daß es ihm »nicht an Fähigkeit und richtigem Urtheil fehlt, jedoch wird er sich noch mehr an gewissenhafte Pünktlichkeit und die strenge Ordnung des Dienstes gewöhnen müssen«. »Fleiß und Sorgfalt in den ... Arbeiten hätten größer sein können.«[8] Aachen, damals ein Weltbad mit internationalem Publikum, bot außerordentlich reizvolle Abwechslung, und schnell hatte Bismarck auch hier Anschluß gefunden. Er besuchte Brüssel, ging auf Wolfsjagd in die Ardennen, machte Schulden beim Spiel und pflegte den Umgang mit hochstehenden Personen, unter denen auch viele Ausländer waren. Ernsthaft dachte er daran, eine Nichte zu heiraten. Dann aber nahm er doch davon Abstand und schrieb später an seinen Bruder: »Von mir war es eigentlich doch eine sehr unreife Idee, mit einundzwanzig Jahren heiraten zu wollen. Doch habe ich gesehn, daß ich mich in Acht nehmen muß; ich habe auch noch zu viel Romantik im Leibe.«
Diese Einsicht konnte es jedoch nicht verhindern, daß wenige Monate später »sein armes entzündliches Blut wie Dampf« wieder in Wallung geriet; Zündstoff war nun die Tochter eines englischen Geistlichen. Bismarck war plötzlich verschwunden. Die »bildschöne Engländerin« verleitete ihn, »6 Monate ohne den geringsten Urlaub auf ausländischen Meeren in ihrem Kielwasser zu fahren. Ich nöthigte sie endlich zum Beilegen, sie strich die Flagge, doch nach zweimonatlichem Besitz ward mir die Prise von einem einarmigen Obristen mit 50 Jahren, 4 Pferden und 15000 rl. Revenüen wieder abgejagt. Arm im Beutel, krank am Herzen, kehrte ich nach Pommern heim.«
So berichtete Bismarck acht Jahre später seinem Freunde Scharlach[9] von einem Geschehen stärkster innerer und äußerer Dramatik. Nur mit Mühe

und dank der Großzügigkeit des Regierungspräsidenten wurde der Abgang aus Aachen so geregelt, daß er bei der Regierung in Potsdam den Dienst fortsetzen konnte.

Von 1838 bis 1839 diente er als Einjähriger zunächst in Potsdam, dann in Greifswald, um gleichzeitig an der landwirtschaftlichen Schule in Eldena Vorlesungen hören zu können. Schließlich stellte er den Antrag auf Entlassung aus dem Staatsdienst und wurde Landwirt. In einer aufschlußreichen Selbstdarstellung ließ er sich gegenüber seinem Vater über die Gründe seines Berufswechsels aus:[10] »Daß mir von Hause aus die Natur der Geschäfte und der dienstlichen Stellung unsrer Staatsdiener nicht zusagt, daß ich es nicht unbedingt für ein Glück halte, Beamter und selbst Minister zu sein, daß es mir ebenso respectabel und unter Umständen nützlicher zu sein scheint, Korn zu bauen als administrative Verfügungen zu schreiben, daß mein Ehrgeiz mehr danach strebt, nicht zu gehorchen, als zu befehlen: das sind facta, für die ich außer meinem Geschmack keine Ursache anzuführen weiß, indessen, dem ist so.« Weiter bemerkte er, daß ihn die Erfolge kaum reizten, die »auf dem breit getretnen Wege durch Examen, Connexionen, Actenstudium, Anciennität und Wohlwollen« seiner Vorgesetzten zu erreichen seien. Und dann das für Bismarck Entscheidende: »Die Wirksamkeit des einzelnen Beamten bei uns ist wenig selbständig, auch die des höchsten, und bei den andern beschränkt sie sich schon wesentlich darauf, die administrative Maschinerie in dem einmal vorgezeichneten Geleise fortzuschieben. Der preußische Beamte gleicht dem Einzelnen im Orchester; mag er die erste Violine oder den Triangel spielen: ohne Übersicht und Einfuß auf das Ganze, muß er sein Bruchstück abspielen, wie es ihm gesetzt ist, er mag es für gut oder schlecht halten. Ich will aber Musik machen, wie ich sie für gut erkenne, oder gar keine.« Auf keinen Fall will er für den »mäßigen Vortheil, für den Kitzel, mich Herr Präsident nennen zu lassen ... trocken von Actenstaub, hypochonder, brust- und unterleibskrank vom Sitzen« werden.
Wie entschieden er auf äußere und innere Unabhängigkeit bedacht war, äußerte sich noch darin, daß er ein großes Vermögen für erforderlich hielt, um am Staatsdienst Freude zu finden, »damit ich sowohl in jeder Lage mit dem Glanz, den ich für anständig halte, öffentlich auftreten kann, als auch mit Leichtigkeit im Stande bin, alle Vortheile, welche mir ein Amt gewährt, aufzugeben, sobald meine dienstlichen Pflichten mit meiner Überzeugung oder meinem Geschmack in Widerspruch treten.« Konflikte solcher Art sieht er voraus, »zumal da mein politischer Glaube dem von unserm Gouvernement anerkannten wesentlich zuwiderläuft«.

Unstete und Unrast kennzeichneten auch die folgenden Jahre, in denen er das Gut Kniephof bei Naugard in Pommern mit Erfolg bewirtschaftete und zugleich als der »tolle Bismarck« bekannt wurde. Im Sommer 1842 rettete er seinen Reitknecht unter Einsatz seines eigenen Lebens vor dem Ertrinken – die Rettungsmedaille war seine erste Ordensauszeichnung. Nach einer zweiten Verlobung, die ebenfalls unglücklich ausging, waren ihm »die Freiersfüße gänzlich erfroren«, und er dachte daran, »einige Jahre Asiat zu spielen, um etwas Veränderung in die Dekoration meiner Komödie zu bringen, meine Cigarren am Ganges statt an der Rega zu rauchen«.[11] Tatsächlich spielte er, wenn auch nur kurz, mit dem abenteuerlichen Gedanken, unter englischen Fahnen in Indien zu kämpfen, bis ihm die Einsicht kam: »Was haben mir die Indier zu Leide getan?« und den Plan fallen ließ. Im Frühjahr 1844 versuchte er es noch einmal im Staatsdienst, als Referendar bei der Regierung in Potsdam, aber nach vierzehn Tagen schied er endgültig aus. »Ich habe nie Vorgesetzte vertragen können«, schrieb er an Scharlach[12] und zeichnete ihm ein Bild voller Ironie, Satire und Selbstkritik: »Ich sitze hier, unverheiratet, sehr einsam, 29 Jahre alt, körperlich wieder gesund, aber geistig ziemlich unempfänglich, treibe meine Geschäfte mit Pünktlichkeit, aber ohne besondere Teilnahme, suche meinen Untergebenen das Leben in ihrer Art behaglich zu machen, und sehe ohne Ärger an, wie sie mich dafür betrügen. Des vormittags bin ich verdrießlich, nach Tische allen milden Gefühlen zugänglich. Mein Umgang besteht in Hunden, Pferden und Landjunkern, und bei Letzteren erfreue ich mich einigen Ansehens, weil ich Geschriebenes mit Leichtigkeit lesen kann, mich zu jeder Zeit wie ein Mensch kleide und dabei ein Stück Wild mit der Accuratesse eines Metzgers zerwirke, ruhig und dreist reite, ganz schwere Cigarren rauche und meine Gäste mit freundlicher Kaltblütigkeit unter den Tisch trinke. Denn leider Gottes kann ich nicht mehr betrunken werden, obschon ich mich dieses Zustandes als eines sehr glücklichen erinnere. So vegetiere ich fast wie ein Uhrwerk, ohne besondere Wünsche oder Befürchtungen zu haben, ein sehr harmonischer und sehr langweiliger Zustand.«
Diesen Zustand in eine humoristische Form zu kleiden, fiel ihm nicht schwer. Über einen Besuch in Schönhausen schrieb er seiner Schwester:[13] »Ich lebe hier mit dem Vater lesend, rauchend, spatzirengehend, helfe ihm Neunaugen essen, und spiele zuweilen Komödie mit ihm, die es ihm gefällt Fuchsjagd zu nennen; wir gehn nämlich bei starkem Regen oder jetzt 6 Grad Frost, mit Ihle, Bellin und Carl hinaus, umstellen mit aller jägermäßigen Vorsicht, lautlos unter sorgfältiger Beachtung des Windes einen Kieferbusch, von dem wir alle und vielleicht auch der Vater unum-

stößlich überzeugt sind, daß außer einigen Holz suchenden Weibern kein lebendes Geschöpf darin ist. Darauf gehn Ihle, Carl und zwei Hunde, unter Ausstoßung der seltsamsten und schrecklichsten Töne, besonders von Seiten Ihles, durch den Busch, der Vater steht regungslos und aufmerksam mit schußfertigem Gewehr, genau, als wenn er wirklich ein Thier erwartete bis Ihle dicht vor ihm schreit, hu lala hehe faß hähhä, in den sonderbarsten Kehllauten. Dann fragt mich der Vater ganz unbefangen, ob ich nichts gesehn habe, und ich sage mit einem möglichst natürlich gegebenen Anflug von Verwunderung im Tone, nein, nicht das Mindeste. Dann gehn wir, auf das Wetter schimpfend, zu einem andern Busch, dessen vermutliche Ergiebigkeit an Wild Ihle mit einer recht natürlich gespielten Zuversicht zu rühmen pflegt, und spielen dal segno. So geht es 3 bis 4 Stunden lang, ohne daß in Vater, Ihle und Fingal die Passion einen Augenblick zu erkalten scheint. Außerdem besehn wir täglich zweimal das Orangeriehaus und einmal die Schäferei, vergleichen stündlich die 4 Thermometer in der Stube, rücken den Zeiger des Wetterglases und haben, seit das Wetter klar ist, die Uhren nach der Sonne in solche Übereinstimmung gebracht, daß nur die an der Bibliothek noch einen einzigen Schlag nachthut, wenn die andern a tempo ausgeschlagen haben.«

Nebenher beteiligte er sich an der ländlichen Selbstverwaltung als Kreisdeputierter, als stellvertretender Landrat sowie im Provinziallandtag. Reisen durch England, Frankreich, Italien und die Schweiz erweiterten den Horizont, und seinen Bildungshunger suchte er vor allem noch durch vieles Lesen zu befriedigen. Neben den deutschen Klassikern und Romantikern waren es vor allem englische Dichter und Schriftsteller, die er ausführlich las. 1846 schließlich siedelte er nach Schönhausen über und wurde dort zum Deichhauptmann bestellt.

Man gewinnt den Eindruck, daß er bei zeitweiliger Befriedigung im Grunde doch nirgendwo den rechten Ort fand, der ihm gemäß war. Teils fühlte er sich getrieben und in brodelnder Gärung, teils von Weltschmerz erfaßt und gelangweilt. »Einsam wie ein Bär im Winterlager« fühlte er sich im Hochsommer 1846.[14] Das sollte bald anders werden.

Während seiner Tätigkeit auf Kniephof war Bismarck in nahe Berührung mit pommerschen Pietisten gekommen, und dabei hatten sich die Beziehungen zu seinem Schulkameraden Moritz von Blankenburg und dessen Frau Marie, geborene von Thadden, zu einer engen Freundschaft verdichtet. Bismarck vertrat für diese Kreise sehr ketzerische Auffassungen, war selbst aber doch stark beeindruckt durch die lautere und offene Gesinnung dieser Menschen, die das Wort Gottes, wie sie es aus der Bibel verstanden, streng und entschieden als Richtschnur ihres täglichen Sinnens und Handelns nahmen. Besonders mit der Braut und späteren Frau seines Freundes, die nach seinen Worten ihm »theurer wurde, wie je eine Schwester ihrem Bruder«, hatte er ausführliche Gespräche über Religion und Christentum geführt.

Bei der Nachricht von ihrem tödlichen Erkranken war er aufs äußerste betroffen, »das erste inbrünstige Gebet, ohne Grübeln über die Vernünftigkeit desselben« riß sich von seinem Herzen los, »verbunden mit schneidendem Wehgefühl über meine eigne Unwürdigkeit zu beten, und mit Thränen wie sie mir seit den Tagen meiner Kindheit fremd gewesen waren«. Und er fährt fort: »Gott hat mein damaliges Gebet nicht erhört, aber er hat es auch nicht verworfen, denn ich habe die Fähigkeit, ihn zu bitten nicht wieder verloren, und fühle, wenn nicht Frieden, doch Vertrauen und Lebensmut in mir, wie ich sie sonst nicht mehr kannte.« Mit diesem Gebet sei er auch entschlossen, wieder zum heiligen Abendmahl zu gehen.

Was sich in ihm vollzogen hatte – unter den pietistischen Freunden sprach man von seiner Bekehrung – bekannte er mit diesen Worten wenige Wochen später seinem zukünftigen Schwiegervater Heinrich v. Puttkamer, der ebenfalls zu den Strenggläubigen gehörte. Dessen Tochter Johanna war mit Marie von Thadden in enger Freundschaft verbunden, und Bismarck hatte sie 1846 in diesem Kreise kennengelernt. Verständlich, daß Puttkamer dem »tollen Bismarck« mit Zurückhaltung begegnete, was Bismarck aber nicht davon abhielt, noch im Dezember des gleichen Jahres an ihn den berühmten Werbebrief zu richten: »Ich beginne dieses Schreiben damit, daß ich Ihnen von vorn herein seinen Inhalt bezeichne; es ist eine Bitte um das Höchste, was Sie auf dieser Welt zu vergeben haben, um die Hand Ihrer Fräulein Tochter. Ich verhehle mir nicht, daß ich dreist erscheine, wenn ich, der ich erst neuerlich, und durch sparsame Begegnungen Ihnen bekannt geworden bin, den stärksten Beweis von Vertrauen beanspruche, den Sie einem Mann geben können. Ich weiß aber, daß ich, auch abgesehn von allen Hindernissen in Raum und Zeit, welche Ihnen die Bildung eines Urtheils über mich erschweren können, durch mich selbst niemals im Stande sein kann, Ihnen solche Bürgschaften für die Zukunft zu geben, daß sie den Einsatz eines so theuren Pfandes von Ihrer Seite rechtfertigen würden, wenn Sie nicht durch Vertrauen auf Gott das ergänzen, was das Vertrauen auf Menschen nicht leisten kann. Was ich selbst dazu thun kann, beschränkt sich darauf, daß ich Ihnen mit rückhaltloser Offenheit über mich selbst Auskunft gebe, soweit ich mir selber klar geworden bin. Über mein äußerliches Auftreten wird es Ihnen

leicht sein, Nachrichten durch Andre zu erhalten; ich begnüge mich daher mit einer Darstellung meines innern Lebens, welches jenem zu Grunde lag, und besonders meines Standpunktes zum Christenthum.«
Ausführlich geht er darauf ein: »Nach einem unregelmäßig besuchten und unverstandenen Religionsunterricht« habe er bei der Einsegnung durch Schleiermacher »keinen andern Gedanken als einen nackten Deismus« gehabt und »nicht aus Gleichgültigkeit, sondern als Folge reiflicher Überlegung« zu beten aufgehört, »indem ich mir sagte, daß entweder Gott selbst, nach seiner Allgegenwart, Alles, also auch jeden meiner Gedanken und Willen, hervorbringe, und so gewissermaßen durch mich zu Sich Selbst bete, oder daß, wenn mein Wille ein von dem Gottes unabhängiger sei, es eine Vermessenheit enthalte, und einen Zweifel an der Unwandelbarkeit, also auch an der Vollkommenheit, des göttlichen Rathschlusses, wenn man glaube, durch menschliche Bitten darauf Einfluß zu üben«. Bei den Philosophen des Altertums, aber auch bei Hegel und Spinoza habe er dann Beruhigung über das gesucht, »was menschlichem Verstande nicht faßlich ist«. Das Streben nach Erkenntnis jedoch habe ihn »in den Cirkel des Verstandes gebannt« und nur noch »tiefer in die Sackgasse des Zweifels. Es stellte sich bei mir fest, daß Gott dem Menschen die Möglichkeit der Erkenntnis versagt habe, daß es Anmaßung sei, wenn man den Willen und die Pläne des Herrn auf dieser Welt zu kennen behaupte... und daß uns auf Erden der Wille Gottes nicht anders kund werde, als durch das Gewissen, welches er uns als Fühlhorn durch das Dunkel der Welt mitgegeben habe«. An eine geoffenbarte Religion zu glauben, schien ihm unmöglich, die Bibel bot »nur stets neuen Stoff zu Kritik und Zweifel«, und zu beten schien ihm widersinnig. »Daß ich bei diesem Glauben nicht Frieden fand, brauche ich nicht zu sagen; ich habe manche Stunde trostloser Niedergeschlagenheit mit dem Gedanken zugebracht, daß mein und anderer Menschen Dasein zwecklos und unersprießlich sei, vielleicht nur ein beiläufiger Ausfluß der Schöpfung, der entsteht und vergeht, wie Staub vom Rollen der Räder.«
Wie es dann zum entscheidenden Durchbruch, zu jener von ihm offen dargelegten Bekehrung gekommen ist, führt er, wie schon wiedergegeben, aus, um dann auf sein eigentliches Anliegen noch einmal hinzuleiten: »Ich enthalte mich jeder Betheuerung über meine Gefühle und Vorsätze in bezug auf Ihre Fräulein Tochter, denn der Schritt, den ich thue, spricht lauter und beredter davon, als Worte vermögen. Auch mit Versprechungen für die Zukunft kann Ihnen nicht gedient sein, da Sie die Unzuverlässigkeit des menschlichen Herzens besser kennen als ich, und meine einzige Bürgschaft für das Wohl Ihrer Fräulein Tochter liegt nur

in meinem Gebet um den Segen des Herrn.« Auf weitere Einzelheiten seines bisherigen Lebens geht er mit der gleichen schonungslosen Offenheit ein, und dann folgen die Sätze: »Bei der ernsten Wichtigkeit der Sache, und der Größe des Opfers, welches Sie und Ihre Frau Gemahlin durch die Trennung von Ihrer Fräulein Tochter dereinst zu bringen haben würden, kann ich kaum hoffen, daß Ihre Entscheidung ohne Weiteres günstig für meinen Antrag ausfallen werde, und bitte nur, daß Sie mir die Gelegenheit nicht versagen wollen, mich über solche Gründe, die Sie zu einer abschlägigen Antwort bestimmen könnten, meinerseits zu erklären, ehe Sie eine definitive Ablehnung aussprechen.« Zum Schluß beteuert er: »Es ist gewiß noch vieles, was ich in diesem Schreiben nicht, oder nicht vollständig genug gesagt habe, und ich bin natürlich bereit, Ihnen über alles, was Sie zu wissen verlangen werden, genaue und ehrliche Auskunft zu geben, das Wichtigste glaube ich gesagt zu haben.«

Je öfter man den Brief liest, um so mehr erkennt man ihn als ein Schlüsseldokument Bismarckschen Wesens. Die kluge Taktik, das Sicheinstellen auf den Empfänger, die gedankliche Zielstrebigkeit und die geschliffene Diktion lassen den Brief schon als ein diplomatisches Meisterstück erkennen. Aber er ist noch viel mehr. Die Geschlossenheit der Sätze, die Kraft der Aussage, der männliche Ernst und die überzeugende Unmittelbarkeit des Ganzen lassen keinen Zweifel aufkommen: Hier ist ein Mensch in vollem Einsatz, dem außergewöhnliche Gaben in außergewöhnlicher Lage außergewöhnliche Kraft geben. »Man muß etwas sein, um etwas Rechtes sagen zu können.«[15]

Auf diesen Brief erhielt Bismarck von dem völlig verwirrten Herrn von Puttkamer, der bis dahin »viel Übles und wenig Gutes« von ihm gehört hatte, eine »zweifelhaft gestellte Einladung«. Bismarck fuhr nach Rheinfeld – kam, sah und siegte: »Ich fand dort keine ungünstige Stimmung, aber Neigung zu weit aussehenden Verhandlungen, und wer weiß, welchen Weg diese genommen hätten, wenn ich nicht durch eine entschlossene accollade meiner Braut, gleich beim ersten Anblick ihrer, die Sache zum sprachlosen Staunen der Eltern in ein anderes Stadium gerückt hätte, in welchem binnen fünf Minuten alles in Richtigkeit geriet, so daß Tags darauf, bei einem zufälligen Diner die offne Erklärung, wiederum unter großem Staunen der Anwesenden stattfand.« In diesem Brief an den Bruder[16] fügte er noch hinzu: »Im übrigen glaube ich, ein großes und nicht mehr gehofftes Glück gemacht zu haben, in dem ich, ganz kaltblütig gesprochen, eine Frau von seltnem Geist und seltnem Adel der Gesinnung heirate; dabei liebenswürdig sehr und facile à vivre wie ich nie ein Frauenzimmer gekannt habe...«

Und nun folgen die Briefe an die Braut, in denen sich ernste und heitere, liebliche und herbe, gelassene und bestimmte Töne unabsichtlich die Waage halten. Hier ist nichts Künstliches oder Erdachtes, sondern alles empfunden, erlebt und erfahren. Daraus schöpft er, wenn es heißt:[17] »Das irdisch Imponirende und Ergreifende, was mit menschlichen Mitteln für gewöhnlich dargestellt werden kann, steht immer in Verwandtschaft mit dem gefallnen Engel, der schön ist, aber ohne Frieden, groß in seinen Plänen und Anstrengungen, aber ohne Gelingen, stolz und traurig. Darum kann das, was es außerhalb des Gebietes der Religion für uns Ergreifendes giebt, nicht heiter und zufrieden sein, sondern uns stets nur als Wegweiser dahin dienen, wo wir Frieden finden.«
Behutsam und bedacht geht er dann auf ihren Brief ein: »Wenn Dein Sinn für die Poesie des Herbstes, des Reifs in der Maiennacht und alles dessen, was im Menschen dahin gehört, empfänglicher geworden ist, so beweist das nur, daß Du nicht mehr zwölfjährig bist. Über die Kinder, äußre und innre, wie über die kleinen Bäume im Walde, geht der Sturm hinweg, der in den Kronen der alten braust und sie beugt und bricht; wenn sie größer werden, wachsen sie in die Sturmschichte hinein, und ihre Wurzeln müssen kräftiger werden, wenn sie nicht untergehn wollen... Wenn Bäume im Sturm Risse erleiden, so quillt das Harz wie lindernde Thränen aus ihnen und heilt; wenn sie aber gegen derlei Risse nicht Schutz in eigner Festigkeit, sondern immer wieder das Heilmittel der Harzthräne (welcher zufällige Doppelsinn) suchen, so erschöpfen sie den Quell und trocknen aus.«
»Hast Du nie den Eisgang eines großen Stromes gesehn?« fragt er im gleichen Brief, »es ist eins der imposantesten Schauspiele in der Natur.« Wenige Tage später kommt er darauf zurück:[18] »Es war übrigens ein schönes Schauspiel, wenn die großen Eisfelder sich erst mit Kanonenschuß-artigem Krachen schwerfällig in Bewegung setzen, sich aneinander zersplittern, bäumen, unter und übereinander schieben, sich haushoch aufthürmen und mitunter Wälle quer durch die Elbe bilden, vor denen der Strom sich aufstaut, bis er sich mit Toben durchbricht. Jetzt sind sie alle im Kampf zerbrochen, die Riesen, und das Wasser ganz dicht bedeckt mit Schollen, deren größte einige Quadratruthen halten und die es eilig mit mürrischem Klirren wie gebrochne Ketten der freien See zuträgt. Dies wird nun noch etwa 3 Tage so anhalten, bis das Eis aus Böhmen durch ist, das schon seit einigen Tagen die Dresdner Brücke passirt.«
Im folgenden Brief läßt er seine Braut teilhaben an den Verhältnissen in Haus und Hof:[19] »Die Luft hier konserviert das Gesinde. Bellin ist ein Bauernsohn hier aus dem Dorf, fing als Reitknecht an bei meinem Vater,

und ist nun vierzig Jahre im Dienst, davon 32 als Inspektor; seine Frau ist in unserem Dienst geboren, Tochter des vorigen, Schwester des jetzigen Schäfers; letzterer und der Ziegelmeister, der auch bald 60 Jahr ist, dienen schon als zweite Generation hier, und haben ihre Väter bei meinem Großvater und Vater schon dieselben Stellen bekleidet. Die Gärtnerfamilie ist leider im vorigen Jahre mit einem kinderlosen 75er, der den Posten von seinem Vater geerbt hatte, ausgestorben. Der Kuhhirt hat meinen Vater noch als Fähnrich gekannt, der Vorwerksmeier und der Jäger legten beim Tode meines Vaters wegen Altersschwäche, beide nach fast 50jähriger Dienstzeit ihr Amt nieder, der Sohn Nimrods, nachdem ich ihm hatte zusichern müssen, daß er die Hasen doch noch schießen solle, die ich für die Küche brauchte; der arme Stümper sieht nur nicht mehr genug dazu. Selbst unter dem Zugvögelgeschlecht der Mägde befinden sich einige, die ich seit 10 Jahren und vielleicht länger kenne. Ich kann nicht leugnen, daß ich einigermaßen stolz bin auf dieses langjährige Walten des konservativen Prinzips hier im Hause.«

Die Lebensverhältnisse für die genannten Mitarbeiter erscheinen hier nicht im Lichte »herrschgewohnter Gutsherrenmentalität«[20], sondern aus der Sicht einer patriarchalischen Menschenführung, zu deren Grundlagen Fürsorge und Wertschätzung gehörten. Sie beruhte, damals wohl nicht selten, auf der einfachen Erkenntnis, daß letztlich nur mit zufriedenen Menschen auf Dauer erträglich zu wirtschaften ist. Die in dem Brief angeführten Tatsachen sprechen für sich. Und darüber hinaus spricht einiges dafür, daß Bismarcks Sinn für die Realitäten, die Tatsächlichkeiten im Leben in den landwirtschaftlichen Verhältnissen begonnen hat, sich zu entwickeln. Daher auch später die vielen Vergleiche aus Land- und Forstwirtschaft, die andere Lebensbereiche und -situationen verdeutlichen, nicht zuletzt die der Politik.

Hinzu kommt, wie am Ende dieses Briefes ausgeführt, für ihn das Empfinden eines Stolzes und einer starken Verbundenheit mit den Vorfahren in eben diesem Hause, »in welchem meine Väter seit Jahrhunderten in denselben Zimmern gewohnt haben, geboren und gestorben sind, wie die Bilder im Hause und in der Kirche sie zeigen, vom eisenklirrenden Ritter, auf den langgelockten zwickelbärtigen Kavalier des 30jährigen Krieges, dann die Träger der riesenhaften Allonge-Perücken, die mit *Talons Rouges* auf diesen Dielen einherstolzierten, und den bezopften Reiter, der in Friedrichs des Großen Schlachten blieb, bis zu dem verweichlichten Sprossen, der jetzt einem schwarzhaarigen Mädchen zu Füßen liegt«.

Es sind nicht nur Landschafts-, Situations- oder Charakterschilderungen, die den besonderen Reiz seiner Briefe ausmachen, Briefe, die zweifellos zum Besten der Literatur des an sich schon sehr schreibfreudigen 19. Jahrhunderts gehören. Die Briefe des Bräutigams sprechen von Liebe und Sehnsucht in empfindungsvollsten Tönen der Dichtung. »Dich liebe ich gerade wegen des Duftes Deiner Seelenblüthe, die weiß, dunkelroth und schwarz zeigt.« Und dann spricht er – fast möchte man sagen, singt er – über »jenes je ne sais quoi, jener duftige Hauch aus den unergründeten innersten Tiefen des Gemüths, der weder Poesie noch Liebe noch Religion ist, der aber alle drei kräftigt, hebt und empfänglicher für sie macht, da, wo er weht. Das Zerrbild davon heiße ich Sentimentalität, das Wahre empfinde ich, wenn ich bei Dir bin; ein Wort dafür weiß ich augenblicklich nicht.«

Im Juli des gleichen Jahres (1847) fand die Hochzeit statt. Die Ehe, aus der die Kinder Marie, Herbert und Wilhelm hervorgingen, war sehr glücklich. Dabei lag es ihm fern, sich kritiklos den Pietisten anzuschließen. Schon der Braut äußerte er Bedenken über deren Enge und fügte hinzu: »Wie habt Ihr doch meist so wenig Vertrauen in Euern Glauben und wickelt ihn sorgfältig in die Baumwolle der Abgeschlossenheit, damit kein Luftzug der Welt ihn erkälte.« Sein Glaube war anderer Art. Kaum zwei Jahre nach der Hochzeit schilderte er ihr einen sommerlichen Abend in Schönhausen und die Stimmung, die er dabei empfand.[21] »Die Bäume standen so still und hoch neben mir, die Luft voll Lindenblüthe, im Garten schlug eine Wachtel und lockten Rebhühner, und hinten über Arneburg lag der letzte blaßrothe Saum des Sonnenuntergangs. Ich war recht von Dank gegen Gott erfüllt, und vor meine Seele trat das ruhige Glück einer von Liebe erfüllten Häuslichkeit, ein stiller Hafen, in den von den Stürmen des Weltmeers wohl ein Windstoß dringt, der die Oberfläche kräuselt, aber dessen warme Tiefen klar und ruhig bleiben, so lange das Kreuz des Herrn sich in ihnen spiegelt; mag auch das Spiegelbild oft matt und entstellt zurückstrahlen, Gott kennt sein Zeichen doch. Danke auch Du ihm, mein Engel, gedenke des vielen Guten, was er an uns gethan...«

Welch ein Wandel hatte sich in diesen fünfzehn Jahren vollzogen! Viel ist darüber später geschrieben worden, besonders auch über Bismarcks Stellung zum Christentum.[22] Freilich nicht immer mit der gebotenen Zurückhaltung, von der ein Leopold von Ranke wußte. Dessen Worte könnten auch statt der gewählten Überschrift über diesem Lebensabschnitt Bismarcks stehen: »Die innere Entwicklung einer menschlichen Seele ist uns verborgen, die wir blöde Augen haben. Die Teilnahme des lebendigen Gottes an solcher Entwicklung, seine Warnung, seine Hilfe kann selbst der nicht ohne Täuschung unterscheiden, der sie erfährt, noch viel weniger aber ein anderer.«[23]

III

Im Landtag – Gesandter in Frankfurt

Vor der Hochzeit noch, Anfang Mai 1847, wurde Bismarck in den »Vereinigten Landtag« als Stellvertreter einberufen. Damit begann seine politische Laufbahn. Bei seiner Braut entschuldigte er sich für diesen Schritt und meinte: »Wir werden noch oft lernen müssen, den Becher abzusetzen, wenn es uns am besten schmeckt, uns dabei über das zu freuen, was wir getrunken haben, und guten Muthes auf das zu verzichten, was wir darin lassen müssen.«[1]

Vom März 1848 bis April 1851 war er Mitglied des Zweiten Vereinigten Landtages, der Zweiten Preußischen Kammer und des Erfurter Unionsparlaments. Mit größtem Eifer kämpfte er gegen die Revolution als Redner und Publizist, seine Schönhausener Bauern rief er in den stürmischen Märztagen des Jahres 1848 zum bewaffneten Widerstand gegen die Liberalen auf. Sehr entschieden folgten sie ihm. Mit ihnen wollte er dem bedrängten König zu Hilfe kommen. Er suchte die Generäle in Berlin auf, auch den Oberkommandierenden von Prittwitz, und sondierte in dessen Auftrag die Kommandierenden Generäle in Stettin und Magdeburg. Friedrich Wilhelm IV. aber lehnte ab. Er beteuerte vor den Offizieren, im Schutze seiner Bürger sicher zu sein. Die königstreuen Konservativen waren bestürzt. Ein Aufstoßen von Säbelscheiden gab ihm die Antwort, »wie sie ein König von Preußen inmitten seiner Offiziere nie gehört haben wird«. Bismarck selbst kehrte nach Schönhausen zurück, »mit verwundetem Gefühl«. Seine Darstellung dieser turbulenten Vorgänge ist im einzelnen nicht immer richtig; das persönliche Betroffensein und der so entschiedene politische Einsatz wirkten auch noch im Rückblick, als er die Erinnerungen schrieb, stark nach. Atmosphäre und Farbe aber sind aus dieser Sicht fesselnd und echt zur Darstellung gelangt, ebenso wie bei der Unterredung, die er drei Monate später in Sanssouci mit Friedrich Wilhelm IV. führte. Dabei hatte sich die Königin in das Gespräch eingemischt und den Befehl zur Räumung Berlins am 19. März damit entschuldigen wollen, daß der König drei schlaflose Nächte gehabt habe. Darauf Bismarck: »Ein König muß schlafen können.«

In dieser Kampfzeit ist bei seinen Stellungnahmen die Einseitigkeit des Standpunktes kennzeichnend; sie brachten ihn in den Ruf eines Stockpreußen. Nachdrücklich bekannte er sich in den Kammerdebatten zum »Junkertum«. Dabei erklärte er einmal: »Wir werden unsererseits den

Namen des Junkertums auch noch zu Ehren und Ansehen bringen.«[2] So sehr er selbst dieses Versprechen auch einlöste, brachte ihn doch die Erfahrung der folgenden Jahre von solcher Einseitigkeit ab. Vorerst aber trat er als Vertreter des rechten Flügels seiner Partei auf, setzte sich energisch für Adelsprivilegien und patrimoniale Rechte ein, teilweise mit herausfordernder Schärfe, die stärkste Empörung bei den Gegnern hervorrief und nicht selten auch Verstimmung bei den Freunden der eigenen Partei.

Daneben gelangte er doch bald zu Einsichten, die sich im Laufe der folgenden Jahre zu Grundüberzeugungen entwickelten. So schrieb er im August 1849 nach »sehr guten Reden« im Landtag an seine Frau:[3] »Die [deutsche] Frage wird überhaupt nicht in unsern Kammern, sondern in der Diplomatie und im Felde entschieden, und alles, was wir darüber schwatzen und beschließen, hat nicht mehr Werth als die Mondscheinbetrachtungen eines sentimentalen Jünglings, der Luftschlösser baut und denkt, daß irgend ein unverhofftes Ereigniß ihn zum großen Mann machen werde. Je m'en moque, und die farce langweilt mich oft recht tief, weil ich kein vernünftiges Ziel dieses Strohdreschens vor Augen sehe.« Diese Auffassung unterlag im folgenden Jahrzehnt erheblichen Modifizierungsversuchen, ehe er sie 1862, unmittelbar nach seinem Amtsantritt als Ministerpräsident, mit der vielzitierten Wendung vom »Eisen und Blut« ungleich schärfer betonte.[4]

In diese frühe Zeit fiel auch eine interessante Äußerung Bismarcks zur Frage von Verfassung und Parlament. Gegen den immer wieder ins Feld geführten Hinweis auf die englischen Verhältnisse erklärte er im Herbst 1849 vor dem Landtag:[5] »Die Berufungen auf England sind unser Unglück; geben Sie uns alles Englische, was wir nicht haben, geben Sie uns englische Gottesfurcht und englische Achtung vor dem Gesetze, die gesamte englische Verfassung, aber auch die gesamten Verhältnisse des englischen Grundbesitzes, englischen Reichtum und englischen Gemeinsinn, besonders aber ein englisches Unterhaus, kurz und gut alles, was wir nicht haben, dann will ich auch sagen, Sie können uns nach englischer Weise regieren.« Seiner Ansicht nach fehlte »der ganze Stand, der in England Politik macht, der Stand der wohlhabenden und deshalb konservativen, von materiellen Interessen unabhängigen Gentlemen, deren ganze Erziehung dahin gerichtet ist, daß sie englische Staatsmänner werden, und deren ganzer Lebenszweck ist, sich an dem Gemeinwesen von England zu beteiligen.« Diese unverkennbar hohe Wertschätzung, die der junge Abgeordnete der aristokratisch geprägten Form des englischen Parlamentarismus seiner Jahre zollte, ist zugleich charakteristisch für die

Sichtweise, mit der er die gesellschaftspolitischen Gegebenheiten Großbritanniens beurteilte.

Die parlamentarische Tätigkeit Bismarcks fand einen Höhepunkt im Herbst 1850. Unerwartet schnell hatte sich der Kampf um die Vorherrschaft in Deutschland zwischen Preußen und Österreich zugespitzt, als in Kurhessen innere Schwierigkeiten überhand nahmen, bayrisch-österreichische Bundestruppen dort einrückten, um den Kurfürsten und dessen absolutistische Willkürpolitik zu unterstützen, während zu gleicher Zeit preußische Truppen gegen den Kurfürsten vorgingen. Ein Krieg schien unvermeidlich. Nach einigem Hin und Her sah sich der preußische König genötigt nachzugeben, zumal auch Rußland sich dem österreichischen Standpunkte näherte und der Zar kein Verständnis dafür hatte, daß Preußen für die Liberalen, für die Revolution und gegen den hessischen Herrscher eintrat. Der militärische Rückzug bedeutete auch eine politische Niederlage, die mit dem Vertrag von Olmütz (29. November 1850) besiegelt wurde. Preußen hatte seit 1849 den Frankfurter Bundestag nicht mehr beschickt, sondern zusammen mit Sachsen und Hannover den Kern einer »Union« gebildet, der schließlich 17 Regierungen beitraten und die einen kleindeutschen Bundestag unter preußischer Führung anstrebte. Unter Verzicht auf diese Unionspolitik erklärte sich Preußen bereit, wieder am Frankfurter Bundestag teilzunehmen. Es war nicht leicht, diesen Rückzug, der die stark und stärker werdenden nationalen und liberalen Kräfte in Deutschland außerordentlich enttäuschte, einigermaßen zu rechtfertigen. Bismarck gelang es mit einer Rede vor dem Landtag,[6] die freilich eine Absage an die Liberalen bedeutete, aber doch auch Gedanken enthielt, die sich von denen seiner ideologisch festgelegten altkonservativen Standesgenossen erheblich unterschieden. Auf die Frage: »Warum führen große Staaten heutzutage Krieg?« gab er die Antwort: »Die einzig gesunde Grundlage eines großen Staates, und dadurch unterscheidet er sich wesentlich von einem kleinen Staate, ist der staatliche Egoismus und nicht die Romantik, und es ist eines großen Staates nicht würdig, für eine Sache zu streiten, die nicht seinem eigenen Interesse angehört.« Deutlicher konnte die Trennungslinie gegenüber einer konservativen oder liberalen Weltanschauungspolitik nicht gezogen werden, die einen »Prinzipienkrieg« ins Auge faßte. Und dann fuhr er fort: »Es ist leicht für einen Staatsmann, sei es in dem Kabinette oder in der Kammer, mit dem populären Winde in die Kriegstrompete zu stoßen und sich dabei an seinem Kaminfeuer zu wärmen oder von dieser Tribüne donnernde Reden zu halten, und es dem Musketier, der auf dem Schnee verblutet, zu überlassen, ob sein System Sieg und Ruhm erwirbt oder nicht. Es ist nichts leichter als das, aber wehe dem Staatsmann, der sich in dieser Zeit nicht nach einem Grunde zum Kriege umsieht, der auch nach dem Kriege noch stichhaltig ist.«

Noch unter Friedrich Wilhelm IV. – David Friedrich Strauß nannte ihn »den Romantiker auf dem Thron«, und er war von so ganz anderer Natur als der altmärkische Gutsherr – wurde Bismarck an den Bundestag nach Frankfurt am Main berufen, zunächst (Mai 1851) als Rat bei der Preußischen Gesandtschaft, bald danach als Gesandter. Der Bundestag bildete den ständigen Gesandtenkongreß der deutschen Fürsten und freien Städte, an ihm waren die 39 souveränen Einzelstaaten des Deutschen Bundes vertreten. Bismarcks Ernennung hatte der Generaladjutant des Königs, Leopold von Gerlach, sehr gefördert, aber auch die Rede über Olmütz hatte ihn für diesen Posten geeignet erscheinen lassen, zumal sie eine versöhnliche und entgegenkommende Haltung gegenüber Österreich enthielt. Wie Bismarck schrieb, soll der König ihm gesagt haben, er bewundere den Mut, daß Bismarck so ohne weiteres ein fremdes Amt übernehme. Der neu ernannte Gesandte hat nach eigener Darstellung darauf geantwortet, der Mut liege ganz auf der Seite des Königs. »Ich habe den Mut zu gehorchen, wenn Euer Majestät den haben zu befehlen.« Der demokratische »Kladderadatsch« witzelte am 18. Mai 1851: »Herr von Bismarck-Schönhausen an den Bundestag geschickt. Sofern er wirklich geschickt ist, wird dort Herr von Bismarck schön hausen!«

Welche Veränderungen in Bismarck vorgegangen sind, des Wandels, den er durchgemacht hat, dessen wird er inne, als er von seinem neuen Posten aus Wiesbaden besucht und seiner Frau schreibt[7], er habe »mit einem Gemisch von Wehmuth und altkluger Weisheit die Stätten früherer Torheit angesehn. Möchte es doch Gott gefallen, mit seinem klaren und starken Weine dies Gefäß zu füllen, in dem damals der Champagner 22jähriger Jugend nutzlos verbrauste und schale Neigen zurückließ... Wie viele sind begraben, mit denen ich damals liebelte, becherte und würfelte, wie hat meine Weltanschauung doch in den 14 Jahren seitdem so viele Verwandlungen durchgemacht, von denen ich immer die grade gegenwärtige für die rechte Gestaltung hielt, und wie vieles ist mir jetzt klein, was damals groß erschien, wie vieles jetzt ehrwürdig, was ich damals verspottete. Wie manches Laub mag noch an unserm innern Menschen ausgrünen, schatten, rauschen und werthlos welken, bis wieder 14 Jahr vorüber sind, bis 1865, wenn wir's erleben.« Die Betrachtungen bekommen bekenntnisartigen Charakter: »Ich begreife nicht, wie ein Mensch, der über sich nachdenkt und doch von Gott nichts weiß oder wissen will, sein Leben vor Verachtung und Langeweile tragen kann, ein Leben, das dahinfährt wie

ein Strom, wie ein Schlaf, gleich wie ein Gras, das bald welk wird; wir bringen unsre Jahre zu wie ein Geschwätz. Ich weiß nicht, wie ich das früher ausgehalten habe; sollte ich jetzt leben wie damals, ohne Gott, ohne Dich, ohne Kinder – ich wüßte doch in der That nicht, warum ich dieß Leben nicht ablegen sollte wie ein schmutziges Hemde; und doch sind die meisten meiner Bekannten so und leben. Wenn ich mich bei dem Einzelnen frage, was er für Grund bei sich haben kann, weiter zu leben, sich zu mühen, sich zu ärgern, zu intriguiren und zu spioniren – ich weiß es wahrlich nicht.« Zum Abschluß versichert er, nicht schwarz gestimmt zu sein; »im Gegentheil, mir ist, als wenn man an einem schönen Septembertage das gelbwerdende Laub betrachtet; gesund und heiter, aber etwas Wehmuth, etwas Heimweh, Sehnsucht nach Wald, See, Wiese, Dir und Kindern, alles mit Sonnenuntergang und Beethovenscher Symphonie vermischt. Statt dessen muß ich nun langweilige Fürstlichkeiten besuchen und endlose Ziffern über deutsche Dampf-Corvetten und Kanonenjollen lesen, die in Bremerhaven faulen und Geld fressen...«
Kurz nach seiner Ernennung erreichte ihn in Frankfurt eine Einladung Metternichs. Der Fürst war 1848 aus Wien vertrieben, hatte dann London als Exil gewählt und war nun auf seinen Besitz nach Johannisberg im Rheingau zurückgekehrt. In der Absicht, Metternich zu besuchen, unternahm Bismarck eine Dampferfahrt, »aber der Rhein gefiel mir so, daß ich lieber spatziren fuhr nach Coblentz und den Besuch verschob«. In Rüdesheim, so erzählte er seiner Frau,[8] nahm er sich einen Kahn, »fuhr auf den Rhein hinaus und schwamm im Mondschein, nur Nase und Augen über dem lauen Wasser, bis nach dem Mäuseturm bei Bingen, wo der böse Bischof umkam. Es ist etwas seltsam träumerisches, so in stiller warmer Nacht im Wasser zu liegen, vom Strom langsam getrieben, nur den Himmel mit Mond und Sternen, und seitwärts die waldigen Berggipfel und Burgzinnen im Mondlicht zu sehn und nichts als das leise Plätschern der eignen Bewegung zu hören; ich möchte alle Abend so schwimmen.«
Bald darauf aber besuchte der 36jährige Bismarck den 78jährigen Metternich in Johannisberg und schrieb darüber an seine Frau: »Er war sehr liebenswürdig und behaglich, erzählte ohne Unterbrechung von 1788 bis 1848, von Politik und Weinbau, von Literatur und Forstkultur, und bekämpfte meine schwermütige Zerstreutheit, die über die Gründe Deines Schweigens grübelte, mit seinem besten Johannisberger.« Noch 37 Jahre später, 1888, gedachte Bismarck der »vorzüglichen Weine«, die Metternich ihm vorgesetzt hatte, fügte aber noch hinzu: »allerdings wußte er [Metternich] nicht, daß ich vormittags in seinem Keller schon bessere getrunken, die mir der Kellermeister kredenzt hatte.«[9] Bei diesem Zusam-

mensein erklärte Metternich, Österreich sei »saturiert«, im Gegensatz zu Preußen, dessen Ausdehnungswünsche er anerkannte. Dieses Wort hat Bismarck übernommen, ja, es wurde zu einem politischen Schlüsselbegriff, indem er das 1871 geeinte Deutschland als »saturiert« bezeichnete, und in der Folgezeit damit immer wieder kundtat[10], daß er keinerlei territoriale Veränderungen mehr für Deutschland wünschte. Noch in seinen Erinnerungen spricht Bismarck von Metternich und diesem Wort.

Die zahlreichen Berichte, die Bismarck in diesen Jahren an den Minister von Manteuffel verfaßte, sowie die Briefe an Leopold von Gerlach, die für den preußischen König bestimmt waren, geben in Verbindung mit jenen, die er an seine Frau, die Verwandten und einige Freunde gerichtet hatte, ein eindrucksvolles Bild seiner politischen Vorstellungen wieder. Mit den Berliner Parteifreunden stand er in regelmäßigem und intensivem Gedankenaustausch, behielt auch zunächst noch sein Landtagsmandat bei und wurde nicht selten in Personalfragen gehört, zu denen er sich gelegentlich sehr offenherzig äußerte.[11] Von der Wirksamkeit des Bundestags und den politischen Möglichkeiten des Deutschen Bundes hatte er recht bald ein sehr negatives Urteil. Er gewöhne sich daran, so schrieb er seiner Schwester[12], »die Stimmung gänzlicher Wurschtigkeit« in sich vorherrschend werden zu lassen, »nachdem ich den Bund allmählich mit Erfolg zum Bewußtsein des durchbohrenden Gefühles seines Nichts zu bringen nicht unerheblich beigetragen zu haben mir schmeucheln darf. Das bekannte Lied von Heine, oh Bund, du Hund, du bist nicht gesund pp. wird bald durch einstimmigen Beschluß zum Nationalliede der Teutschen erhoben werden.«

War er zu Beginn seiner neuen Tätigkeit noch davon ausgegangen, daß ein gütliches Übereinkommen zwischen Österreich und Preußen möglich sei, so mußten die Erfahrungen, die er am Bundestag machte, ihn bald eines anderen belehren. Bereits Ende Dezember 1853 schrieb er an Gerlach, daß »ein Deutsches Preußen von 17 Millionen immer zu dick bleibt, um Oestreich so viel Spielraum zu lassen, als es erstrebt. Unsre Politik hat keinen andern Exerzierplatz als Deutschland, schon unsrer geographischen Verwachsenheit wegen... Wir athmen einer dem andern die Luft vor dem Munde fort, einer muß weichen oder vom andern ›gewichen werden‹.«[13] Daß auch außerhalb des Deutschen Bundes die Interessen Wiens andere waren als die preußischen, wurde ihm ebenfalls bald bewußt; er fürchtete, daß »Östreich an der Donau im Namen Mitteleuropas auftreten und hinter seinem kranken Staatswesen die preußischen Thaler und die deutschen Bajonette rasseln lassen würde, um seinen eigenen Zwecken zu dienen.«

Einige Wochen später schon setzte er sich mit Entschiedenheit dafür ein, daß Preußen bei den internationalen Verwicklungen, die dann zum Krimkrieg führten, neutral bleibe[14] und nicht auf seiten Österreichs teilnehme: »Es würde mich ängstigen, wenn wir vor dem möglichen Sturm dadurch Schutz suchten, daß wir unsre schmucke und seefeste Fregatte an das wurmstichige alte Orlogschiff von Östreich koppelten. Wir sind der bessere Schwimmer von beiden und *jedem* ein willkommener Bundesgenosse; sobald wir unsre etwaige Isolirung und strenge Neutralität aufgeben wollen, und wo wir später Bedingungen für unsern Beistand stellen können, würde es jetzt schwer fallen, den Schein einer ängstlich von uns gesuchten Anlehnung zu vermeiden. Die großen Krisen bilden das Wetter, welches Preußens Wachstum fördert, indem sie furchtlos vielleicht auch sehr rücksichtslos von uns benutzt wurden.«[15] Wenige Tage nach diesem Brief schrieb er auch an Gerlach[16] unter Hinweis auf die innere Schwäche Österreichs: »Wir übernehmen also keine leichte Aufgabe, wenn wir Hand in Hand mit Oestreich unser Jahrhundert in die Schranken fordern. Aber ich würde nie dazu rathen, Gefahren zu scheuen, wenn sie nur etwas *einbringen*; nur keine sentimentalen Bündnisse, bei denen das Bewußtsein der guten That den Lohn edler Aufopfrung zu bilden hat.« Das waren Grundsätze, die auch in Zukunft gültig und kennzeichnend dafür blieben, wie er die Interessen seines Landes verstand und verfolgte. Im Jahre darauf meinte er: »Ich war gewiß kein principieller Gegner Östreichs, als ich herkam vor 4 Jahren, aber ich hätte jeden Tropfen Preußischen Blutes verläugnen müssen, wenn ich mir eine auch nur mäßige Vorliebe für das Östreich, wie seine gegenwärtigen Machthaber es verstehn, hätte bewahren wollen.«[17]

In einer ausführlichen Stellungnahme, dem sogenannten »Prachtbericht«, entwickelte Bismarck im Frühjahr 1856 seine Auffassung von der veränderten internationalen Lage. Der soeben geschlossene Friede von Paris bedeutete nicht nur das Ende des Krimkrieges, sondern der Heiligen Allianz, deren Grundlage die Wiener Verträge von 1815 gewesen waren. Das politische Schwergewicht verlagerte sich, wie der Konferenzort schon kundgetan hatte, von Petersburg nach Paris; eine russisch-französische Annäherung zeichnete sich ab. Wie soll man sich in Berlin dazu stellen? Auf keinen Fall, so folgerte Bismarck, dürfe Preußen zu den möglichen Gegnern dieser Allianz gehören; denn es hätte, ob in Verbindung mit England oder Österreich oder dem Deutschen Bund, sonst die Hauptlast zu tragen, ohne entsprechende Vorteile dafür zu erhalten. Gegenüber England, »wo Zeitungsartikel mehr zu bedeuten haben als staatsmännische Erwägungen«, sei kein Vertrauen zu gewinnen. »Die insularische Sicherheit macht es England leicht, einen continentalen Bundesgenossen je nach dem Bedürfnis der britischen Politik fallen oder sitzen zu lassen.« Österreich sei ungeachtet aller internationalen Veränderungen nicht bereit, seine Stellung in Deutschland zu schmälern. Bei einem Bündnis mit Berlin wird es »den Don Juan bei allen Cabineten spielen, wenn es einen so stämmigen Leporello wie Preußen produciren kann, und getreu dieser Rolle wird es stets bereit sein, sich auf unsre Kosten aus der Klemme zu ziehn und uns darin zu lassen.« Das Kernproblem bleibe der preußisch-österreichische Gegensatz, den er mit folgendem Bilde veranschaulicht: »Nach der Wiener Politik ist einmal Deutschland zu eng für uns beide; so lange ein ehrliches Arrangement über den Einfluß eines jeden in Deutschland nicht getroffen und ausgeführt ist, pflügen wir beide denselben streitigen Acker, und so lange bleibt Östreich der einzige Staat, an den wir nachhaltig verlieren und von dem wir nachhaltig gewinnen können.«[18]

Nach dieser eindrucksvollen Diagnose gibt er die Prognose, »daß wir in nicht zu langer Zeit für unsere *Existenz* gegen Östreich werden fechten müssen, und daß es nicht in unsrer Macht liegt, dem vorzubeugen, weil der Gang der Dinge in Deutschland keinen andern Ausweg hat.« Eine kriegerische Konsequenz aber – und das ist auch in der Folgezeit sehr bezeichnend für Bismarck – lehnt er ausdrücklich ab: »Ich beabsichtige mit diesem Raisonnement keineswegs zu dem Schlusse zu gelangen, daß wir jetzt unsre Politik darauf richten sollten, die *Entscheidung* zwischen uns und Österreich unter möglichst günstigen Umständen herbeizuführen.« Aus dieser Einstellung schon kann man Bismarck als einen Gegner des Präventivkriegs erkennen. Wohl bezieht er die Möglichkeit eines Krieges in seine Erwägungen ein, aber er ist nicht bereit, ihn »herbeizuführen«. Was er hier im Frühjahr 1856 niederlegt, enthält bereits sein Programm für die Zukunft.[19]

Auf viele, recht charakteristische Einzelheiten während der Frankfurter Zeit sei hier nicht weiter eingegangen, so sehr sie Bismarck in seiner Schlagfertigkeit, Wandlungsfähigkeit und Überlegenheit kennzeichnen könnten. Wesentlich – und dies gerade für die Zukunft – wurden noch verschiedene Reisen, die er in diesen Jahren an die kleinen Höfe und nach Wien (1852) unternahm, die seine Personalkenntnisse erweiterten und ihm einen unmittelbaren Eindruck der persönlichen und politischen Stimmungen dort verschafften. Wichtig waren vor allem seine Besuche in Paris, wo er im Sommer 1855 mit Napoleon, »der Sphinx an der Seine«, zusammentraf. Auf Vorhaltungen, die ihm Leopold von Gerlach aus konservativ-legitimistischen Gründen nach dem ersten Besuche machte, erwiderte er:[20] »Sie schelten mich, daß ich in Babylon gewesen bin, aber Sie können von einem lernbegierigen Diplomaten diese politische Keuschheit nicht verlangen, die einem Soldaten wie Lützow, oder einem unabhängigen Landjunker so wohl ansteht; ich muß m. E. die Elemente, in denen ich mich zu bewegen habe, aus eigener Anschauung kennen lernen, soviel sich mir dazu Gelegenheit bietet. Fürchten Sie dabei nicht für meine politische Gesundheit; ich habe viel von der Natur der Ente, der das Wasser von den Federn abläuft, und es ist bei mir ein ziemlich weiter Weg von der äußeren Haut bis zum Herzen.« Kaum zwei Jahre später, Ostern 1857, unternahm er eine weitere Erkundungsfahrt nach Paris, führte mit Napoleon, dem Außenminister, ausländischen Diplomaten und anderen einflußreichen Persönlichkeiten politische Gespräche und lernte in kaum drei Wochen »so ziemlich die ganze offizielle und Hofwelt von Paris« kennen. Trotz der starken Inanspruchnahme fand er stets Zeit zu einigen Zeilen an seine Frau, der er u. a. mitteilte:[21] »Gestern, auf dem *dîner* beim Kaiser, hatte ich die reizendste Nachbarin, die Kaiserin; wirklich eine seltne Frau, nicht bloß von außen. Mündlich mehr über alle dergleichen, ich muß jetzt ausgehn.« Er war der Ansicht, über die Gespräche zur europäischen Lage und die persönlichen Eindrücke ein dickes Buch schreiben zu können, und was er bei dieser Fühlungnahme tat, entsprach schon ganz dem Vergleich, mit dem er seine spätere Ministertätigkeit einmal charakterisierte: »Ich treibe jetzt auswärtige Politik, wie ich früher auf die Schnepfenjagd ging, und setze nicht eher den Fuß vorwärts, als bis ich den Bülten, auf den ich treten will, als sicher und tragfähig erprobt habe.«[22]

Seine Berichterstattung wird noch klarer und stößt tiefer ins Grundsätzliche vor. Über zeitbezogene und situationsbedingte Stellungnahmen hinaus fallen Sätze von prinzipieller Bedeutung, die für Bismarcks politische Grundeinstellung fortan wichtig werden. So etwa gegenüber Leopold von Gerlach: »Sympathien und Antipathien in Betreff auswärtiger Mächte und Personen vermag ich vor meinem Pflichtgefühl im auswärtigen Dienste meines Landes nicht zu rechtfertigen, weder an mir noch an Andern. Es ist darin der Embryo der Untreue gegen den Herrn oder das Land, dem man dient.«[23] Jeder konservativen Prinzipienpolitik abhold, wie sie gerade Friedrich Wilhelm IV. und sein einflußreicher Generaladjutant verfolgten, geriet er in den Ruf, ein Bonapartist zu sein; die Unterredungen, die er mit Napoleon III. gehabt hatte, erhöhten das Mißtrauen des Königs gegen ihn. Darauf Bismarck: »Man thut mir Unrecht damit. Im Jahre 50 wurde ich von unsern Gegnern verrätherischer Hinneigung zu Oestreich angeklagt, und man nannte uns die Wiener in Berlin; später fand man, daß wir nach Juchten rochen, und nannte uns Spree-Kosaken. Ich habe damals auf die Frage, ob ich Russisch oder westmächtlich sei, stets geantwortet, ich bin Preußisch und mein Ideal für auswärtige Politiker ist die Vorurtheilsfreiheit, die Unabhängigkeit der Entschließungen von den Eindrücken der Abneigung oder der Vorliebe für fremde Staaten und deren Regenten.«[24]

Eine Art Zusammenfassung seiner Erfahrungen am Bundestag legte er in einer umfangreichen Denkschrift vor,[25] die er im März 1858 an den Prinzen von Preußen richtete und in deren Mittelpunkt der preußisch-österreichische Gegensatz stand. »Wohlwollen, Dankbarkeit für Konzessionen, landsmannschaftliche Sympathien, Gefühle überhaupt, sind nicht maßgebend für die Politik Österreichs. Seine Interessen gebieten ihm, Preußens Ansehen und Einfluß in Deutschland nach Kräften zu bekämpfen und zu schmälern.« Nach ausführlicher Erörterung der politischen Gegebenheiten gelangt er zu einem Ergebnis, das ein Teil seiner zukünftigen Konzeption werden sollte: »Die preußischen Interessen fallen mit denen der meisten Bundes*länder*, außer Östreich, vollständig zusammen, aber nicht mit denen der Bundes*regierungen*, und es giebt nichts Deutscheres als gerade die Entwicklung richtig verstandner preußischer Partikularinteressen.«
Schon in seiner Frankfurter Zeit hatte man in Berlin an einen Ministerposten für ihn gedacht. Unter Friedrich Wilhelm IV., bei dem noch Vorstellungen vom Gottesgnadentum des Herrschers und vom unbedingten Gehorsam sehr lebendig waren, schien Bismarck eine solche Aufgabe unmöglich. »Er [der König] sah in mir ein Ei, was er selbst gelegt hatte und ausbrütete und würde bei Meinungsverschiedenheiten immer die Vorstellung gehabt haben, daß das Ei klüger sein wolle als die Henne.«
Hier wie auch auf den folgenden Stationen seiner Laufbahn hat Bismarck immer wieder durch die Offenheit seiner Sprache überrascht. Oft glaubten ihm seine Gegner nicht, wenn er so ungeschminkt seine Pläne entwickelte.Oder Graf Thun, der österreichische Bundestagsgesandte in Frankfurt, berichtete nach Wien, »bei der oft bewundernswürdigen naiven Offenheit des Herrn von Bismarck einige tiefere Blicke in die Absichten Preußens« tun zu können. Teils belustigt, teils empört meinte er, daß Bismarcks Auslassungen »wirklich ans Komische streifen«.[25a] Der sich überlegen fühlende Diplomat verstand seinen Gegenspieler nicht und übersah die Wirkung, die Bismarck mit dieser unkonventionellen Offenheit erzielte. Sie entsprach seinem Naturell, das er gelegentlich als Waffe gebrauchte. Im Gebrauch dieser Waffe lag System.

Der unaufrichtigen, ja verlogenen Sprechweise, so äußerte er gegenüber einem anderen österreichischen Gesandten im Juni 1857, müsse man entsagen und statt dessen »auf die offene Sprache zurückkommen, die man zu Zeiten des Reichstages in Regensburg noch geführt habe. Der preußische wie die anderen Gesandten hätten dort die Interessen des eigenen Landes offen vertreten, das Interesse Deutschlands aber sei nicht als Vorwand gebraucht worden.«[26]

Mit der Übernahme der Regentschaft in Preußen aber berief Prinz Wilhelm, der spätere König und Kaiser Wilhelm I., ein gemäßigt liberales Ministerium, das andere Wege und andere Ziele verfolgte. Ihm gehörten Politiker der Wochenblattspartei an, darunter auch der neue Außenminister Freiherr von Schleinitz. In einer Ansprache, die der Prinzregent am 8. November an die Mitglieder des neuen Kabinetts richtete, hieß es: »In Deutschland muß Preußen moralische Eroberungen machen, durch eine weise Gesetzgebung bei sich, durch Hebung aller sittlichen Elemente und durch Ergreifung von Einigungselementen, wie der Zollverband es ist, der indes einer Reform wird unterworfen werden müssen.« Dieses Programm der »Neuen Ära« fand lebhaften Widerhall in Preußen und im übrigen Deutschland, vor allem bei den Liberalen. Bismarck aber lehnte diesen Kurs als undurchführbar ab; ohne Illusion hielt er an den einmal gewonnenen Grundeinsichten fest, die einen anderen Weg zur Lösung der deutschen Frage verlangten. Es mag überraschen, daß auch führende Männer der Paulskirche einen Weg, wie ihn die »Neue Ära« beschritt, ebenfalls für ungangbar hielten. Zu ihnen gehörte der bekannte Demokrat Julius Fröbel, der 1848 in Wien nur mit Mühe dem Schicksal seines Kollegen Robert Blum entgangen war. Um eine »Bundesreform unter Aufrechterhaltung der Verbindung mit Österreich« bemüht, gründete er den Reformverein[27] und schrieb bereits 1859: »Die deutsche Nation ist der Prinzipien und Doktrinen, der literarischen Größe und der theoretischen Existenz satt. Was sie verlangt, ist Macht – Macht – Macht! Und wer ihr Macht gibt, dem wird sie Ehre geben, mehr Ehre, als er sich ausdenken kann.«[28]

Bismarcks Einfluß schwand, und schon im November 1858 trug er sich mit dem Gedanken, sich »unter die Kanonen von Schönhausen« zurückzuziehen. »Abwechslung ist die Seele des Lebens, und hoffentlich werde ich mich um zehn Jahre verjüngt fühlen, wenn ich mich wieder in derselben Gefechtsposition finde wie 1848–49... Nach dreißig Jahren wird es mir wohl gleichgültig sein, ob ich jetzt Diplomat oder Landjunker spiele.«[29] Diese Töne der Resignation waren nicht unbegründet. Die österreichische Diplomatie hatte mit Erfolg gegen ihn gearbeitet, und der österreichische Gesandte in Berlin wußte eher von Bismarcks Abberufung in Frankfurt als der Betroffene selbst. Er sträubte sich – doch ohne Erfolg – gegen die Versetzung nach Petersburg, in der Überzeugung, in Frankfurt bessere Dienste leisten zu können, »in diesem Fuchsbau des Bundestages, dessen Ein- und Ausgänge ich bis auf die Nothröhren kennen gelernt« habe.

IV

Petersburg und Paris

Ende März 1859 traf Bismarck nach einer halsbrecherischen Fahrt in der russischen Hauptstadt ein. Sie hatte von Berlin bis Petersburg sieben Tage gedauert, und in Ermangelung einer Eisenbahn mußte er von Königsberg bis Pskow (Pleskau) mit dem Wagen fahren. Da es ihm darin zu eng war, zog er den Außensitz vor, auf dem er drei Tage bei einer Temperatur von 1 bis 12° Kälte zubrachte. »Wir hatten so tiefen Schnee, daß wir mit 6 und 8 Pferden buchstäblich stecken blieben und aussteigen mußten. Noch schlimmer waren die glatten Berge, besonders hinunter; auf 20 Schritt brauchten wir 1 Stunde, weil 4 Mal die Pferde stürzten und sich 8 untereinander verwickelten; dazu Nacht und Wind, eine rechte Winterreise in Natur.«[1] Die Haut im Gesicht blätterte ihm ab, als er in Petersburg ankam.

Hier erwarteten ihn ganz andere Aufgaben. Für die mehr als 40000 preußischen Untertanen mußte er, wie aus einem launigen Brief an einen Frankfurter Bekannten hervorgeht, »Gericht und Polizei, Bürgermeister, Vater, Mutter, Bundestag, Spediteur, Advokat, Bankier und vieles andere zugleich« sein. Wichtig vor allem waren die von ihm selbst ausgestellten Legitimationen, denn, »wer nicht seinen gesandtschaftlichen Schutzschein aus der Tasche ziehn kann, läuft Gefahr, sich plötzlich mit einer Uniform bekleidet zu sehn und vor einem Schilderhaus in Astrachan darüber nachzudenken, wie er den urkundlichen Beweis führen könnte, daß er ein Preuße ist, und wenn ihm dies, wie vorauszusehn, seinem Unteroffizier gegenüber nicht gelingt, 25 Jahre lang Kaviar einsalzen zu sehn, ohne ihn essen zu dürfen. Das ist eine der vielen Formen, unter denen der harmlose Schwimmer auf dem russischen Ozean von einem der deutschen Sprache nicht mächtigen Schicksale mitunter am Bein gefaßt und spurlos unter Wasser gezogen wird.«[2]

Die peinlichen Begleitumstände, unter denen Bismarck nach Petersburg berufen wurde, bestärkten ihn in dem Gefühl, daß es sich dabei um seine Kaltstellung an der Newa handelte. In Wirklichkeit, und wie die Folgezeit ergab, konnte davon kaum die Rede sein. Einmal war Petersburg damals der bedeutendste und begehrteste Posten für die preußischen Diplomaten, zum anderen blieb der neue Gesandte mit Berlin in enger Fühlung und teilte ebenso wie von Frankfurt aus weiter seine Auffassungen über die politische Lage dorthin mit, in einem teilweise sehr lebhaften und intensiven Gedankenaustausch. Schließlich galt er weiter als möglicher zukünftiger Minister.

In Petersburg fiel Bismarck sogleich die feindliche Haltung Rußlands gegenüber Österreich auf: »Wie die Oestreicher hier drunten durch sind, davon hat man gar keine Idee... der Haß ist ohne Maßen und übersteigt alle meine Vermuthungen.«[3] Auch das bestärkte ihn, an den in Frankfurt gewonnenen Einsichten festzuhalten. Anfang 1859 war die italienische Krise, die zwei Jahre später zur Einigung Italiens führte, in ein Stadium getreten, das eine europäische Krise einzuleiten schien. Ebenso wie im Krimkrieg wandte sich Bismarck auch jetzt gegen eine bedingungslose Unterstützung Österreichs durch Preußen. Als der Krieg Österreichs gegen Frankreich und Piemont unmittelbar bevorstand, rechnete man in Wien damit, daß der Po am Rhein verteidigt werde. Bismarck dagegen wies darauf hin, daß von einer Interessenidentität zwischen Preußen und Österreich keine Rede sein könne. Sorgenvoll schrieb er aus Petersburg:[4] »Unsre Politik verstimmt mich; wir bleiben Treibholz, auf unsern eignen Gewässern planlos umhergeblasen von fremden Winden; und was für ruppige Winde, übelriechende!« Er vermißte »Leute von eignem Willen« und entwickelte wenige Wochen später dem Generaladjutanten des Prinzen von Preußen seine Gedanken:[5] »Die gegenwärtige Lage hat wieder einmal das große Loos für uns im Topf, falls wir den Krieg Östreichs mit Frankreich sich scharf einfressen lassen und dann mit unsrer ganzen Armee nach Süden aufbrechen, die Grenzpfähle im Tornister mitnehmen und sie entweder am Bodensee oder da, wo das protestantische Bekenntnis aufhört vorzuwiegen, wieder einschlagen. Wo ist denn außer uns noch ein europäischer Staat, dem 18, oder wenn ich die Katholiken in Oberbayern u. Oberschwaben abrechne, 14 Millionen zwischen seinen eigenen schlecht zusammengefügten Gliedern umher liegen, und nichts weiter von ihm wollen, als ihm *angehören*? Alle diese Leute schlagen sich ja 24 Stunden, nachdem wir sie in Besitz genommen haben, für uns besser wie je für ihre frühere Obrigkeit, besonders wenn der Prz. Regent ihnen den Gefallen thut, das Königreich Preußen in Königreich Deutschland umzutaufen.« Wie ernst es ihm mit dieser gewagten Konzeption war, unterstrich noch ein Privatschreiben, das er wenige Tage später, am 12. Mai, an Schleinitz, seinen neuen Vorgesetzten, richtete. Darin hieß es: »Das Wort ›deutsch‹ für ›preußisch‹ möchte ich gern erst dann auf unsre Fahne geschrieben sehn, wenn wir enger und zweckmäßiger mit unsern übrigen Landsleuten verbunden wären als bisher; es verliert von seinem Zauber, wenn man es schon jetzt, in Anwendung auf seinen bundestäglichen Nexus, abnützt... Ich sehe in unserm Bundesverhältnis ein Gebrechen

Preußens, welches wir früher oder später ferro et igni werden heilen müssen, wenn wir nicht beizeiten in günstiger Jahreszeit eine Kur dagegen vornehmen.« Allein in der Aufhebung des Deutschen Bundes sah er einen großen Fortschritt für »bessre und natürlichere Beziehungen Preußens zu seinen deutschen Nachbarn«.

Das waren sehr revolutionäre Gedanken, für die jedoch der Prinzregent ganz unzugänglich war. Als der preußische Ministerpräsident Fürst Karl Anton von Hohenzollern und Herzog Ernst von Sachsen-Coburg-Gotha ihm rieten, Bismarck zum Außenminister zu machen, lehnte er entschieden ab: Bismarck müsse sich sehr ändern, wenn er solch einen Posten übernähme, »denn das fehlte jetzt gerade noch, daß ein Mann das Ministerium übernimmt, der alles auf den Kopf stellen wird«[6]. Bismarcks Ernennung zum Gesandten in Frankfurt hatte er seinerzeit mit der Frage kommentiert: »Und dieser Landwehrleutnant soll Bundestagsgesandter werden?«[7] Die preußische Regierung blieb zwar zunächst zurückhaltend, war aber gegen Zugeständnisse bereit, Österreich zu Hilfe zu kommen. Darüber wurde in Berlin verhandelt, und Bismarck blieb weiter besorgt: »Unsre Politik gleitet mehr und mehr in das östreichische Kielwasser hinein.« Er befürchtete, daß an Stelle des italienisch-österreichischen ein preußisch-französischer Krieg treten werde. »Ich sehe sehr trübe in die Zukunft.« In diesem Brief an seine Frau[8] folgt dann eine Wendung, die scheinbar gar nicht zu dem so leidenschaftlich engagierten Politiker paßt, in Wirklichkeit jedoch eine entscheidende Seite Bismarckschen Wesens, Bismarckscher Sichtweise offenbart: »Aber Gott, der Preußen und die Welt halten und zerschlagen kann, weiß, warum es so sein muß, und wir wollen uns nicht verbittern gegen das Land, in welchem wir geboren sind, und gegen die Obrigkeit, um deren Erleuchtung wir beten. Nach 30 Jahren, vielleicht viel früher, wird es uns eine geringe Sorge sein, wie es um Preußen und Östreich steht, wenn nur Gottes Erbarmen und Christi Verdienst unsern Seelen bleibt. Ich schlug mir gestern Abend beliebig die Schrift auf, um die Politik aus dem sorgenvollen Herzen los zu werden, und stieß mit dem Auge zunächst auf den 5. Vers des 110. Ps. Wie Gott will, es ist ja alles doch nur eine Zeitfrage, Völker und Menschen, Thorheit und Weisheit, Krieg und Frieden, sie kommen und gehn wie Wasserwogen, und das Meer bleibt. Was sind unsre Staaten und ihre Macht und Ehre vor Gott anders als Ameisenhaufen und Bienenstöcke, die der Huf eines Ochsen zertritt oder das Geschick in Gestalt eines Honigbauern ereilt.«

Die militärisch-politische Entwicklung führte zwar noch zur Mobilmachung der preußischen Armee, aber infolge des kurz nach den österreichischen Niederlagen abgeschlossenen Vorfriedens von Villafranca (11. Juli 1859) zwischen Österreich und Frankreich wurde eine größere internationale Krise vermieden. Die Lösung der deutschen Frage aber blieb weiter in der Schwebe.

Einen Monat vorher war Bismarck erkrankt, und infolge falscher Behandlung hatte sich sein Zustand noch bedenklich verschlimmert. Nach verschiedenen Kuraufenthalten in Deutschland kaum genesen, erlitt er im November auf der Rückfahrt nach Petersburg einen lebensgefährlichen Rückschlag, der ihm den »ersten Knax« versetzte und ihn mehrere Monate fest ans Bett fesselte. Erst im Juni 1860 traf er in Petersburg wieder ein, nach fast elfmonatiger Abwesenheit.

Die politischen Auseinandersetzungen mit seinen konservativen Freunden verdeutlichen, wie sehr sich Bismarcks Gesichtskreis erweitert hatte. Seine österreichfreundliche Haltung 1850 in der Olmützrede findet er jetzt »jugendlich«, »aber zwischen den Pommerschen Kartoffelfeldern, die bis 48 Gegenstand meiner Aufmerksamkeit waren, lernt man eben nicht europäische Politik richtig beurtheilen.«[9] Eine klare Trennungslinie zog er gegenüber Ludwig von Gerlach:[10] »Ich bin ein Kind andrer Zeiten als Sie, aber ein ebenso ehrliches der meinigen, wie Sie der Ihrigen ... Um aber zu Realitäten zurückzukehren, zur Gegenwart, so wäre mir Frankreich von allen Bundesgenossen der *bedenklichste,* obschon ich mir die *Möglichkeit* offen halten muß, weil man nicht Schach spielen kann, wenn einem 16 Felder von 64 von Hause aus verboten sind.« Der ehemalige Gönner und Förderer antwortete nicht mehr. Auch anderen Konservativen mußte deutlich werden, daß er den politischen Auftrag nicht aus dem legitimistischen Prinzip, sondern aus der Wirklichkeit der politischen Verhältnisse nehmen wollte: »In betreff der *inneren* preußischen Politik bin ich, nicht bloß aus Gewohnheit, sondern aus Überzeugung und aus Utilitätsgründen so konservativ, als mir mein Landes- und Lehnsherr irgend gestattet und gehe grundsätzlich bis in die Vendée, quand même, d. h. auch für einen König, dessen Politik mir nicht gefiele; aber nur für *meinen* König. In betreff der Zustände aller *andern* Länder aber erkenne ich keine Art *prinzipieller* Verbindlichkeit für die Politik eines Preußen an; ich betrachte sie lediglich nach Maßgabe ihrer Nützlichkeit für preußische Zwecke.« Seiner Auffassung nach »beschränkt sich die *Pflicht* eines preußischen Monarchen, Rechtsschutz zu üben, auf die ihm von Gott gezogenen Grenzen des preußischen Reiches; die auswärtige Politik ist nur Mittel, der preußischen Krone die Kraft, den eigenen Untertanen Rechtsschutz gewähren zu können, zu erhalten, zu sichern, zu vermehren«. Bei Umwälzungen im Auslande sei nicht zu fragen, was nach neapolitanischem, französischem, österreichischem Rechte in der Sache rechtens sei, sondern die eigene Parteinahme habe sich danach einzurichten, welche Gestaltung im Auslande die für die Machtstellung und Sicherheit der Krone Preußens günstigste sei. Bismarck folgerte: »Das Schwert unserer Gerechtigkeit kann nicht über die ganze Welt reichen; wenn es in fernen Ländern wirken soll, so schwächt sich seine Wirkung zu Hause. Die Teilnahme für die Durchführung an sich unzweifelhafter Thronrechte ausländischer Fürsten kann uns weder nützen noch stützen; wir stehen auf der eigenen Kraft und fallen mit ihr.« Dieses Schreiben an seinen Außenminister, den er mit »Verehrter Freund und Gönner« anredete, enthielt noch den bezeichnenden Zusatz: »Sie sehn, wieweit meine italienische Politik von der der Kreuzzeitung entfernt ist, und ich hoffe, daß Sie diese meine Partei-Felonie nicht verraten und mir die freimütige Darlegung meiner Meinung in diesem schriftlichen Privatgespräch nicht verargen.«[11]

In einem Privatbrief[12] lehnte er »dieses System der Solidarität der konservativen Interessen aller Länder« als »eine gefährliche Fiktion« und »Donquixoterie« für Preußen ab. Dieselbe Vorurteilslosigkeit und nüchterne Einschätzung der Lage lassen ihn, den überzeugten Royalisten, die parlamentarische Bewegung der Zeit unterstützen: »Ich sehe außerdem nicht ein, warum wir *vor der Idee einer Volksvertretung, sei es im Bunde, sei es in einem Zollvereinsparlament, so zimperlich zurückschrecken.*« Die deutsche Frage in Verbindung mit den Forderungen der Liberalen voranzutreiben, zeichnete sich hier deutlich ab; sein Zusammengehen mit ihnen war freilich im wesentlichen von taktischen Gesichtspunkten bestimmt, wie etwa das Gespräch mit Carl Schurz noch verdeutlichen wird.

Ernst und Nachdruck seiner politischen Stellungnahmen könnten den Eindruck erwecken, daß Bismarck ganz in der Politik aufgegangen wäre. Aber wie er in Frankfurt Zeit zum Schwimmen, Reiten und gelegentlich auch zum Schlittschuhlaufen gefunden hatte, fehlte es in Petersburg nicht an entsprechender Abwechslung. Dazu gehörte auch die Jagd vor allem auf Hochwild, wie Auerhähne, Elche und Bären. Schon wenige Wochen nach seiner Ankunft schrieb er seinem Bruder:[13] »Einen Auerhahn habe ich geschossen und bin dazu 3 Meilen gefahren, um Mitternacht zu Pferde gestiegen, etwa 25 Werst durch Haide, Moor und wüsten Wald geritten und war morgens acht Uhr wieder hier bei der Arbeit. Eine mühsame, aber sehr gesunde Abwechslung in dem Schreiberleben.« Ein anderes Mal äußerte er: »Das Jägerleben ist eigentlich das dem Menschen Natürliche. Und wenn man auch nur einen Tag in den Wäldern sein kann, so bringt

man doch immer merkliche Stärkung mit nach Hause. Unsere gestrige Jagd freilich war verfehlt ... Dennoch freue ich mich, einmal wieder in der beschneiten Waldwildnis geatmet zu haben. Es geht nichts über Urwälder, in denen keine Spur von Menschenhänden zu finden ist.«[14] Wiederholt schrieb er darüber auch an seinen Vorgesetzten und bat ihn um Urlaub »auf drei bis vier Tage nach der Gegend von Nowgorod zur Jagd, wo 19 Bären, jeder für sich natürlich, eingekreist sind.«[15] Wenige Monate später teilte er seiner Schwester mit:[16] »Ich habe nur 3 Bärenjagden im Winter gemacht, 2 geschossen, bei der dritten wenigstens den Kampf des Bären und eines kaiserlichen Jägers angesehn, bei welchem erstrer mit dem Spieß abgefangen wurde, letztrem aber dann noch sämmtliche Hosen, auch die angebornen, vom Leibe riß, und ihm übers Kreuz u.s.w. ein blutiges Notenblatt liniierte.«
In die Petersburger Zeit fällt auch ein Privatschreiben[17], in dem er sich mit Humor und Ironie einer Beschwerde zu entledigen verstand. Über mißbräuchliche Benutzung des Kuriersacks schrieb er an Schleinitz: »Verstatten Sie mir, damit jede amtliche Unannehmlichkeit den Beteiligten fern bleibt, ganz privatim nachstehendes zur Sprache zu bringen. Unser Depeschensack wird vielfach zu Privatsendungen benutzt; dagegen läßt sich in gewissen Gränzen nichts sagen, besonders wenn damit Personen, die uns dienstlich nützlich sein können, eine Gefälligkeit erwiesen wird. Im übrigen bin ich aber der unvorgreiflichen Meinung, daß die Mitglieder der Gesandtschaft, welche unter diesem unfreundlichen Himmelsstrich auszuharren verurtheilt sind, für sich und ihre Angehörigen ein vorzugsweises Anrecht an den leeren Raum dieses großen Ledersackes haben, vorbehaltlich natürlich etwaiger Sendungen von Seiten der *Herrn* vom Ministerium. Dieses Anrecht wird aber beeinträchtigt, und die Moralität der Gesandtschaft bei den hiesigen Zollbehörden compromittirt, wenn beliebige Particuliers sich das Wohlwollen ich weiß nicht wessen, in dem Maße erwerben, daß Pakete von Gerson und andern Handeltreibenden, im Gewichte von 28 Pfund das einzelne Stück, unter Verschluß mit dem Ministerialsiegel, ihren Weg in besagten Sack finden und demselben eine unförmliche und verdächtige Gestalt und Größe geben. Ich habe mir erlaubt, solche die Post- und Zoll-Gefälle eines befreundeten Hofes beeinträchtigenden Sendungen umgehend zurückzuschicken, sie haben aber ihren Weg zum zweiten Mal in demselben Sack hierher genommen. Ich möchte g[ehorsamst] bitten, mich zu autorisieren, daß ich alle dergleichen Gepäck, wenn nicht entweder Absender oder Empfänger aus dienstlichen Gründen Beachtung verdienen, oder sich, sei es durch ministerielle Empfehlung oder direct, meines Wohlwollens versichert

haben, ohne weiteres zurückschicke. Ich gestehe, daß ich weniger aus Tugend als aus Eigennutz diesen abusus zur Sprache bringe, denn indem ich für ganz indifferente Leute den Packmeister mache, wage ich bisher selbst nicht, bedenkliche Bücher über Rußland für mich kommen zu lassen, andrer kleiner Nützlichkeiten zu geschweigen.«

Wie schwierig es sein konnte, sich vom Bismarck dieser Jahre ein rechtes Bild zu machen, spiegeln auch die Briefe Kurd v. Schlözers wider. Er war seit 1857 als Legationssekretär in Petersburg tätig und hatte zunächst einen außerordentlich ungünstigen Eindruck von Bismarck: »Ein Mensch, der keine Rücksichten kennt, ein Gewaltmensch, der nach Theatercoups hascht, der imponieren will...« Als Bismarck ihm eine Depesche diktieren wollte, erklärte ihm Schlözer: »Das Talent, nach dem Diktat anderer zu schreiben, fehlt mir gänzlich.«[18] Wenige Wochen darauf schrieb er:[19] »Mir geht es schlecht. Aber ich fresse mich durch! Mein Spruch ist: ›Holl di stief!‹ Ich bin so offen gegen Bismarck aufgetreten, daß er mich hat fordern wollen.« Zehn Tage später meinte Schlözer:[20] »Wenn ich mir auch der überragenden geistigen Kraft dieses Mannes vollständig bewußt bin und mir eine Stimme im Innersten sagt: ›Es ist etwas in ihm, was ich Herr nennen möchte‹ – ich will diese Stimme nicht hören. Er soll sein Unrecht mir gegenüber einsehen – in der Politik ist er ebenso unbegreiflich wie in seinem persönlichen Verkehr.« Nach Bismarcks Rückkehr aus Berlin vermerkte Schlözer:[21] »Mit Bismarck geht alles vortrefflich ... Ein höllischer Kerl ist er, aber – wo will er hinaus?« Im Oktober 1860 speiste Schlözer täglich bei Bismarck und schrieb:[22] »Ich habe nichts mehr mit ihm gehabt. Er ist die verkörperte Politik. Alles gärt in ihm, drängt nach Betätigung und Gestaltung. Er sucht der politischen Verhältnisse Herr zu werden, das Chaos in Berlin zu meistern, weiß aber noch nicht wie. Wenigstens sehe ich seine Wege, sein Ziel nicht. Ein merkwürdiger Mensch, scheinbar voller Widersprüche.« Und im Januar 1861 hieß es:[23] »Er erzählt mir viel, fabelhaft offen, interessant, sprunghaft, revolutionär, wirft alle Theorien über den Haufen.« Schlözer fährt fort: »Und *der* in der Wilhelmstraße – Donnerwetter!«

Es ist charakteristisch für Bismarck, der sich 1859 ebenfalls sehr über Schlözer beklagt hatte, daß er ihm 2 Jahre später ein hervorragendes Zeugnis ausstellte, in dem er ihn als den einzigen bezeichnete, an dem er bisher eine wirkliche Hilfe gehabt habe. »Schlözer ist im Umgange mit Vorgesetzten schwierig, und ich habe anfangs üble Zeiten mit ihm durchgemacht, aber seine dienstliche Tüchtigkeit und Gewissenhaftigkeit hat meine Verstimmung vollständig entwaffnet.«[24] Diese Beurteilung zeigte er Schlözer, und beide verband fortan eine Freundschaft, die auch dann keine Schmälerung erfuhr, wann immer Schlözer eine andere politische Auffassung vertrat als Bismarck.

Die Politik der »moralischen Eroberungen« fand ein zunehmend kritisches Echo. Im Sommer 1860 schrieb die Londoner ›Times‹:[25] »Preußen lehnt sich immer an jemand an, sucht immer jemand, der ihm hilft, niemals willens, sich selbst zu helfen; es ist stets bereit, in Verhandlungen einzutreten, niemals sich zu entscheiden; bei Kongressen ist es anwesend, auf dem Schlachtfeld aber abwesend; es redet und schreibt niemals für oder gegen, sondern nur über eine Frage; es ist immer dabei, Ideale und Gefühle in jedem Umfang beizusteuern, scheut sich aber vor allem, das nach dem Realen oder Aktuellen schmeckt. Es hat eine große Armee, die aber bekanntermaßen zum Kampf nicht fähig ist. Es ist verschwenderisch mit Zirkularen und Noten, hat aber meistens wenig für beide Seiten zu sagen. Niemand rechnet auf Preußen als seinen Freund, niemand fürchtet es als seinen Feind. Wie es eine Großmacht geworden ist, erzählt uns die Geschichte, warum es heute noch als solche gilt, weiß niemand... Ohne Hilfe könnte Preußen weder den Rhein noch die Weichsel auch nur einen Monat lang gegen seine ehrgeizigen Nachbarn verteidigen.«
Die innen- und außenpolitische Stagnation führte schließlich im Juni 1861 zu einer schweren Krise des Ministeriums der »Neuen Ära«. Sorgenvoll schrieb der Vertraute des liberal gesonnenen preußischen Kronprinzen, Max Duncker, an den Großherzog von Baden:[26] »Nirgends fühlte das Roß den Reiter, nirgends war ein sammelnder, fortreißender, erhebender Gedanke.« Alle inneren Fragen hielt er für untergeordnet, »sobald eine gesunde auswärtige Politik den Ruf ›Vorwärts‹ ertönen läßt«. Der liberale Duncker, der mit diesem Kabinett sympathisierte, hatte dabei gewiß nicht an Bismarck gedacht, der aber ebenfalls von der Krise Kenntnis erhielt. Roon, seit Dezember 1859 Kriegsminister, hatte ihn mit Einwilligung des Königs nach Berlin gebeten[27] und ihm einen Ministerposten in Aussicht gestellt. Bismarck äußerte erhebliche Bedenken, kündigte aber sein Kommen an und fügte der ausführlichen Antwort noch folgende charakteristische Ergänzung bei:[28] »Wenn ich den Newaspiegel in der hellen Nacht vor mir sehe, über den Brief hinweg, so wird der Wunsch in mir lebhaft, daß ich nächstes Jahr noch hier sitze. Der Mensch gewöhnt sich an alles, auch an 60 Grad Breite; und Umziehn, Streiten, Aergern und die ganze Knechtschaft Tag und Nacht bilden eine Perspective, bei der ich schon heut Heimweh nach Petersburg oder Reinfeld habe... Ich werde mich nicht drücken, denn ich mag mir keiner Feigheit bewußt sein, aber wenn in 14 Tagen dieses Gewitter spurlos an

mir vorübergegangen und ich ruhig bei Muttern wäre, so würde ich mir einen Entensteiß wünschen, um vor Befriedigung damit wackeln zu können.«

Bei seiner Ankunft in Berlin war die Krise zwar vorerst behoben, aber Schleinitz veranlaßte ihn, gleich nach Baden-Baden weiterzufahren, wo sich der preußische König gerade aufhielt. Freiherr von Roggenbach, der liberale badische Außenminister, hatte dem König einen Vortrag gehalten, in dem er die Gedanken der erfolglosen »Neuen Ära« zu unterstützen und zu erweitern suchte. Kurz darauf sprach Bismarck und entwickelte erstmalig dem König unmittelbar seine Vorstellungen zur Lösung der deutschen Frage. Er empfahl »eine nationale Vertretung des deutschen Volkes bei der Bundeszentralbehörde als das wirksamste, vielleicht als das einzige und notwendige Bindemittel, welches den divergierenden Tendenzen dynastischer Sonderpolitik ein ausreichendes Gegengewicht zu geben vermag«. Die Verwirklichung dieser Parlamentsidee liege »für das *außer*österreichische Deutschland« im Bereich des politisch Möglichen. Das Ausklammern von Österreich wird noch deutlicher ausgesprochen, indem er argumentiert, daß die Beteiligung des Kaiserstaats an derartigen Einrichtungen selbst dann noch kaum ausführbar sein werde, »wenn zwischen den deutschen und den nichtdeutschen Provinzen Östreichs das Verhältnis einer bloßen Personalunion herzustellen wäre. Man könnte die Lösung dieser Schwierigkeit ebenso wie 1848 unter Mitwirkung einer deutschen Nationalvertretung versuchen.« Dabei besteht für ihn kein Zweifel, daß auf dem Wege zur Besserung »jederzeit der erste Schritt ein negativer [ist], in Gestalt der Erkenntnis, daß das Bestehende nicht taugt und der Änderung bedarf«. Dies sei zwar allgemein anerkannt, aber keine Bundesregierung habe es bisher amtlich ausgesprochen.

Das Bemühen der Liberalen sowie der Konservativen um Einfluß beim preußischen Könige kann hier im einzelnen ebenso unerörtert bleiben wie die Gemeinsamkeiten und Unterschiede zwischen den Plänen Bismarcks und seines späteren Gegners Roggenbach.[29] Der König unternahm vorerst nicht die ihm nahegelegten Schritte; Bismarck kehrte nach längerem Urlaub wieder nach Petersburg zurück. In Berlin aber kriselte es weiter, im März 1862 ging mit dem Rücktritt des Ministeriums Hohenzollern die liberale Ära zu Ende. Dänemark ging daran, sich Schleswig einzuverleiben, die Frage der Bundesreform führte zu neuen Spannungen zwischen Wien und Berlin, und innenpolitisch spitzte sich der Kampf zwischen Krone und Parlament wegen der vom König gewünschten Heeresreform so zu, daß auch Duncker nach Darlegung der außen- und innenpolitischen Möglichkeiten zu dem Ergebnis kam: »Es gibt keinen andern Mann, ein neues Ministerium zu bilden und zu leiten, als Herrn von Bismarck.«[30] Tatsächlich wurde er von Petersburg abberufen, aber noch immer sträubte sich der König, ihn zum leitenden Minister zu ernennen. Auch der neue Ministerpräsident, Prinz Adolf Hohenlohe, nannte ihn, woraufhin der König erwiderte: »Sie scherzen wohl?« Und als Hohenlohe dabei blieb, erklärte Wilhelm I.: »Ach bewahre, der ist ja viel zu flatterhaft. Schlagen Sie mir einen andern vor!«[31] Die Königin Augusta bestärkte ihn noch erheblich in seinem Mißtrauen. Immerhin beeindruckte es den König doch sehr, daß auch Roon, ein Mann seines Vertrauens, wieder so nachdrücklich für Bismarck sprach: »Ich denke«, so entschied er schließlich, »man schickt ihn noch nach Paris und London, damit er überall die einflußreichen Leute kennen lernt, ehe man ihn zum Ministerpräsidenten macht.«[32]

So wurde Bismarck am 22. Mai 1862 zum preußischen Gesandten in Paris ernannt, wo er noch am Monatsende eintraf. Ende Juni schon fuhr er zur Weltausstellung nach London und führte dort mit dem Premierminister Lord Palmerston, dem Außenminister Lord John Russell und Benjamin Disraeli, dem Führer der Opposition, politische Gespräche. Dieser sagte, von Bismarcks Offenheit überrascht, später warnend zum sächsischen Gesandten in London:[33] »Take care of that man! He means what he says.« Bald darauf unternahm er eine Erholungsreise nach Biarritz. Hier begegnete er dem russischen Gesandten in Belgien, Fürst Orlow, der zusammen mit seiner jungen Frau Katharina ebenfalls hierher in die Ferien gefahren war. Zu dritt verlebten sie herrliche Tage. Bismarck war, wie er seiner Schwester schrieb, etwas verliebt in die »niedliche Principesse... Du weißt, wie mir das gelegentlich zustößt, ohne daß es Johanna Schaden thut.«[34] Die zunehmende Sympathie fand Ausdruck in Wendungen wie »meine bewundernswerte Catty« oder »Kathy, die liebenswürdigste der Frauen bis auf Eine«. Begeistert schrieb er seiner Frau:[35] »1/4 Meile nördlich von Biarritz ist eine enge Schlucht im Felsenufer, rasig, buschig und schattig, unsichtbar für alle Menschen, durch zwei Felsen mit Haidekraut in Blüte sehe ich das Meer grün und weiß in Schaum und Sonne; neben mir die reizendste aller Frauen, die Du sehr lieben wirst, wenn Du sie näher kennst, ein Stückchen Marie Thadden... originell für sich, lustig, klug und liebenswürdig, hübsch und jung... – Wenn ihr zusammenkommt, wirst Du mir vergeben, daß ich etwas für sie schwärme... bin lächerlich gesund und so glücklich, als ich fern von Euch Lieben sein kann.«

Es ist bezeichnend, wie Bismarcks Frau auf diese Mitteilungen reagierte. In einem Brief an Freunde schrieb sie: »Wenn ich Anlage zu Neid und

Eifersucht hätte, könnte ich mich jetzt wahrscheinlich bis in tiefste Abgründe von diesen Leidenschaften tyrannisieren lassen. In meiner Seele ist aber gar kein Stoff dazu vorhanden, ich freue mich nur immerzu ganz ungeheuer, daß mein lieber Gemahl die reizende Frau dort gefunden, ohne deren Gesellschaft er nimmer so lange Ruhe auf einem Fleck gehabt hätte und dann nicht so gesund geworden wäre, wie er's in jedem Brief rühmt. Das biskaische Meerwasser und die südfranzösische Luft haben ihm wundervoll wohlgetan, – Gott sei tausend Dank dafür.«[36]
Ausführlich und regelmäßig teilte er auch in diesen Wochen seiner Frau seine Erlebnisse mit. Bei der Besichtigung des Schlosses Chambord hielt ihn die Führerin für einen französischen Legitimisten »und zerdrückte eine Thräne, als sie mir die kleine Kanone zeigte. Ich bezahlte den Tropfen tarifmäßig mit 1 Fr. extra, obschon ich keinen Beruf habe, den Carlismus zu subventioniren«.[37] In der Muße der Ferienstimmung flossen ihm auch hier Landschaftsschilderungen in die Feder, wie sie wohl nur einem Augenmenschen gelingen können. Aus Falaise schrieb er von den Eindrükken am Meer, und einen Ausflug in die Pyrenäen schilderte er so:[38] »Vorgestern sind wir von hier auf den Col de Venasque gestiegen, zuerst 2 Stunden durch prächtige Buchenwälder, voll Epheu, Felsen und Wasserfällen, dann ein Hospiz, dann 2 Stunden steiles Steigen zu Pferde im Schnee, mit Fernsichten, stillen tiefen Seen zwischen Schnee und Klippen, und 7500 Fuß hoch öffnet sich eine schmale Pforte im scharfen Kamme der Pyrenäen, durch die man Spanien betritt. Das Land der Kastanien und Palmen zeigt sich hier als Felsenkessel, ringsum eingefaßt von der Maladetta, die vor uns lag, Pic de Sauvegarde und Pic de Picade; rechts flossen die Gewässer zum Ebro, links zur Garonne, und bis zum Horizont starrte ein Gletscher und Schneegipfel hinter dem andern, weit nach Catalonien und Aragon hinein. Dort frühstückten wir, etwas schräg an die Felsen gedrückt, rothe Rebhühner ohne Salz und ohne Messer, und ritten dann auf schwindelnden Stegen, aber in herrlichem Wetter, wieder abwärts. Gestern hatten wir eine ähnliche Expedition, nach Superbagnères und an die Pforten der Hölle, le gaufre d'enfer, in dessen Tiefen sich ein prachtvoller Wasserfall zwischen Buchen, Eichen, Kastanien und Eschen stürzt. An Wasserfällen sind die Pyrenäen den Alpen entschieden überlegen, sonst sind letztre doch imposanter. Heut sahn wir den See von Oo, Felsenkessel wie der Obersee bei Berchtesgaden, aber belebt durch einen gewaltigen Wasserfall, der in ihn stürzt. Wir befuhren ihn, sangen französische Chansonnetten mit Mendelssohn abwechselnd, d. h. ich hörte zu, ritten dann heim in starkem Regen und sind nun wieder trocken und hungrig. Unter 6 bis 8 Stunden zu Pferde geht es keinen Tag.« Und

er fügte hinzu: »Morgen hat der Scherz ein Ende, und ›Ach wie so bald verhallet...‹ war heut an der Tagesordnung.«
Hier sei noch ergänzt, daß Katharina Orlow im Jahre 1875, 35jährig, starb. Welch ein Vertrauen Bismarck beim hinterbliebenen Fürsten genoß, bezeugt der folgende Brief Orlows an ihn:[39] »Ich wollte Ihnen mehrere Male schreiben, aber die Kraft hat mir gefehlt. Die Zuneigung, die Sie zu Katharina hegten, gibt mir jetzt den Mut, mit Ihnen von ihren letzten Augenblicken zu sprechen... Gott hat mich vor Groll und Verzweiflung bewahrt... aber mein Herz ist gebrochen. Wenn ich das Meer, das sie so liebte, rauschen höre, möchte ich mit ihr hinaus auf die Klippe gehen; wenn ich das Spiel des Lichtes auf den Wogen sehe, habe ich unwillkürlich das Gefühl, zu ihr eilen und sie herbeirufen zu müssen. Wenn ich dann wieder in Paris sein werde, dort, wo sie mit hingebender Sorge über der Erziehung der Kinder wachte, werde ich die Leere noch mehr empfinden als hier am Strande des Meeres... Ich beende meinen traurigen Brief, indem ich Sie umarme und Sie bitte, für die zu beten, die eine so reine und aufrichtige Zuneigung für Sie im Herzen trug. Ihr Freund N. Orlow.«
Noch einmal, am Jahresende, schrieb Orlow einen ähnlich schmerzerfüllten Brief. Bismarck antwortete:[40] »Der Verlust einer Frau wie Katharina ist das Erlöschen eines Sonnenstrahles, an dem Gottes Güte einen teilnehmen ließ und der alle erfreute und belebte, die das Glück seiner Berührung empfingen. Die Erinnerung, die mir an die Zeit bleibt, wo ich diesen Zauber empfunden habe, hat mich durch alle Erregungen und Enttäuschungen der Politik begleitet wie der letzte Widerschein eines schönen Tages, der nicht mehr ist.«

Doch zurück zum Jahre 1862. Wenige Tage, nachdem Bismarck sich vom Ehepaar Orlow verabschiedet hatte, erreichte ihn ein Telegramm Roons: »Periculum in mora, dépêchez-vous.« Diese Formulierung war verabredet; Bismarck wußte nun, daß seine Ernennung zum preußischen Ministerpräsidenten unmittelbar bevorstand. Sofort reiste er nach Berlin ab.

Frankfurt, Petersburg und Paris waren die Stationen gewesen, auf denen Bismarck seinen Gesichtskreis erweitert und den Blick geschärft hatte. Die Eindrücke, die er von der preußischen Diplomatie gewonnen hatte und von der Art, wie man damals den diplomatischen Nachwuchs auswählte, faßte er in seinen Erinnerungen später zusammen: »Ich habe als Minister stets ein landsmannschaftliches Wohlwollen für eingeborene preußische Diplomaten gehabt, aber im dienstlichen Pflichtgefühle nur selten diese Vorliebe betätigen können, in der Regel nur dann, wenn die

Beteiligten aus einer militärischen Stellung in die diplomatische übergingen. Bei den rein preußischen Zivildiplomaten, welche der Wirkung militärischer Disziplin garnicht oder unzureichend unterlegen hatten, habe ich in der Regel eine zu starke Neigung zur Kritik, zum Besserwissen, zur Opposition und zu persönlichen Empfindlichkeiten gefunden, verstärkt durch die Unzufriedenheit, welche das Gleichheitsgefühl des alten preußischen Edelmannes empfindet, wenn ein Standesgenosse ihm über den Kopf wächst oder außerhalb der militärischen Verhältnisse sein Vorgesetzter wird. In der Armee sind diese Kreise seit Jahrhunderten daran gewöhnt, daß das geschieht, und geben den Bodensatz ihrer Verstimmung gegen frühere Vorgesetzte an ihre späteren Untergebenen weiter, sobald sie selbst in höhere Stellen gelangt sind. In der Diplomatie kommt dazu, daß diejenigen unter den Aspiranten, welche Vermögen oder die zufällige Kenntnis fremder Sprachen, namentlich der französischen besitzen, schon darin einen Grund zur Bevorzugung sehen und deshalb der oberen Leitung noch anspruchsvoller und zur Kritik geneigter gegenübertreten als Andere. Sprachkenntnisse, wie auch Oberkellner sie besitzen, bildeten bei uns leicht die Unterlage des eigenen Glaubens an den Beruf der Diplomatie, namentlich solange unsere gesandtschaftlichen Berichte, besonders die ad Regem, französisch sein mußten, wie es die nicht immer befolgte, aber bis ich Minister wurde amtlich in Kraft stehende Vorschrift war. Ich habe manche unter unseren ältern Gesandten gekannt, die, ohne Verständnis für Politik, lediglich durch Sicherheit im Französischen in die höchsten Stellen aufrückten, und auch sie sagten in ihren Berichten doch nur das, was sie französisch geläufig zur Verfügung hatten. Ich habe noch 1862 von Petersburg französisch amtlich zu berichten gehabt, und die Gesandten, welche auch ihre Privatbriefe an den Minister französisch schrieben, empfahlen sich dadurch als besonders berufen zur Diplomatie, auch wenn sie politisch als urteilslos bekannt waren.
Ausländische Namen standen höher im Kurse... Man setzte bei ihnen größere Geläufigkeit im französischen voraus, und sie waren ›weiter her‹... Wir züchteten schon damals das Offiziersmaterial bis zum Regimentskommandeur in seiner Vollkommenheit wie kein anderer Staat, aber darüber hinaus war das angeborene preußische Blut nicht mehr fruchtbar an Begabungen wie zur Zeit Friedrichs des Großen selbst. Unsere erfolgreichsten Feldherrn, Blücher, Moltke, Gneisenau, Goeben, waren keine preußischen Urprodukte, so im Zivildienst Stein, Hardenberg, Motz und Grolman. Es ist, als ob unsere Staatsmänner wie die Bäume in den Baumschulen zu voller Wurzelbildung der Versetzung bedürften.«
Hier wird nichts beschönigt oder entschuldigend erklärt. Mit fast natur-

wissenschaftlicher Nüchternheit werden Tatbestände festgestellt. Die überlegenen Urteile verdienen besonders auch deshalb hervorgehoben zu werden, weil sie wieder den vorurteilsfreien Bismarck zeigen, der ohne falsche Rücksichten, etwa auf die eigenen Landsleute, Standesgenossen oder Berufskollegen, die Schwächen und Grenzen der damaligen Gesellschaft deutlich kennzeichnet.

V

»Und *der* in der Wilhelmstraße – Donnerwetter!« (1862–1866)

Am 22. September 1862 fand im Schlosse zu Babelsberg die erste Aussprache zwischen dem König und Bismarck statt. Erst die äußerste Bedrängnis hatte den Monarchen, der sich ernstlich mit Rücktrittsgedanken trug, dazu gebracht, mit Bismarck zu verhandeln. Der König spürte das Dämonische in Bismarck, der ihm unheimlich war; er kannte Bismarcks Bereitschaft, in der Lösung der deutschen Frage unter Umständen revolutionäre Wege einzuschlagen. Auf die Frage des Königs, welche Bedingungen er im Falle der Amtsübernahme stelle, antwortete Bismarck: »Gar keine. Ich fühle wie ein kurbrandenburgischer Vasall, der seinen Lehnsherrn in Gefahr sieht. Was ich vermag, steht Eurer Majestät zur Verfügung!« Diese bedingungslose Bereitschaft beeindruckte den König sehr, er verzichtete darauf, seinerseits Bedingungen zu stellen und Bismarck auf ein bestimmtes Programm festzulegen. Von Rücktritt war keine Rede mehr. »Dann ist es meine Pflicht, mit Ihnen die Weiterführung des Kampfes zu versuchen, und ich abdicire nicht.« Zwischen dem Lehnsherren und dem Vasallen wurde ein Treuebündnis auf Gegenseitigkeit geschlossen, ein Bündnis, das allen Belastungen zum Trotz die folgenden 26 Jahre hindurch, bis zum Tode Wilhelms I., gehalten hat.

Wenige Stunden vor der zweiten Besprechung am 23. September hatte das Abgeordnetenhaus die Heeresvorlage mit 308 : 11 Stimmen abgelehnt. Bismarck war unverändert bereit, den ausweglos scheinenden Streit um diese sachlich notwendige Reform an der Seite seines Königs durchzufechten. Am folgenden Tag übernahm er interimistisch den Vorsitz des Staatsministeriums, am 8. Oktober wurde er zum Ministerpräsidenten und gleichzeitig zum Minister des Auswärtigen ernannt.

Wie schwer dem König dieser Entschluß gefallen ist und wie verfahren die innenpolitische Lage war, die kein einziger sonst zu entwirren wagte, verdeutlicht ein Brief Wilhelms I. vom 23. September an die Königin.[1] »Da in den 6 Monaten mir Niemand genannt worden ist und ich selbst Niemand anders als ihn selbst fand«, sei für Bismarck die Entscheidung gefallen. »Dazu kommt, daß das ganze Ministerium, inclusive der ausscheidenden ihn wünscht, und so habe ich, nach Gebeth und ernster Prüfung meiner selbst und nach einer 2½stündigen Unterredung gestern mit ihm, den Entschluß gefaßt.« Roon hatte entscheidend mitgewirkt.[2]

Das neue Kabinett wurde kritisch von der Presse beurteilt; es setzte sich in der Mehrzahl aus den bisherigen Ministern zusammen, und außer Roon gehörte ihm kein bedeutender Kopf an. Der »Kladderadatsch« brachte eine wenig schmeichelhafte Karikatur von Bismarck und zum ersten Auftreten des Ministeriums ein Gedicht unter der Überschrift: »Blaue Montagsbilder für den 29. September«, in dem es hieß:

»Und staunend sehn die Landesboten
Eintreten manch verwittert Haupt,
Das sie schon längst im Reich der *Todten*,
Das sie *vergessen* schon geglaubt.
Sie sehn, wie Mancher naht der Schwelle,
Den sie gewünscht – wer weiß wohin,
Sehn, wie Herr ROON an *alter* Stelle
Sich niederläßt mit Kriegersinn.
Sehn *nahn* zugleich dem Tisch, dem grünen,
Gestalten *neu* und unbekannt.
Wer *sind* sie? fragen die Tribünen.
Wer sind die Herrn? so fragt das Land.«

Am folgenden Tage, dem 30. September, hielt Bismarck seine erste Rede vor der Haushaltskommission des Preußischen Abgeordnetenhauses, in der er dem illusionären Wunschdenken eine deutliche Absage mit dem Satze erteilte: »Preußens Grenzen nach den Wiener Verträgen sind zu einem gesunden Staatsleben nicht günstig; nicht durch Reden und Majoritätsbeschlüsse werden die großen Fragen der Zeit entschieden – das ist der große Fehler von 1848 und 1849 gewesen –, sondern durch Eisen und Blut.« Ein sehr offenes, aber auch gefährliches Wort, in der parlamentarischen Auseinandersetzung gesprochen, überpointiert und auch deshalb Mißdeutungen ausgesetzt. Heinrich v. Treitschke schrieb einem Bundesbruder:[3] »Du weißt, wie leidenschaftlich ich Preußen liebe; höre ich aber einen so flachen Junker, wie diesen Bismarck, von dem ›Eisen und Blut‹ prahlen, womit er Deutschland unterjochen will, so scheint mir die Gemeinheit noch durch die Lächerlichkeit überboten.« Die Wendung von »Eisen und Blut« wies auf eine kriegerische Möglichkeit hin, wie sie in Italien und Nordamerika zur Errichtung von Nationalstaaten gerade in diesen Jahren und mit Erfolg gehandhabt worden war. Cavour hatte sich sechs Jahre vorher ähnlich im Parlament geäußert[4], und der Gedanke einer kriegerischen Lösung lag auch Constantin Frantz, dem bekannten politischen Publizisten und Bismarckgegner, durchaus nicht fern. Im Jahre

zuvor hatte er geschrieben: »Laßt uns nur einen einzigen großen Bruderkrieg bestanden haben, und die deutsche Einheit wird fester gekittet sein als durch ein Menschenalter von Parlamentarismus möglich wäre.«[5] Immerhin, das Wort erregte außerordentliches Aufsehen, und selbst Roon kritisierte derartige »geistreiche Exkurse«. Vor allem hatte Bismarck Mühe, den Monarchen von der Richtigkeit des nun eingeschlagenen Weges zu überzeugen. »Ich sehe ganz genau voraus«, erklärte ihm der König, »wie das alles endigen wird. Da vor dem Opernplatz, unter meinen Fenstern, wird man Ihnen den Kopf abschlagen und etwas später mir.« Bismarck, der diese Szene höchst anschaulich schildert, antwortete mit der kurzen Phrase: »Et après, Sire? – ›Ja, après, dann sind wir tot!‹ erwiderte der König. ›Ja‹, fuhr ich fort, ›dann sind wir tot. Aber sterben müssen wir früher oder später doch, und können wir anständiger umkommen? Ich selbst im Kampfe für die Sache meines Königs, und Ew. Majestät, indem Sie Ihre königlichen Rechte von Gottes Gnaden mit dem eigenen Blute besiegeln...‹« Bismarck, der nach eigener Darstellung in diesem Sinne weitersprach, erreichte damit, daß der anfangs so entmutigte König nun in eine heitere und kampflustige Stimmung geriet.
Sonst aber stieß er auf allgemeine Ablehnung. Von den Liberalen wurde er als »der wahre aristokratisch-feudale Unhold« und als »serviler Landjunker, eingefleischter Aristokrat, Jagdbummler, leichtsinniger Spieler« angesehen.[6] Die sehr geringe Meinung, die er vom Parlament und von der Mehrzahl seiner Vertreter hatte, scheute er sich nicht offen zur Schau zu tragen. Über sein Auftreten schrieb ein Augenzeuge und späterer Mitarbeiter:[7] »Er trug damals noch Zivil, der starke Schnurrbart war noch rotblond, wie auch das Haupthaar, das zwar schon gelichtet, aber doch noch vorhanden war. Seine hohe, breitschultrige Figur erschien an dem Ministertisch mächtig und imponierend, während eine gewisse Nonchalance in Haltung, Bewegung und Sprechweise etwas Provokantes hatte. Er hielt die rechte Hand in der Tasche seines hellen Beinkleides und erinnerte mich lebhaft an die ›krähenden Sekundanten‹ bei den Heidelberger Mensuren. Die Art, wie er in zögernden Sätzen das Wort zu suchen schien und stets das bezeichnendste fand, schnelle, schlagende Erwiderungen gab, hatte er schon damals. Mir machte er einen junkerhaften, aber höchst ›forschen‹ Eindruck des alten Korpsstudenten, besonders die Art, wie er scheinbar gutlaunig den erregten Gegnern Malicen einpumpte.«
Ganz andere Eindrücke erhielten Menschen, die mit ihm unter vier Augen sprachen. Dem hanseatischen Ministerresidenten in Berlin fiel sofort die Offenheit auf, und im Vergleich zu Bismarcks Vorgängern im Außenministerium meinte er:[8] »Die Art des Verkehrs liegt weit ab von der Zu-

geknöpftheit Manteuffels, der gähnenden Frivolität Schleinitz', der Kleinlichkeit Bernstorffs, wenn ich sie darum in ihrem Stil auch ebensowenig billigen kann.« Der hessische liberale Landtagsabgeordnete Friedrich Oetker, mit dem Bismarck zwei Tage später, am 15. Oktober 1862, ein teils vertrauliches Gespräch führte, bemerkte gleich nach den ersten Äußerungen, daß der neue Ministerpräsident »die deutschen Angelegenheiten noch um viele Grade höher stellte, als seine Vorgänger«. Bismarcks Kompromißbereitschaft in der Frage der Dienstzeit war für Oetker ganz offenkundig, und als dieser auf die politischen Tendenzen der ultrakonservativen ›Kreuzzeitung‹ zu sprechen kam, gebrauchte Bismarck nach Oetkers Schilderung Ausdrücke, »so schwer und so wegwerfend, wie ich sie selbst noch niemals in den Mund oder in die Feder genommen hatte.« Oetker schließt: »Es wirbelte mir im Kopfe, als ich auf die Straße, in mein Zimmer trat... Das war also der eingefleischte ›Landjunker‹? Nicht doch! Wie Vieles auch berechnet sein mochte – hier war eine ganz außergewöhnliche, großartige Erscheinung! – Und diese Überzeugung mehrte sich später bei jeder Unterredung.«[9]

In der Folgezeit ging es Bismarck nicht um die umstrittene Heeresreform selbst – hier war er zum Entgegenkommen bereit –, sondern um die Frage, ob das Heer königlich bleiben oder parlamentarisch werden solle, wie es die liberale Opposition forderte. An dieser Machtfrage zwischen Krone und Parlament verschärfte sich der Streit. Nachdem der Landtag die Mittel für die Heeresreform gestrichen hatte, lehnte das Herrenhaus den restlichen Haushaltsplan ab. Der Landtag wurde aufgelöst; Neuwahlen brachten der Fortschrittspartei eine große Mehrheit. Bismarck führte drei Jahre lang die Regierungsgeschäfte ohne einen vom Parlament bewilligten Staatshaushalt und verteidigte dies mit der »Lückentheorie«: Da ein verfassungsmäßiges Haushaltsgesetz nur durch gemeinsame Zustimmung von Abgeordneten- und Herrenhaus sowie des Königs zustande komme, was infolge der gegensätzlichen Standpunkte der beiden Kammern zur Zeit nicht der Fall sei, müsse die Regierung ohne die verfassungsmäßige Grundlage Steuern erheben und Staatsausgaben bestreiten, auch die für die Heeresreform. »Ich habe zu einem Kompromiß geraten, weil in Ermangelung eines Kompromisses sich Konflikte einstellen müssen, Konflikte aber zur Machtfrage werden, und daß, da das Staatsleben nicht einen Augenblick stille stehen kann, derjenige, der im Besitz der Macht sich befindet, daher genötigt ist, sie zu gebrauchen.«[10] Die scharfen Angriffe enthielten auch starke persönliche Zuspitzungen. So sah Bismarck sich veranlaßt, im Landtag auf eine Rede Virchows zu erwidern[11], daß er Äußerungen, die weiter keinen möglichen Zweck haben konnten, als ihn persönlich zu verletzen, »Kritiken, die der Herr Vorredner sich erlaubt hatte über meine Einsicht, Verstandeskraft, Gewohnheiten, unbeantwortet lasse. Auf diese Tonart einzugehen, erlaubt mir meinerseits die Stelle nicht, auf der ich stehe, und zweitens widerspricht es meinen gesellschaftlichen Gewohnheiten.« Der Sturm der Entrüstung gegen die Beschneidung des unbestreitbaren Haushaltsrechtes des Landtags hielt an und verschärfte sich durch Kampfmaßnahmen auf beiden Seiten. Voller Empörung erklärte Heinrich von Sybel, der später die erste historische Darstellung der Reichsgründung schrieb: »Die Minister und die Mehrheit dieses Hauses reden verschiedene Sprachen, sie denken nach anderen Denkgesetzen und sie handeln nach anderen Sittenregeln.« Und als die Regierung am 1. Juni 1863 gar eine Preßordonnanz erließ, nach der Zeitungen und Zeitschriften schon auf Grund »der Gesamthaltung des Blattes« verboten werden konnten, sah Treitschke darin einen Angriff »auf das Allerheiligste unseres Volkstums«.

Verschärften sich in den nächsten Monaten die innenpolitischen Schwierigkeiten nur noch mehr, so fehlte es auch nicht an harten Auseinandersetzungen, die Bismarck wegen seiner ersten außenpolitischen Maßnahmen durchzufechten hatte. Daß er beim polnischen Aufstand Rußland mit Nachdruck unterstützte, schien die Richtigkeit der Meinung derer zu bestätigen, die in ihm nur den »Reaktionär« sahen. Die Begeisterung und Schwärmerei für die Polen erfaßte vor allem die Liberalen, die sich entschieden dagegen aussprachen, daß Preußen und Rußland sich wechselseitigen Beistand gegen die polnischen Aufständischen zusicherten (Alvenslebensche Konvention vom 8. Februar 1863). Den demokratischen Nationalstaatsgedanken in Polen zu unterstützen, wie es 1848/49 die Politiker der Paulskirche getan und dadurch ihr Scheitern mitverursacht hatten oder wie es nun Napoleon III. tat, erschien Bismarck völlig abwegig. In einem Erlaß an den Botschafter in London[12] hieß es: »Die Herstellung eines unabhängigen polnischen Staates zwischen Schlesien und Ostpreußen mit der konsequenten Begehrlichkeit nach Posen und nach der für ein selbständiges Polen unentbehrlichen Weichselmündung würde eine permanente Drohung gegen Preußen bilden und einen der äußersten militärischen Leistung, zu welcher das neue Polen befähigt wäre, gleichkommenden Teil der preußischen Armee dauernd neutralisieren. Befriedigen könnten wir die Ansprüche, welche dieser neue Nachbar auf unsere Kosten erheben würde, niemals. Sie würden außer Posen und Danzig sich demnächst auf Schlesien und Ostpreußen richten, und die Landkarten, in welchen die Träume der polnischen Insurrektion ihren Ausdruck finden, bezeichnen Pommern bis an die Oder als polnische Provinz.« Im Landtag kam es wiederholt zu hitzigen Debatten, wobei Bismarck u. a. erklärte:[13] »Die Neigung, sich für fremde Nationalbestrebungen zu begeistern, auch dann, wenn dieselben nur auf Kosten des eigenen Vaterlandes verwirklicht werden können, ist eine politische Krankheitsform, deren geographische Verbreitung sich auf Deutschland leider beschränkt.« Nüchtern unterschied er auch hier zwischen den »Sympathien nach menschlichen Gefühlen« und den »preußischen Interessen nach politischen Notwendigkeiten«. Das Parlament aber zeigte wenig Verständnis für seine zweifellos antiliberale Politik. Sybel entrüstete sich: Nichtachtung des Rechts sei die Essenz des Wesens der preußischen Regierung, die »weder im Innern noch nach außen handeln, weder ruhen noch wirken, ja, ich möchte sagen, weder leben noch sterben kann, ohne die Gesetze dieses Landes zu verletzen!« Er übersah, daß die so leidenschaftlich umstrittene Konvention nicht nur eine sich abzeichnende Annäherung zwischen Paris und Petersburg verhinderte, sondern ein gutes preußisch-russisches Einvernehmen herstellte, das für die Zukunft wichtig wurde.

Viele Jahre später schrieb Bismarck seinem Monarchen von einem Traum[14], den er in dieser Zeit, »Frühjahr 1863 in den schwersten Conflictstagen hatte, aus denen ein menschliches Auge keinen gangbaren Ausweg sah. Mir träumte, und ich erzählte es sofort am Morgen meiner Frau und andern Zeugen, daß ich auf einem schmalen Alpenpfad ritt, rechts Abgrund, links Felsen; der Pfad wurde schmaler, so daß das Pferd sich weigerte, und Umkehr und Absitzen wegen Mangel an Platz unmöglich; da schlug ich mit meiner Gerte in der linken Hand gegen die glatte Felswand und rief Gott an; die Gerte wurde unendlich lang, die Felswand stürzte wie eine Coulisse und eröffnete einen breiten Weg mit dem Blick auf Hügel und Waldland wie in Böhmen, Preußische Truppen mit Fahnen, und in mir noch im Traume der Gedanke, wie ich das schleunig Eurer Majestät melden könnte. Dieser Traum erfüllte sich, und ich erwachte froh und gestärkt aus ihm.«

Am 3. August 1863 überraschte der österreichische Kaiser den in Bad Gastein zur Kur weilenden preußischen König gelegentlich eines Besuchs mit einer Einladung zum Fürstentag, der am 16. August in Frankfurt begann. Der König lehnte ab. Es war ein bewußter Überrumpelungsversuch. Österreich wollte durch einen Reformplan seine Vormachtstellung in Deutschland bewahren[15], ohne den preußischen Wünschen auf Gleichstellung entgegenzukommen. Bismarck, der sich ebenfalls in Gastein aufhielt, schrieb besorgt an seine Frau: »Ich kann wegen der Frankfurter Windbeuteleien nicht vom König fort.«[16] Er begleitete ihn nach Baden-

Baden, wo der König unter dem Einfluß der Königin und seiner mit dem Großherzog von Baden verheirateten Tochter in seiner ablehnenden Haltung schwankend wurde, als König Johann von Sachsen im Auftrag aller Fürsten erschien und ihn nochmals dringend nach Frankfurt einlud. Bismarck schrieb darüber:[16a] »Diesem Schachzug zu widerstehen, wurde meinem Herrn nicht leicht. Er wiederholte mehrmals die Erwägung: ›25 regierende Herrn, und ein König als Courier!‹... Erst um Mitternacht gelang es mir, die Unterschrift des Königs zu erhalten für die Absage an den König von Sachsen.« Es klang ganz nach Bismarck, wenn in der offiziösen Presse zu lesen war: »Österreich mag in Preußen den Bundesgenossen suchen, den Vasallenstaat findet es seit dem 5. Dezember 1757 nicht mehr.« Dadurch, daß Preußen nicht in Frankfurt vertreten war, blieb der Fürstentag Episode, der andernfalls sich wohl sehr hemmend für die Lösung der deutschen Frage ausgewirkt hätte. Freilich war dem preußischen Ministerpräsidenten diese entscheidende und folgenreiche Weichenstellung nur unter Aufbietung aller Kräfte gelungen; nur mit der Drohung des Rücktritts schließlich hatte er den König in die Bahnen seiner Politik zu ziehen vermocht. Am Ende des so überaus konfliktgeladenen Jahres seiner Ministertätigkeit meinte er: »Es kommt mir vor, als wäre ich in diesem einen Jahr um fünfzehn Jahre älter geworden. Die Leute sind doch viel dümmer als ich sie mir gedacht hatte.« Sein Mitarbeiter Robert von Keudell entgegnete: »Sie werden hoffentlich wieder viel jünger werden, sobald es eine große auswärtige Verwicklung gibt.«[17] Diese Erwiderung enthielt eine treffende Beobachtung, die auch für die späteren Jahre galt. Und die große auswärtige Verwicklung kündigte sich mit der schleswig-holsteinischen Frage bereits an.

Zu den Diplomaten, die seine Pläne in dieser Angelegenheit zu durchkreuzen suchten und ihm einen massiven Widerstand entgegensetzten, gehörte Graf Robert v. d. Goltz, der preußische Gesandte in Paris.[18] Er gehörte der bereits erwähnten Wochenblattspartei an und erfreute sich guter Beziehungen beim König und bei der Königin. Mit ihm setzte Bismarck sich schließlich in einem privaten Brief ausführlich auseinander:[19] »Was die dänische Sache betrifft, so ist es nicht möglich, daß der König zwei auswärtige Minister habe, d. h. daß der wichtigste Posten in der entscheidenden Tagesfrage eine der ministeriellen Politik entgegengesetzte immediat bei dem Könige vertrete. Die schon übermäßige Friction unsrer Staatsmaschine kann nicht noch gesteigert werden. Ich vertrage jeden mir gegenüber geübten Widerspruch, sobald er aus so competenter Quelle, wie die Ihrige, hervorgeht; die Berathung des Königs aber in dieser Sache

kann ich amtlich mit niemandem theilen, und ich müßte, wenn S. M. mir dieß zumuthen sollte, aus meiner Stellung scheiden ... Berichte, welche nur die ministeriellen Anschauungen widerspiegeln, erwartet Niemand; die Ihrigen sind aber nicht mehr Berichte, im üblichen Sinne, sondern nehmen die Natur ministerieller Vorträge an, die dem Könige die entgegengesetzte Politik von der empfehlen, welche er mit dem gesammten Ministerium im Conseil selbst beschlossen und seit 4 Wochen befolgt hat. Eine, ich darf wohl sagen, scharfe, wenn nicht feindselige Kritik dieses Entschlusses ist aber ein andres Ministerprogramm und nicht mehr ein gesandtschaftlicher Bericht. *Schaden* kann solche kreuzende Auffassung allerdings, ohne zu nützen; denn sie kann Zögerungen und Unentschiedenheiten hervorrufen, und jede Politik halte ich für eine bessere, als eine schwankende.«
Im folgenden geht Bismarck genau und widerlegend auf die Einwände seines Gegners ein, wobei auch der Satz fällt: »Ich habe eine hohe Meinung von Ihrer politischen Einsicht; aber ich halte mich selbst auch nicht für dumm; ich bin darauf gefaßt, daß Sie sagen, dies sei eine Selbsttäuschung.« Und nachdem er unverrückbar klar die Scheidelinien in sachlich-politischer Hinsicht zwischen sich und seinem Gegner gezogen, wechselt der Brief über ins Persönliche: »Wie aber soll ich mich entschließen, mich über meine letzten Gedanken frei gegen Sie auszulassen, nachdem Sie mir politisch den Krieg erklärt haben und Sich ziemlich unumwunden zu dem Vorsatz bekennen, das jetzige Ministerium und seine Politik zu bekämpfen, also zu beseitigen? Ich urtheile dabei blos nach dem Inhalt Ihres Schreibens an mich und lasse alles bei Seite, was mir durch Colportage und dritte Hand über Ihre mündlichen und schriftlichen Auslassungen in Betreff meiner zugeht. Und doch muß ich als Minister, wenn das Staatsinteresse nicht leiden soll, gegen den Botschafter in Paris rückhaltlos offen bis zum letzten Worte meiner Politik sein. Die Friction, welche jeder in meiner Stellung mit den Ministern und Räthen, am Hofe, mit den occulten Einflüssen, Kammern, Presse, den fremden Höfen zu überwinden hat, kann nicht dadurch vermehrt werden, daß die Disciplin meines Ressorts einer Concurrenz zwischen dem Minister und dem Gesandten Platz macht, und daß ich die unentbehrliche Einheit des Dienstes durch Discussion im Wege des Schriftwechsels herstelle.« Und nun folgt ein ganz ungewöhnlicher Schlußteil: »Ich kann selten so viel schreiben, wie heut in der Nacht am heiligen Abend, wo alle Beamte beurlaubt sind, und ich würde an Niemand als an Sie den vierten Theil des Briefes schreiben. Ich thue es, weil ich mich nicht entschließen kann, Ihnen amtlich und durch die Bureaus in derselben Höhe des Tones zu schreiben, bei welchem

Ihre Berichte angelangt sind. Ich habe nicht die Hoffnung, Sie zu überzeugen, aber ich habe das Vertrauen zu Ihrer eignen dienstlichen Erfahrung und zu Ihrer Unparteilichkeit, daß Sie mir zugeben werden, es kann nur Eine Politik auf einmal gemacht werden, und das muß die sein, über welche das Ministerium mit dem Könige einig ist. Wollen Sie dieselbe und damit das Ministerium zu werfen suchen, so müssen Sie das hier in der Kammer und der Presse an der Spitze der Opposition unternehmen, aber nicht von Ihrer jetzigen Stellung aus, und dann muß ich mich ebenfalls an Ihren Satz halten, daß in einem Conflict des Patriotismus und der Freundschaft der erstere entscheidet. Ich kann Sie aber versichern, daß mein Patriotismus von so starker und reiner Natur ist, daß eine Freundschaft, die neben ihm zu kurz kommt, dennoch eine sehr herzliche sein kann.«
Die überlegene Diktion, die sachliche Entschiedenheit und die prägnante Argumentation dieses Schriftstückes sind ebenso bezeichnend für Bismarck wie das souveräne Selbstverständnis, das durchaus noch ein erhebliches Maß an menschlicher Wärme übrig läßt. Bismarck will nicht in erster Linie überzeugen, sondern die gegensätzlichen Positionen scharf umreißen. Der letzte Teil des Briefes stellt den von Bismarck sehr ernst genommenen politischen Gegner vor ein klares Entweder-Oder. Nirgendwo aber ist in diesem Briefe eine Wendung, die den Vorgesetzten gegenüber dem Untergebenen herausspüren lassen könnte; Bismarck ficht vielmehr auf gleicher Ebene mit Goltz. Oft hört man, daß Bismarck die Diplomaten »zu Briefträgern degradiert« habe. Sofern das überhaupt zutrifft, ist dieser Brief das Gegenstück von einem Beweis dafür.

Die umsichtige und überlegene Art, mit der Bismarck die schleswig-holsteinische Frage einer für Preußen und Deutschland günstigen Entscheidung zuzuführen bemüht war, wurde von der Mehrheit nicht verstanden – diese Frage war ja auch der Ausgangspunkt der scharfen Auseinandersetzung mit Goltz gewesen. Unbeirrt aber und fast allein ging er den für richtig erkannten Weg, bei dem es einerseits darauf ankam, jedem Anlaß zur Intervention fremder Mächte vorzubeugen, andererseits zu verhindern, daß ein deutscher Fürst in Schleswig-Holstein eingesetzt würde. Dies hätte nur eine Stärkung der partikularen Interessengruppen auf Kosten der deutschen Einigungsbestrebungen bedeutet. Selbst engere Mitarbeiter Bismarcks übersahen diese Lage nicht, sondern schlossen sich der populären Meinung an, Preußen werde »eine herrliche Gelegenheit geboten, an die Spitze der gewaltigen Bewegung der Geister in Deutschland dadurch zu treten, daß wir für das Recht des Herzogs von Augustenburg

Krieg führten, um die Herzogtümer vom dänischen Joche zu befreien«[20]. Diese Gedanken hatte z. B. Keudell ihm schriftlich entwickelt und dazu erklärt, er sei bereit, seinen Posten zu verlassen, wenn Bismarck diese Ansicht nicht billige.

Die Antwort ist wieder sehr kennzeichnend. Zunächst ging Bismarck, ebenso wie gegenüber Goltz, auf den sachlichen Teil ein: »Es kann ja ganz ehrenvoll sein, für eine gute Sache unterzugehen, aber besser ist es doch, sich so einzurichten, daß man die Möglichkeit hat, zu siegen.« Dann berührte er, ebenso wie bei Goltz, wenn auch ganz anders, die menschliche Seite: »Aber daß Sie, der Sie mich so lange und so gut kennen, denken, ich wäre in diese große Sache hineingegangen wie ein Fähnrich, ohne mir den Weg klar zu machen, den ich vor Gott verantworten kann, das vertrage ich nicht, das hat mir den Schlaf zweier Nächte gestört. Sie zu entlassen, liegt ja gar kein Anlaß vor. Ich habe Ihnen nur zeigen wollen, wie die Kugel sitzt, die Sie mir in die Brust geschossen haben.« Keudell entschuldigte sich sehr und bat um Rückgabe des Briefes. Bismarck tat es mit den Worten: »Danke. Nun ist alles weggewischt und Sie können sicher sein, daß keine unangenehme Erinnerung bei mir ›haken‹ bleibt. Aber wenn Sie wieder einmal anderer Ansicht sind, so schreiben Sie nicht, sondern reden Sie.« Welch ein empfindsamer und feinnerviger Mensch Bismarck sein konnte, wird gerade durch diese Szene deutlich.

In der Silvesternacht 1863/64 äußerte Bismarck in vertraulichem Gespräch: »Die ›up ewig Ungedeelten‹ müssen einmal Preußen werden. Das ist das Ziel, nach dem ich steuere; ob ich es erreiche, steht in Gottes Hand. Aber ich könnte nicht verantworten, preußisches Blut vergießen zu lassen, um einen neuen Mittelstaat zu schaffen, der im Bunde mit den andern immer gegen uns stimmen würde ... Und die Halsstarrigkeit der Dänen wird uns wahrscheinlich schaffen, was wir brauchen, nämlich den Kriegsfall.«

Der schnelle Sieg über Dänemark ließ in Deutschland Töne des Erfolges laut werden, die Bismarck nicht behagten. So telegraphierte er zu einem Artikel der »Norddeutschen Allgemeinen Zeitung«[21]: »Der gereizte und feindliche Ton gegen Dänemark nach dem Siege nicht würdig. Der Kampf nicht aus Haß geführt, sondern für Regelung und Abwehrung. Härte gegen Dänemark nicht beabsichtigt, keine Bedingungen eines übermütigen Siegers, die durch Verletzung berechtigter nationaler Gefühle künftige freundliche Verhältnisse unmöglich machen. Die Abtrennung der Herzogtümer vollständig erlangt. Dies genügt ... Der Sieger habe keinen Anlaß, Erbitterung zu hegen oder zu provozieren.«

Kurz zuvor hatte er an seine Frau geschrieben:[22] »Unberufen, Gott wolle

Oben: Bismarcks Geburtshaus Schloß Schönhausen (zu S. 13).

Unten: Bismarck 1826 als Schüler der Plamannschen Anstalten (zu S. 14). Gemälde von Franz Krüger.

Bismarck im Jahre 1855 (zu S. 36). Ölgemälde von Jakob Becker.

Oben: Die Kapitulationsverhandlungen in Donchery in der Nacht vom 1. zum 2. September 1870 (zu S. 94). Gemälde von Anton von Werner.

Unten: Ansicht des Gutes Varzin (zu S. 79f.). Holzstich nach einer Zeichnung von H. Lüders.

Oben: Vortrag des Kultusministers Falk im Blauen Saal des Kaiserlichen Palais zu Berlin (zu S. 127f.). – Von links nach rechts: Delbrück, Innenminister Graf Eulenburg, Handelsminister Reichenbach, Landwirtschaftsminister Friedenthal, Finanzminister Camphausen, Justizminister Leonhardt, Falk, Kriegsminister General von Kameke, Stosch, Bismarck, Kaiser Wilhelm, Wilmowsky, Chef des Zivilkabinetts, und General von Albedyll, Chef des Militärkabinetts.

Unten: Parlamentarischer Frühschoppen bei Bismarck (zu S. 136 f.). Gemälde von Ernst Henseler.

uns ferner in Gnaden leiten und uns nicht der eigenen Blindheit überlassen. Das lernt sich in diesem Gewerbe recht, daß man so klug sein kann wie die Klugen dieser Welt und doch jederzeit in die nächste Minute geht wie ein Kind ins Dunkle.« Gerade in Zeiten des sichtbaren Erfolges nüchtern, bescheiden und demütig zu bleiben, gehörte zu den hervorragendsten Merkmalen Bismarckschen Wesens.

Immer wieder stößt man auf die Meinung, Bismarck habe es mit Bedacht zu den Kriegen kommen lassen, und mit einem gewissen Sachzwang sei auf den deutsch-dänischen der preußisch-österreichische Krieg gefolgt. Der Rückblickende ist oft nur allzu leicht geneigt, das Geschehen der Vergangenheit als geradlinig zu sehen, im Sinne der allzu vereinfachenden Formel: ›Es kam, wie es kommen mußte‹. Die Zeitgenossen haben so nicht empfunden und schon gar nicht der handelnde Staatsmann. Dafür ist diese Zeit zwischen 1864 und 1866 besonders charakteristisch. Wiederholt äußerte Bismarck sich im Sinne einer friedlichen Doppelherrschaft:[23] »Sind Preußen und Österreich uneinig, so besteht Deutschland politisch überhaupt nicht; sind sie einig, so gebührt ihnen die Führung und sie erfüllen durch Übernahme derselben nur ihre Pflicht gegen sich selbst und gegen das übrige Deutschland, aus dem sie zugleich in diesem, aber auch nur in diesem Falle einen Zuwachs aus eigner Kraft und Sicherheit schöpfen.« In Verfolg dieses Zieles kam es noch im August 1865 mit dem Vertrag von Gastein zu einer Einigung zwischen Österreich und Preußen. Darauf ist hier im einzelnen nicht einzugehen[24], auch nicht auf die politische Entwicklung der folgenden Monate, die Bismarck eine Fülle von Möglichkeiten durchspielen ließ, wie am besten eine dauerhafte Lösung in der deutschen Frage zu erzielen wäre. Statt dessen sei eine Stelle angeführt, die uns eine Vorstellung von seinen schweren inneren Kämpfen in dieser Zeit vermittelt. Gegenüber Keudell äußerte er:[25] »Faust klagt über zwei Seelen in seiner Brust; ich beherberge aber eine ganze Menge, die sich zanken. Es geht da zu, wie in einer Republik... Das meiste, was sie sagen, teile ich mit. Es sind da aber auch ganze Provinzen, in die ich nie einen andern Menschen werde hineinsehen lassen.«

Selbst im Rückblick verwischen sich bei ihm nicht die vielfältigen und divergierenden Linien, die er vor 1866 verfolgt hatte. In einem Gespräch, das er kurz nach seinem Abgang, im Juni 1890, mit dem österreichischen Historiker Friedjung führte, gab Bismarck tiefen Einblick in seine Denk- und Handlungsart:[26] »Es hieße das Wesen der Politik verkennen, wollte man annehmen, ein Staatsmann könne einen weitaussehenden Plan entwerfen und sich als Gesetz vorschreiben, was er in einem, zwei oder drei Jahren durchführen wolle... In der Politik kann man nicht einen Plan für lange Zeit festlegen und blind in seinem Sinne vorgehen. Man kann sich nur im großen die zu verfolgende Richtung vorzeichnen; diese freilich muß man unverrückt im Auge behalten, aber man kennt die Straßen nicht genau, auf denen man zu seinem Ziele gelangt. Der Staatsmann gleicht einem Wanderer im Walde, der die Richtung seines Marsches kennt, aber nicht den Punkt, an dem er aus dem Forste heraustreten wird. Ebenso wie er muß der Staatsmann die gangbaren Wege einschlagen, wenn er sich nicht verirren soll. Wohl war der Krieg mit Österreich schwer zu vermeiden, aber wer das Gefühl der Verantwortlichkeit für Millionen auch nur im geringen Maße besitzt, wird sich scheuen, einen Krieg zu beginnen, bevor nicht alle anderen Mittel versucht sind. Es war stets ein Fehler der Deutschen, alles erreichen zu wollen oder nichts und sich eigensinnig auf eine bestimmte Methode zu steifen. Ich war dagegen stets erfreut, wenn ich der Einheit Deutschlands, auf welchem Wege immer, auch nur auf drei Schritte näher kam. Ich hätte jede Lösung mit Freuden ergriffen, welche uns ohne Krieg der Vergrößerung Preußens und der Einheit Deutschlands zuführte. Viele Wege führten zu meinem Ziel, ich mußte der Reihe nach einen nach dem anderen einschlagen, den gefährlichsten zuletzt. Einförmigkeit im Handeln war nicht meine Sache.«

Diese Sätze erklären zugleich auch die Mehrgleisigkeit seines Vorgehens in diesen Jahren, das, wenn möglich, konservativ-europäisch, unter Umständen auch liberal-national und, wenn unumgänglich nötig, auch demokratisch-revolutionär sein konnte – eine Variationsbreite, die Österreich allein wegen seiner inneren Verhältnisse nicht in Erwägung ziehen konnte. Welche dieser Möglichkeiten zum Zuge kam, hing 1866 von der politischen und militärischen Lage ab.

Die politische Entwicklung ging in die liberal-nationale Richtung. Die Aussicht auf ein preußisch-österreichisches Kondominium in Deutschland schwand zusehends, ebenfalls die Möglichkeit der Bildung einer dritten Machtgruppierung der Mittelstaaten (Trias). So setzte Bismarck schließlich auf die nationale Karte, indem Preußen beim Bundestag den Antrag auf Reform der Verfassung des Deutschen Bundes unter Mitwirkung eines aus allgemeinen Wahlen hervorgehenden Parlaments stellte. Damit warf Bismarck nach seinen eigenen Worten die »stärkste der freiheitlichen Künste ... in die Pfanne, um das monarchische Ausland abzuschrecken, die Finger in unsere nationale Omelette zu stecken.« Zugleich bediente er sich eines Sprengsatzes, der den Vielvölkerstaat Österreich-Ungarn im Kern bedrohte und die Auflösung des Deutschen Bundes bewirken mußte.

Man hatte in Berlin bei Kriegsausbruch nicht mit einer so schnellen Niederringung Österreichs gerechnet. Obwohl diese Auseinandersetzung diplomatisch so gut vorbereitet war, daß Österreich außenpolitisch ziemlich isoliert stand, äußerte Bismarck doch gegenüber dem englischen Gesandten:[27] »Der Kampf wird ernst werden. Es kann sein, daß Preußen verliert, aber wie es auch kommen mag, es wird tapfer und ehrenvoll kämpfen.« Er fügte hinzu: »Wenn wir geschlagen werden, werde ich nicht hierher zurückkehren. Ich werde bei der letzten Attacke fallen. Man kann nur einmal sterben; und wenn man besiegt wird, ist's besser zu sterben.« Ihm war nicht nur bewußt, daß dieser Krieg völlig unpopulär war, ja als »Bruderkrieg« weitgehend empfunden wurde, sondern daß er selbst der bestgehaßte Mann im deutschen Bereich war. Ein Attentat auf ihn im Mai und, fast mehr noch, das Echo darauf machten dies überdeutlich klar. Aber auch das konnte ihn nicht erschüttern. Als er nach Hause kam, sagte er zu seiner Frau: »Erschrick nicht, mein Herz, es hat jemand auf mich geschossen, ich bin aber durch Gottes Gnade unverletzt geblieben.« Am Abend erzählte er in kleinem Kreise den Hergang: »Ich ging unter den Linden auf dem Fußweg zwischen den Bäumen vom Palais nach Hause. Als ich in der Nähe der russischen Gesandtschaft gekommen war, hörte ich dicht hinter mir zwei Pistolenschüsse. Ohne zu denken, daß mich das anginge, drehte ich mich unwillkürlich rasch um und sah etwa zwei Schritte vor mir einen kleinen Menschen, der mit einem Revolver auf mich zielte. Ich griff nach seiner rechten Hand, während der dritte Schuß losging und packte ihn zugleich am Kragen. Er faßte aber schnell den Revolver mit der linken, drückte ihn gegen meinen Überzieher und schoß noch zweimal. Ein unbekannter Civilist half mir ihn festzuhalten. Es eilten auch sogleich Schutzleute herbei, die ihn abführten, zusammen mit einer Patrouille vom zweiten Garderegiment, die zufällig des Weges kam.

Als Jäger sagte ich mir: die letzten beiden Kugeln müssen gesessen haben, ich bin ein toter Mann. Eine Rippe that zwar etwas weh, ich konnte aber zu meiner Verwunderung bequem nach Hause gehen. Hier untersuchte ich die Sache. Ich fand Löcher im Überzieher, im Rock, Weste und Hemde; an der seidenen Unterjacke aber waren die Kugeln abgeglitten, ohne die Haut zu verletzen. Die Rippe schmerzte etwas wie von einem Stoß, das ging aber bald über. Es kommt bei Rotwild vor, daß eine Rippe elastisch federt, wenn die Kugel aufschlägt. Man kann nachher erkennen, wo sie abgeglitten ist, weil da einige Haare fehlen. So mag auch meine Rippe gefedert haben. Oder vielleicht ist die Kraft der Schüsse nicht voll entwickelt worden, weil die Mündung des Revolvers unmittelbar auf meinen Rock drückte.«

Keudell, der diese Erzählung wiedergibt[28], bemerkt dazu noch, daß alle Anwesenden in feierlicher Stimmung waren, »als hätten sie Übernatürliches erlebt. Bismarck aber zergliederte den Fall mit einer Ruhe, als handelte es sich um ein gleichgültiges Vorkommnis«. Seine Frau teilte nicht seine Gelassenheit. Entrüstet erklärte sie: »Ottochen, wenn ich einmal tot bin und die Himmelsleiter hinaufsteige, komme an der Höllentür vorbei und sehe den Kerl da stehen – dann gebe ich ihm einen Stoß, daß er ganz tief in die Hölle hineinfliegt!« Bismarck antwortete: »Ach, Johannachen, wenn Du in dem Augenblick noch so denken könntest, wärst Du gewiß nicht auf der Himmelsleiter.«[29]
Der Verfassungskonflikt und vor allem die unerfreulichen innenpolitischen Kampfmaßnahmen hatten Bismarcks Ansehen stärksten Abbruch getan. Wer, außer einem kleinen Kreise, wußte schon, welche Wandlungen er durchgemacht, welch intensive Gedankenarbeit in der deutschen Frage er geleistet hatte und welche Pläne er hegte? Wer ahnte schließlich, welch feine Witterung er in politischen Fragen noch entwickeln sollte? Die liberale Meinung hielt ihn »kurzweg für die schlimmste Incarnation widerwärtigsten Junkerthums, ohne sich irgend darum zu kümmern, welche Veränderungen seitdem ein viel bewegtes Leben auf der großen politischen Bühne in ihm bewirkt habe. Die Versuche, welche ein solcher Mann für eine Ausgleichung machte, schienen gar keiner ernsten Prüfung werth.«[30] Nach dem mißglückten Attentat erschien eine Karikatur, auf der der Teufel die Kugel abfing, mit den Worten: »Der gehört mir.« Unmittelbar vor Kriegsausbruch bot Bismarck dem in Freiburg lehrenden Treitschke an, in preußische Dienste zu treten und das Kriegsmanifest zu schreiben. Der damals 32jährige Professor lehnte ab mit der Begründung: »Ich habe aus dem Gange, den die königliche Regierung bisher genommen hat, nicht die Hoffnung schöpfen können, daß ich ihr meine Dienste widmen dürfe, und ich kann bis jetzt nicht die feste Zuversicht auf das Gelingen der deutschen Bundesreform gewinnen.« Und er wurde noch deutlicher:[31] »Mir erscheint die unbedingte Anerkennung des Budgetrechtes der Abgeordneten als eine unabweisliche Notwendigkeit; keine Kunst der Welt wird je einen preußischen Landtag zu Stande bringen, der auf dieses Recht verzichtet.« In erster Linie war es der innenpolitische Konflikt, der den so preußisch gesinnten Treitschke zur Ablehnung des an sich sehr bedeutsamen Angebots brachte.[32] Es enthielt durchaus eine freilich sehr zugespitzte Richtigkeit, wenn ein Flügeladjutant am Abend von Königgrätz zu Bismarck sagte: »Exzellenz, jetzt sind Sie ein großer Mann. Wenn der Kronprinz [dessen Armee die Schlacht entschied] zu spät kam, waren Sie der große Bösewicht.« Bismarck hat es nicht verges-

sen, daß Bleichröder ihm 1866 das zum Kriege nötige Geld zur Verfügung gestellt hatte. »Das war ein Unternehmen, welches mich unter den damaligen Umständen, wo ich beinahe dem Galgen ebenso nahe stand, wie dem Königsthron, zu Dank verpflichtete.«[33]

Der Sieg von Königgrätz am 3. Juli 1866 begründete die überrragende Stellung Moltkes.[34] Es war das Verdienst Bismarcks, daß aus dem militärischen Sieg ein so umwälzender politischer Erfolg wurde. Schon am folgenden Tage konnte der Kanzler einen besonderen persönlichen Erfolg verzeichnen, indem er den preußischen Kronprinzen für seine Pläne gewann. Der siegreiche Heerführer hatte noch am Vormittag mißmutig und entsprechend seiner bisher geübten Opposition gegen Bismarcks Politik an seine Frau geschrieben: »Und nun, wofür diese Verluste, wofür diese Siege – ich weiß es nicht. Wäre er [Bismarck] nicht zu unserem Unheil Minister, was könnten wir Deutschland jetzt leisten, im nationalen, liberalen Sinne, so aber möchte man nur trauern.« Am Nachmittag traf er mit Bismarck zusammen und fragte ihn, »welche Resultate er nunmehr vom Kriege fordere«. Der sehr kritische Generalquartiermeister der Armee des Kronprinzen, General von Stosch, den der Kanzler später zu seinen besonderen Gegnern rechnete[35], schrieb dazu: »Bismarck entwickelte darauf wundervoll klar und anregend die Forderungen, die einem Frieden zugrunde zu legen wären: Ausschluß Österreichs aus Deutschland... Seine Art, den Verdiensten meines Herrn keine äußere, aber volle innere Anerkennung zu zollen, fand bei diesem freundliche Aufnahme. Er [der Kronprinz] sprach das auch aus und bemerkte nur, daß zunächst die Schlichtung des inneren Konfliktes in Preußen notwendig sei. Bismarck stimmte bei und versprach damals schon, in der Eröffnungsrede der Kammern diesen entgegenzukommen. Dieses und daß er zur Durchführung seiner Pläne die Kraft des Kronprinzen forderte, führte sie einander näher, und es fand zwischen ihnen eine Art Aussöhnung statt.« Im Bericht heißt es weiter: »Die nächste Konsequenz dieses Vorganges war aber, daß der Kronprinz eine Einladung Bismarcks zum Diner annahm. Langjährige Differenzen wurden hier ausgeglichen.« Und Stosch fügte noch hinzu: »Es war das erste Mal, daß ich Bismarck im persönlichen Verkehr sah, und ich bekenne gern, daß der Eindruck, den ich von ihm empfing, mich geradezu überwältigte. Die Klarheit und Größe seiner Anschauungen boten mir den höchsten Genuß; er war sicher und frisch in jeder Richtung, bei jedem Gedanken eine ganze Welt umfassend. Daß wir außerdem ganz vortrefflich aßen und tranken, beeinträchtigte die glückliche Wirkung von Bismarcks Zauberkräften nicht.«[36]

Das Eis war an dieser Stelle gebrochen. Die wechselseitige Annäherung

wurde sowohl für die unmittelbar bevorstehenden Entscheidungen als auch für die weitere politische Entwicklung bedeutsam.
In einem Brief, den Bismarck wenige Tage später an seine Frau richtete[37], sind die Schwierigkeiten enthalten, mit denen er im eigenen Lager zu tun hatte: »Uns geht es gut, trotz Napoleon; wenn wir nicht übertrieben in unsern Ansprüchen sind und nicht glauben, die *Welt* erobert zu haben, so werden wir auch einen Frieden erlangen, der der Mühe werth ist. Aber wir sind ebenso schnell berauscht wie verzagt, und ich habe die undankbare Aufgabe, Wasser in den brausenden Wein zu gießen und geltend zu machen, daß wir nicht allein in Europa leben, sondern mit noch 3 Mächten, die uns hassen und neiden.« Ihm war, zumal in Hinblick auf ausländische Einmischungsversuche, an einem schnellen Friedensschluß gelegen, der mit Rücksicht auf die Zukunft bei den Besiegten auch nicht das Gefühl einer Demütigung hinterlassen sollte. Um das zu erreichen, mußte er den außerordentlich harten Widerstand des Königs überwinden, der Österreich und Sachsen die Hauptschuld am Kriege gab und auf Landabtretungen beharrte. Dagegen hielt es Bismarck für politisch geboten, »sich nach dem Siege nicht zu fragen, wie viel man dem Gegner abdrücken kann, sondern nur zu erstreben, was politisch Bedürfniß ist«. Entschieden lehnte er die Gebietsabtretungen ab, indem er dem König erklärte, Preußen habe »nicht eines Richteramts zu walten, sondern deutsche Politik zu treiben; Oesterreichs Rivalitätskampf gegen uns sei nicht strafbarer als der unsrige gegen Oesterreich; unsre Aufgabe sei Herstellung oder Anbahnung deutsch-nationaler Einheit unter Leitung des Königs von Preußen«.
Dank der Vermittlung des Kronprinzen, der sich Bismarcks Auffassung zu eigen machte, konnte der König zum Einlenken bewegt werden, wenn auch nur sehr widerstrebend. Unter den Immediatbericht Bismarcks[38], der die Gründe für einen baldigen Friedensschluß ohne Annexionen von Österreich enthielt, schrieb Wilhelm I.: »Wenn... vom *Besiegten* nicht *das* zu erlangen ist, was Armée u[nd] Land zu erwarten berechtigt sind, d. h. eine starke Kriegskosten Entschädigung von Österreich als dem Hauptfeind oder Land Erwerb in einigem in die Augen springenden Umfange, ... so muß der *Sieger* an den Thoren Wiens in diesen sauren Apfel beißen u[nd] der Nachwelt das Gericht dieserhalb überlassen.« Die maßvollen Bedingungen des Präliminarfriedens von Nikolsburg (26. Juli 1866) wurden am 23. August beim Prager Frieden im wesentlichen bestätigt.
»Man muß sich deutlich machen, daß das Bismarcksche Spiel ein überaus kühnes, daß eine Politik, welche vabanque zu rufen wagt, je nach dem Er-

folg ebenso verflucht wie angebetet werden kann. Aber der Erfolg ist diesmal da: was erreicht ist, ist groß.« Das war die Meinung eines so kritischen Beobachters wie Nietzsche.[39]
Mit größter Aufmerksamkeit hatte auch das Ausland die Geschehnisse von 1864 und 1866 verfolgt. Die Londoner ›Times‹ schrieb am Tage der Schlacht von Königgrätz über Bismarck:[40] »Er ist der einzige Mensch in Deutschland, der wußte, was er wollte; ohne ihn würden bei dem sittlich-schüchternen Volk der Deutschen die Einheitsbestrebungen niemals Wirklichkeit geworden sein.« Der englische Botschafter in Berlin beurteilte schon kurz darauf die neue Lage so:[41] »Graf Bismarck hat den ersten Abschnitt seines großartigen Unternehmens mit wunderbarem Erfolg hinter sich gebracht – nämlich den der ›Zerstörung‹. Der zweite Abschnitt beginnt gerade – nämlich das Werk des Wiederaufbaus. Bei der Ausführung dieses letzteren Abschnittes wird Graf Bismarck auf große Schwierigkeiten stoßen – Schwierigkeiten, die jedoch seine Energie und sein eiserner Wille wohl überwinden werden... Kühn in Konzeption und energisch im Handeln, ungehemmt von Skrupeln und ungerührt durch Grundsätze, durch Furcht herrschend, wo er nicht durch Liebe gewinnen konnte, hat dieser unerschrockene, geschickte und mächtige Minister nun die bedeutendste Rolle in Händen, die vielleicht je einem Staatsmann zugefallen ist.« Und ahnungsvoll schloß der Diplomat: »Von dem Erfolg seiner Politik wird nicht nur die künftige Größe und Wohlfahrt seines Landes abhängen, sondern auch die Erhaltung von Frieden und Sicherheit Europas.«[42]
Die Vorstellung, daß eine Klärung, ja ein Fortschritt nach den umwälzenden militärischen Ereignissen und den fundamentalen politischen Veränderungen für die Zukunft erzielt sei, tat sich auch von ganz anderer Seite kund. Friedrich Kapp, ein entschiedener Achtundvierziger mit ursprünglich radikalsozialistischem Einschlag, nach Amerika ausgewandert, dort zu einer nationaldeutschen Grundhaltung gelangt[43], schrieb wenige Tage vor dem Prager Frieden:[44] »Der Krieg... eröffnet die Ära der Wiedergeburt Deutschlands. Er hat dem Raubstaatensystem den ersten gewaltigen Stoß versetzt, er hat der Nation wieder Selbstgefühl und berechtigten nationalen Stolz eingehaucht, und seine Früchte werden sich mit jedem Jahr noch viel gewaltiger zeigen, als sie sich schon geäußert haben. Was ist daran gelegen, wer die zur Reorganisation unseres Vaterlandes unerläßliche Revolution macht, wer den Boden für die spätere Aktion rein und frei macht, wenn es nur überhaupt geschieht. Im Gegenteil, mir ist in dieser Beziehung Bismarck und der Hohenzoller noch lieber als die bewaffnete Demokratie.« Dies unterstrich er noch mit dem Hinweis: »Wir sehen von

hier als Nichtbeteiligte die große geschichtliche Wendung, die jetzt in Deutschland vor sich geht, objektiver und ruhiger an, und so sehr ich weiß, daß ich in allen übrigen Lebensfragen mit der in Preußen herrschenden Clique auseinandergehe, ja daß, wenn ich da wäre, ich sofort mit ihr in die Haare geriete, so stehe ich doch in der auswärtigen Politik unbedingt zu Bismarck und statt seine Hände zu binden, würde ich es für meine Pflicht halten, ihn mit allen mir zu Gebote stehenden Mitteln zu stärken und zu stützen. Unsere preußischen Liberalen haben sich in der Hitze des Kampfes vielfach verritten und verfahren... wäre ich bei Ausbruch des Krieges in Deutschland gewesen, ich hätte den Feldzug als Freiwilliger mitgemacht.« Abschließend meinte Kapp: »Was jetzt geschehen ist, ist die unerläßliche Bedingung für eine gedeihliche nationale Zukunft, ohne Bismarck hätten wir nie diesen Krieg gehabt, jetzt liegt das Ziel klar und fest abgesteckt vor uns, und die späteren Schritte sind verhältnismäßig leicht.«

In diesem Brief schwang, noch unausgesprochen, auch die Möglichkeit einer Rückkehr mit. Ungeachtet des hohen Ansehens, das Kapp sich in Amerika als Anwalt, Historiker und vor allem als Politiker – er gehörte, wie Carl Schurz, der Republikanischen Partei an – erworben hatte, zog es ihn wieder nach Deutschland, gerade wegen der Entscheidungen von 1866 und der sich danach anbahnenden neuen Entwicklungen. Im April 1870 aus New York nach Berlin zurückgekehrt, wurde er – finanziell unabhängig – sogleich politisch tätig, fortan im liberalen Lager.[45] Wie der heute fast vergessene Fall Kapp eindrücklich verdeutlicht, enthielt das neue Staatswesen unter Bismarck eine besondere Anziehung für politische Kräfte, die sich bis dahin abgestoßen fühlten.

VI

Vom Prager Frieden bis zum Kriegsausbruch 1870

Von den »moralischen Eroberungen« Preußens in Deutschland hatte seit dem harten Verfassungskonflikt und dem Sieg der Krone über das Parlament keine Rede mehr sein können. Königgrätz bedeutete auch hier die Wende. Der kurze Waffengang auf den Nebenkriegsschauplätzen machte die Ohnmacht der Mittelstaaten offenbar. Der Sieg über Österreich leitete den politischen Umschwung zugunsten Preußens ein, vor allem im liberalen Lager Deutschlands.[1] Rückblickend schrieb dazu der liberale Politiker und Historiker Hermann Baumgarten: »Ein Jeder von uns hat den Kampf von 1866 als eine große Krisis seines Daseins erfahren. Eine gütige Vorsehung fügte es, daß der Krieg unter Deutschen einen Verlauf nahm, den Niemand für möglich gehalten hätte. Die Macht Österreichs brach in einer einzigen Woche zusammen. Die Macht der Mittelstaaten erwies sich als das, was sie immer gewesen war, als täuschender Schein. Preußen aber, dessen Schaaren selbst seine wärmsten Freunde mit ängstlicher Spannung in die große Prüfung begleiteten, wurde die Bewunderung der Welt.«[1a] Auf Veranlassung Rudolf von Bennigsens versammelten sich bereits am 12. Juli 1866 in Hannover norddeutsche Liberale und forderten eine »Gesamtverfassung Deutschlands ohne Österreich in einem engeren Bündnisverhältnis« mit Vorrang Preußens. Die geheimen Schutz- und Trutzbündnisse, die Preußen gegen die Bedrohung durch Frankreich zwischen dem 13. August und 3. September mit Württemberg, Baden, Bayern und Hessen *einzeln* abschloß – damit war jeder Gedanke an eine süddeutsche Union hinfällig –, stärkten politisch die soeben militärisch errungene Führerstellung Preußens. Mitte Januar 1867 erklärte der neue bayrische Ministerpräsident Fürst Chlodwig zu Hohenlohe-Schillingsfürst vor der Abgeordnetenkammer in München: »Der Großstaat, an welchen sich Bayern anzuschließen und als dessen Bundesgenosse es im Falle eines Krieges gegen das Ausland sich offen zu erklären hat, ist Preußen.«[2] Es waren nicht nur kleindeutsche Liberale, sondern auch Demokraten und Großdeutsche, die in den genannten Ländern stark nach Preußen hinneigten.[3] Der im politisch-katholischen Bereich führende Bischof Ketteler, bis dahin bekannt wegen seiner großdeutsch-österreichischen Einstellung, erkannte die neue Lage als unwiderruflich an und stellte sich, wenn auch nicht ohne Bedenken, auf den Boden der nun geschaffenen Tatsachen: »Die Mittelstaaten müssen sich unter Preußens Führung zu einem über ganz Deutschland mit Ausnahme Österreichs sich erstrekkenden Bundesreiche vereinigen.«[4] Und Baumgarten verfaßte zwischen August und Oktober 1866 die Schrift: »Der deutsche Liberalismus. Eine Selbstkritik.«[5] Darin hieß es im Rückblick auf die deutsche Entwicklung seit 1848 und das Verhalten der Liberalen: »Wir waren gelassen genug, uns mit Resignation in Zustände zu finden, die uns nur unerquicklich schienen. Wir krochen in die kleine Privatexistenz zurück, schrieben und lasen wieder unzählige Bücher und gingen unseren sonstigen Geschäften nach. Unendlich klägliche Zeiten ...« In seiner schonungslosen Kritik zog der Professor auch eine klare Linie zwischen Wissenschaft und Politik: *»Wir übertrugen unbewußt die wissenschaftliche Methode auf die politische Praxis.* Die Wissenschaft hat ihre Arbeit gethan, wenn sie die Wahrheit gefunden und ausgesprochen hat: die Politik fängt dann an. Die Wissenschaft ist um so größer, je freier von allen Rücksichten sie sich bewegt; eine Politik, die von den Umständen absieht, ist Träumerei. Für sie ist mit der Erkenntniß des Richtigen, des an sich Wünschenswerthen nur wenig gewonnen: sie bewegt sich mit ihrer vollen Kraft in der Ausführung des Möglichen. Wir aber, so lange überwiegend mit dem Erkennen beschäftigt, kamen unwillkürlich dazu, auf die Formulierung theoretisch correcter Sätze das größte Gewicht zu legen. Wir arbeiteten unsere Commissionsberichte mit dem musterhaftesten Fleiße, und wenn wir unsere Anträge von allen Seiten unanfechtbar motivirt hatten, meinten wir, nun werde die Wahrheit schon aus eigener Kraft siegen. So absorbirte die Discussion unsere beste Kraft: hatten wir in der Debatte gesiegt, so waren wir zufrieden. Erwies sich dann doch der in Argumenten Schwache stark in Thaten, so nahmen wir das hin wie eine Ungerechtigkeit des Schicksals ... Die ganze unselige Politik der Resolutionen, welche in den letzten Jahren so schrecklich grassirt und uns vor den praktischen Völkern so lächerlich gemacht hat, ist in gewissem Maße eine Frucht dieser Verwechslung von Wissenschaft und Politik ...« Diese Schrift bedeutete den Wendepunkt der liberalen Bewegung, die sich nun wieder positiv dem Staat zuwandte. Johannes Miquel, der spätere Finanzminister unter Wilhelm II., erklärte Ende 1866:[6] »Die Zeit der Ideale ist vorüber. Die deutsche Einheit ist aus der Traumwelt in die prosaische Welt der Wirklichkeit hinuntergestiegen, Politiker haben heute weniger als je zu fragen, was wünschenswert, als was erreichbar ist.« Die Mehrheit der Liberalen bildete bald die Nationalliberale Partei, die die stärkste Fraktion im Norddeutschen Reichstag wurde und fortan wesentlich zur Reichsgründung beitrug.

Im Zeichen dieses Umschwungs konnte auch der Verfassungskonflikt

beigelegt werden. Mit der Indemnitätsvorlage wurde der Landtag nachträglich um die Bewilligung der für die Heeresreform aufgewendeten Mittel gebeten. Das war nicht im Sinne der Altkonservativen, die das Budgetrecht bestritten und nach dem Sieg über Österreich an die Aufhebung der Verfassung überhaupt dachten. Bismarck aber meinte:[7] »Die Leute haben alle nicht genug zu thun, sehn nichts als ihre eigne Nase und üben ihre Schwimmkunst auf der stürmischen Welle der Phrase. Mit den Feinden wird man fertig, aber die Freunde! Sie tragen alle Scheuklappen und sehn nur einen Fleck von der Welt.« Der politische Wandel Bismarcks und die Abkehr von den ehemaligen Altkonservativen war dem liberalen Hessen Oetker bereits 1862 aufgefallen. In diesen Tagen nun hatte Bismarck eine Unterredung mit dem General von Hartmann, dem gegenüber er rückhaltlos erklärte:[8] »Man irrt sich, wenn man mich nach meiner Opposition vom Jahre 1848 her beurteilt. Mit den Ansichten der Kreuzzeitung kann man nicht regieren.« Und er fuhr fort: »Es kommt darauf an, eine Regierung zu führen nach den Ansichten der Denkenden in der Nation. Die Macht des Königtums in Preußen muß gestützt werden durch eine kräftige Armee, sie muß aber mit der Meinung der Nation gehen, und es ist die Pflicht jedes preußischen Ministers, den Willen des Königs als maßgebend anzusehen, zugleich aber den Willen des Königs von der Meinung der Nation sich sättigen zu lassen.« Tatsächlich kam es wegen der Indemnitätsvorlage bei den Konservativen zur Spaltung, ebenfalls bei den Liberalen. Die gemäßigten Konservativen (Freikonservative), die Nationalliberalen und ein Teil des Zentrums bildeten am 3. September 1866 die Mehrheit für diese Vorlage, die das Budgetrecht des Parlaments bestätigte. So hatte Bismarck auch hier einen Ausgleich erreicht, der teilweise schon eine Aussöhnung bedeutete oder doch anbahnte.
Der preußische Landtag bewilligte Bismarck für seine Verdienste eine Dotation von 400000 Talern. Mit dieser Zuwendung kaufte er im Frühjahr 1867 das pommersche Rittergut Varzin und verkaufte zugleich, wenn auch nur schweren Herzens, Kniephof.[9] Der neue Besitz umfaßte 22500 Morgen, und im Laufe der Jahre kamen noch 10000 hinzu. Wie wohl er sich hier fühlte, geht schon aus einem der ersten Briefe hervor:[10] »Es giebt doch sehr dicke Buchen hier, auch Balken und Blöcke, Wüsteneien, Schonungen, Bäche, Mööre, Haiden, Ginster, Rehe, Auerhähne, undurchdringliche Buch- und Eichenaufschläge und andre Dinge, an denen ich meine Freude habe, wenn ich dem Terzett von Taube, Reiher und Weihe lausche, oder die Klagen der Pächter über die Unthaten der Sauen höre.« Mehr als die Hälfte der Fläche bestand aus Wald, der aber ebenso wie die ganze Wirtschaft in sehr schlechtem Zustande war. Tatkräftig

ging Bismarck zu Werke: »In 10 bis 12 Jahren will ich kein Unland mehr sehen.« Unter seiner Hand wurden fast 8000 Morgen aufgeforstet, ein großer Bruch in Wiese verwandelt, bald auch holzverwertende Industrie angelegt.[11] Varzin erlebte unter ihm einen beträchtlichen Aufschwung. Hierhin zog er sich in der Folgezeit oft zurück, um neue Kräfte zu schöpfen. In der Varziner Waldesstille konnte er aufatmend sagen: »Hier erreicht mich kein Depeschenbote!«

Nicht nur in England, sondern auch in den Vereinigten Staaten hatte Bismarcks Staatskunst sehr verwundert und beeindruckt. Im Januar 1868 besuchte Carl Schurz den Kanzler, und das folgende, außerordentlich aufschlußreiche Gespräch, das der bedeutende Deutsch-Amerikaner in seinen Erinnerungen festgehalten hat[12], begann Bismarck mit der Frage: »›Nun sagen Sie mir mal, als amerikanischer Republikaner und als revolutionärer Achtundvierziger, welchen Eindruck macht Ihnen die gegenwärtige Lage in Deutschland? Ich würde diese Frage gar nicht an Sie richten, wenn Sie ein Geheimrat wären, denn dann wüßte ich die Antwort schon im voraus. Aber Sie werden mir Ihre wirkliche Meinung sagen.‹« Schurz fährt in seiner Darstellung fort: »Ich sagte, wir in Amerika hätten die Ereignisse mit der größten Spannung verfolgt und wären zur Zeit sehr überrascht gewesen, daß der Friede sobald auf die Schlacht von Königgrätz gefolgt sei und daß Preußen den Sieg nicht besser ausgenutzt hätte. Bismarck entgegnete, der schnelle Friedensschluß wäre vielen sehr überraschend gekommen, er hielte ihn aber für das Beste, was er je getan hätte. Er hätte ihn gegen den Wunsch des Königs und der Militärpartei durchgesetzt, die sehr stolz auf den großartigen Sieg der preußischen Waffen gewesen wären und meinten, ein so großer Erfolg müsse eine größere Belohnung erfahren. Aber die Staatskunst erforderte, daß das österreichische Kaiserreich, dessen Existenz für Europa notwendig sei, nicht ganz zertrümmert oder zu einem bloßen Bruchstücke reduziert wurde. Es müßte zum Freunde werden, und als Freund dürfe es nicht ganz machtlos sein. Preußen hatte in diesem Krieg nur um die Führerschaft in Deutschland gekämpft; durch den Erwerb von österreichischen Provinzen mit einer Bevölkerung, die sich dem preußischen System nicht eingefügt hätte, wäre jene Führerschaft aber nicht gekräftigt, sondern geschwächt worden. Überdies, meinte der Kanzler ... bestand auch, solange der Krieg dauerte, eine stete Gefahr der französischen Intervention.
›Dadurch‹«, so läßt Schurz Bismarck in direkter Rede weitersprechen, »›wäre eine neue Lage der Dinge geschaffen worden. Aber um ihr zu begegnen, hätte ich doch noch einen Ausweg gehabt, der Sie vielleicht über-

rascht haben würde. Was wäre wohl die Wirkung gewesen, wenn ich unter solchen Umständen an das Nationalgefühl des ganzen Volkes appelliert hätte, indem ich die Frankfurter Verfassung des Deutschen Reiches von 1848 und 1849 proklamiert hätte?‹
›Ich glaube, es hätte das ganze Land begeistert, und damit wäre vielleicht mit einem Schlage eine deutsche Nation geschaffen‹, entgegnete ich. ›Aber hätten sie wirklich die arme Hinterbliebene, die Waise der Revolution von 1848, adoptiert?‹
›Warum nicht?‹ sagte der Kanzler. ›Gewiß, die Verfassung hatte einige mir sehr unsympathische Züge. Aber eigentlich ist sie doch nicht so sehr verschieden von dem, was ich jetzt anstrebe. Ob der alte Herr einverstanden gewesen wäre, ist allerdings fraglich. Jedoch, wenn er Napoleon vor den Toren gewußt hätte, hätte er vielleicht auch *dieses* Hindernis genommen. Den Krieg mit Frankreich aber‹, fügte er hinzu, ›den bekommen wir doch.‹
Ich drückte mein Erstaunen über diese Prophezeiung aus. Sie war mir doppelt erstaunlich, wenn ich wieder bedachte, daß der große Staatsmann, der solche furchtbare Verantwortung auf seinen Schultern trug, mit einem ihm völlig fremden Besucher sprach. In ernstem, fast feierlichem Tone fuhr er fort: ›Glauben Sie ja nicht, daß ich den Krieg liebe. Ich kenne ihn genug, um ihn zu verabscheuen. Die furchtbaren Bilder, die ich mit eigenen Augen gesehen habe, werden mich nie verlassen. Nie werde ich einem Kriege zustimmen, der sich irgend vermeiden läßt, geschweige denn einen solchen Krieg herbeiführen. Aber dieser Krieg mit Frankreich, der wird kommen, der wird uns vom Kaiser der Franzosen aufgedrängt werden. Das erkenne ich klar und deutlich.‹
Dann setzte er mir auseinander, daß die Lage eines ›Abenteurers auf dem Throne‹ wie Louis Napoleon ganz und gar verschieden sei von der eines legitimen Herrschers, wie es der König von Preußen sei. ›Ich weiß‹, sagte er lächelnd, ›daß Sie an das Königtum von Gottes Gnaden nicht glauben, aber viele glauben daran, besonders in Preußen – vielleicht nicht so viele wie vor 1848, aber doch mehr als Sie denken. Die Leute sind der Dynastie mit traditioneller Königstreue ergeben. Ein König von Preußen kann Fehler begehen, kann Unglück oder sogar Demütigungen erleiden, aber die traditionelle Königstreue läßt darum nicht nach. Sie kann wohl hier und dort etwas ins Wanken gebracht werden, aber ernstlich gefährdet wird sie nicht. Der Abenteurer auf dem Thron hingegen hat kein solches überliefertes Vertrauen hinter sich. Er muß fortwährend Aufsehen erregen. Seine Sicherheit hängt von seinem persönlichen Ansehen ab, und um dies Ansehen zu erhöhen, müssen sich sensationelle Begebenheiten in ra-

scher Folge drängen. Sie müssen immer neu und frisch bleiben, um den Ehrgeiz, den Stolz oder meinetwegen die Eitelkeit des Volkes zu befriedigen, besonders eines Volkes wie die Franzosen. Louis Napoleon ... ist sich wohl bewußt, daß er viel von seinem Ansehen eingebüßt hat, viel mehr, als er missen kann, und daß dieser Verlust, wenn er nicht bald wieder ersetzt wird, seinem Kaisertum gefährlich zu werden vermöchte. So wie er also annehmen kann, daß sein Heer wieder in guter Ordnung und kriegsbereit ist, wird er Anstrengungen machen, jenes Prestige, das für ihn eine Lebensfrage ist, wieder zu erlangen. Dazu wird er unter irgendeinem Vorwande Streit mit uns anfangen. Ich glaube nicht, daß er persönlich diesen Krieg herbeisehnt, ich glaube sogar, er würde ihn lieber vermeiden, aber seine unsichere Lage wird ihn dazu treiben. Nach meiner Berechnung wird diese Krisis in etwa zwei Jahren eintreten. Wir müssen natürlich darauf vorbereitet sein, und wir sind es auch. Wir werden siegen, und das Ergebnis wird gerade das Gegenteil von dem sein, was Napoleon anstrebt, nämlich die vollständige Einigung Deutschlands außerhalb Österreichs und wahrscheinlich auch der Sturz Napoleons.‹

Dies sagte mir Bismarck im Januar 1868. Der Krieg zwischen Frankreich und Preußen mit seinen Verbündeten brach im Juli 1870 aus, und die Errichtung des Deutschen Reiches und der Sturz Napoleons waren das Ergebnis. Keine Prophezeiung ist je scharfsinniger gemacht und genauer und vollständiger erfüllt worden.« Hier ist hinzuzufügen, daß Bismarck auch schon Ende März 1867 die Unvermeidlichkeit eines Krieges mit Frankreich vorausgesagt, sich aber zugleich ebenfalls entschieden gegen den Gedanken eines Präventivkrieges ausgesprochen hatte.[13]

Der Eindruck, den Carl Schurz von seinem Gesprächspartner hatte, bestätigt und ergänzt noch wesentlich den eingangs wiedergegebenen von Prinz Alexander Hohenlohe. Schurz schreibt abschließend: »Die sprühende Lebhaftigkeit seiner dann und wann mit französischen oder englischen Sätzen vermischten Rede, die Geistesblitze, die den Gegenstand seiner Betrachtung umspielten und mit scharfem Licht plötzlich einen hochgestellten Würdenträger, ein Ereignis oder eine Situation unheimlich beleuchteten, sein Lachen, oft behaglich ansteckend, oft bitter sarkastisch, die raschen Übergänge von ergötzlichem Humor und spielendem Witz zu rührenden Herzenstönen, die Freude, die der Erzähler offenbar an seinen eigenen Geschichten hatte, das stürmische Tempo, in dem diese Geschichten zum besten gegeben wurden, und hinter all dem jene gewaltige Persönlichkeit, die Verkörperung einer mehr als königlichen Macht, ein wahrer Atlas, der auf seinen Schultern das Geschick eines ganzen Volkes trug: das alles war unbeschreiblich. Es lag ein eigenartiger

Zauber in der Gegenwart des Riesen, der bei aller Größe doch so menschlich erschien.«

Noch im gleichen Jahre 1868 hatte ein anderer Achtundvierziger, Julius Fröbel, ebenfalls mit Bismarck ein erstes persönliches Zusammentreffen[13a] und, ähnlich wie Schurz, den Eindruck »eines Menschen von klarem Verstande, physischer Stärke, furchtbarer Willenskraft, Zuverlässigkeit der Absicht, Treue und großer Gutmütigkeit«. Der Weg dieses politischen Journalisten ist in seiner gedanklichen Vielfalt, seiner Bereitschaft, sich den neuen Gegebenheiten zu stellen, mit dem unverminderten Versuch, neue politische Möglichkeiten zu erörtern, symptomatisch für eine Reihe politischer Publizisten dieser Jahre, bei denen die üblichen Zuordnungen wie liberal oder konservativ, großdeutsch oder kleindeutsch kaum anwendbar sind.[13b] Fröbel war 1862 mit der Schrift »Österreich und die Umgestaltung des deutschen Bundes« hervorgetreten, hatte mit seiner Denkschrift »Die Leitung der großdeutschen Angelegenheiten« den deutschen Fürstentag 1863 in Frankfurt a. M. vorbereitet, und dies war zugleich der Höhepunkt seines politischen Wirkens. Ende 1864 aber kündete sich ein Wandel an, schrieb er doch:[13c] »Soll die politisch so tief darniederliegende deutsche Nation wiederaufgerichtet werden, so muß dies von einem Mittelpunkt aus geschehen, der dem eigentlichen unverfälschten deutschen Leben angehört. Weder in Preußen noch in Österreich ist dies zu finden.«

Aus Enttäuschung darüber, daß in Wien nicht die großdeutsche Idee, sondern lediglich österreichische Interessen verfolgt wurden, wandte sich Fröbel von Österreich ab und wechselte im Januar 1866 über in das Lager der mittelstaatlichen süddeutschen Politik, zunächst nach Stuttgart. Im Februar 1867 wurde er publizistischer Vertrauensmann des bayerischen Ministerpräsidenten Fürst Chlodwig zu Hohenlohe-Schillingsfürst und im Juli 1867 Leiter der offiziösen »Süddeutschen Presse« in München. Über Lothar Bucher, der ebenfalls Achtundvierziger und in der politischen Publizistik nach der Revolution sehr tätig gewesen war[13d], ehe Bismarck ihn 1864 ins Auswärtige Amt übernahm, erhielt der offenkundig sehr wandlungsfähige Fröbel Zugang zum Bundeskanzler.

In dem Gespräch mit Bismarck äußerte Fröbel, daß bei dem Gange, den die deutschen Angelegenheiten, im Widerstreit zu seinen früheren großdeutschen Bestrebungen, genommen hätten, er Preußen vorwerfen müsse, auf halbem Wege stehengeblieben zu sein. Darauf erwiderte Bismarck, Deutschland könne noch weniger als Italien eine zu schnelle Einigung vertragen. Italien wäre heute stärker, wenn es nicht sogleich den Süden mit dem Norden vereinigt hätte. Auch wenn er Süddeutschland

1866 hätte annektieren können, würde er es nicht getan haben. »Wir müssen nicht verlangen, daß die großen Ziele, die wir anstreben, gerade bei unseren Lebzeiten erreicht werden.« Der Süden müsse aus freiem Entschlusse zum Norden kommen, und wenn es dazu dreißig Jahre brauche. Darüber, ob die Entstehung eines süddeutschen Bundes der nationalen Sache günstig sein würde, sei er sich nicht klar. »Jedenfalls dürfe ein solcher Bund nicht ohne ein süddeutsches Parlament sein, damit der im Volke lebende nationale Geist weiterwirke und den Bund nicht zum Mittel des Gegensatzes gegen den Norden werden lasse.« Die Frage nach dem Südbund warf Fröbel wenige Monate später noch einmal auf[13e], und dabei wurde Bismarcks Überlegung noch deutlicher, dahingehend, daß ein allgemeiner süddeutscher Parlamentarismus den süddeutschen Partikularismus brechen werde. Fröbel bekam den Eindruck, daß der Bundeskanzler auf die Übergangsformen der nationalen Entwicklung keinen Wert legte. In diesem Zusammenhang sagte er: »Alles Menschliche ist an sich nur provisorisch.«

Die sichtbaren Erfolge, die Bismarcks Staatsführung erbracht hatte, konnten auch von den damaligen Gegnern kaum in Zweifel gezogen werden, und für das Interesse, das man ihm nun allgemein entgegenbrachte, ist auch bezeichnend, daß in diesen Jahren die ersten, heute noch lesenswerten Biographien über ihn erschienen.[14] Auch Nietzsche, der sich später vom Kanzler abwendete, schrieb 1868 begeistert an einen Freund:[14a] »Unmäßiges Vergnügen bereitet mir Bismarck. Ich lese seine Reden, als ob ich starken Wein trinke. Ich halte die Zunge an, daß sie nicht zu schnell trinkt und daß ich den Genuß recht lange habe.« Er fügte hinzu: »Was Du mir von Machinationen seiner Gegner schreibst, glaube ich sehr gern, denn es ist eine Notwendigkeit, daß sich gegen solche Naturen alles Kleinliche, Engherzige, Parteiische, Bornierte aufbäumt und zum unversöhnlichen Kriege rüstet.« Tatsächlich fehlte es nicht an starken Reibungen, die auf höfische Einflüsse zurückgingen, zum Teil mit der Absicht, partikularistischen Kräften wieder aufzuhelfen und die Konzeption des Kanzlers zu durchkreuzen. Im Jahre 1869 trat eine solche innenpolitische Krise ein, und Bismarck fühlte sich, wie er an Roon schrieb, derart erschöpft, daß er beim König den Rücktritt anbot. Wilhelms I. Antwort[15] wirft sowohl auf ihn selbst ein charakteristisches Licht als auch auf sein Verhältnis zu Bismarck: »... Wie können Sie nur daran denken, daß ich auf Ihren Gedanken eingehen könnte! *Mein größtes Glück ist es ja,* mit Ihnen zu leben und immer fest einverstanden zu sein! Wie können Sie sich Hypochondrien darüber machen, daß meine einzige Différenz Sie bis zum extrêmsten Schritt verleitet! ...

Ihr Name stehet in Preußens Geschichte höher als der irgendeines Preußischen Staatsmannes. Den soll ich lassen? Niemals. Ruhe und *Gebeth* wird Alles ausgleichen. Ihr treuster *Freund* W.«

Die Gebietserweiterungen Preußens im Jahre 1866 hatten Bismarck, gerade auch im Hinblick auf die Lösung der deutschen Frage, vor neue, schwere Aufgaben gestellt. Es galt vor allem, die neuen Gebiete mit Preußen in der Art zu verbinden, daß der Sieger größtmögliche Rücksichten auf die historisch gewachsene Eigenständigkeit der hinzuerworbenen Gebiete nahm, auch auf verständliche Empfindlichkeiten, die vornehmlich in Hannover wiederholt zu Schwierigkeiten führten. Entschieden wandte sich Bismarck gegen die engherzige Haltung eines preußischen Partikularismus und konnte in äußerste Erregung geraten, als er z. B. hörte, daß ein von ihm zum Oberpostdirektor vorgeschlagener ehemaliger Hannoveraner nur deshalb vom Kabinett abgelehnt wurde, weil er erst drei Jahre in preußischen Diensten stehe. Zornentbrannt schrieb er an Roon: »Ich kann weder mit der Postcamarilla noch mit Harems-Intriguen bestehn, und niemand kann verlangen, daß ich Gesundheit, Leben und selbst den Ruf der Ehrlichkeit oder des gesunden Urtheils opfere, um einer Laune zu dienen.« Seit 36 Stunden habe er nicht geschlafen, die ganze Nacht Galle gespien, und sein Kopf sei »trotz Umschläge wie ein Glühofen... Wenn der Karren, auf dem wir fahren, zerschlagen werden soll, so will ich mich wenigstens vom Verdachte der Mitschuld frei halten... Man muß Herz und Gewissen aus bergisch-märkischem Actien-Pergament haben, um das zu ertragen.«[16]

Unmittelbar vorher hatte er selbst mit seinem alten Freunde Roon eine Auseinandersetzung in einer ganz ähnlichen Angelegenheit gehabt. Der Minister war der Auffassung, Marinebeamte seien nicht als Bundesbeamte, sondern als preußische zu behandeln; es ging dabei vor allem um Mecklenburger, Oldenburger und Hanseaten. Darauf erwiderte ihm Bismarck:[17] »...Denken wir uns in die Lage der Leute. Ihre Unterordnung hätte sich erzwingen lassen; aber die freiwillige ist doch ein großer Gewinn, und an der Freiwilligkeit hat der Name einen wesentlichen Antheil. Keiner von ihnen und Keiner von uns bestreitet, ein Deutscher und für jetzt ein Norddeutscher zu sein; aber das particularistische und dynastische Gefühl widerstrebt der Einbeziehung unter die Benennung als Preußen. Hätten wir 1866 sofort das ›Deutsch‹ oder auch nur ›Norddeutsch‹ dem ›Preußisch‹ substituiren können, wir wären jetzt schon um 20 Jahre weiter. Wie schwer solche Namen wiegen, das zeigt Ihr eigenes Beispiel, und Sie werden doch zugeben, daß wir beide und unser allergnä-

digster Herr geborene Norddeutsche sind, während vor etwa 170 Jahren unsre Vorfahren sich im höheren Interesse ruhig gefallen ließen, den glorreichen Namen der Brandenburger gegen den damals ziemlich verschollenen der Preußen zu vertauschen, ohne Preußen zu sein.« Und er gab der Hoffnung Ausdruck, daß die eigenen Söhne es sich dereinst zur Ehre rechnen würden, »den Söhnen des Königs in einer Königlich deutschen Flotte und im Königlich deutschen Heere zu dienen.«
Dementsprechend schrieb er auch an den Oberpräsidenten von Hannover[18], er möge sich zur Überwindung partikularistischer Strömungen auf die deutsche und nicht auf die preußische Nationalität berufen. Die preußische sei »ein Ausdruck, unter welchem wir Preußen gewohnt sind, uns die erste vorzustellen, aber es ist nicht der Begriff, unter welchem es uns gelingen wird, die Stellung, welche wir 1866 erstritten haben, unsern neuen Landsleuten annehmbar zu machen.«
Über die innerdeutsche Lage hatte der Kanzler Ende Januar 1867 mit dem preußischen Kronprinzen eine längere Aussprache. Sie führte zur grundsätzlichen Übereinstimmung beider und fand wenige Tage später ihren Niederschlag in einem Schreiben Bismarcks an den Kronprinzen.[19] Ausgehend von der Unzufriedenheit führender preußischer Kreise darüber, daß Sachsen, nachdem es 1866 nicht annektiert worden war, nun auch noch einen milden Friedensvertrag erhielt, legte Bismarck die Leitgedanken seiner Deutschlandpolitik dar: »Von der glatten Entwicklung der norddeutschen Frage in unserem Sinne hängt... der Anschluß Süddeutschlands wesentlich ab; ein in Uneinigkeit gärender Norddeutscher Bund hat keine Aussicht, den Süden an sich zu ziehen.« Daraus leitete er ab: »Aufgabe der preußischen Politik unter diesen Umständen kann es nicht sein, sich zu erinnern, welches Unrecht die frühere sächsische gegen uns verübt hat, noch unsere Einrichtungen so zu treffen, daß die Gefühle der sächsischen Bevölkerung durch dauernde Demütigung stets von neuem gereizt und der Zwiespalt verewigt werde: wie es Aufgabe der *Politik* überhaupt nicht ist, Strafgerechtigkeit zu üben, menschlich natürliche Regungen der Empfindlichkeit, so berechtigt sie sein mögen, zu befriedigen.« Und dann folgen die lapidaren Sätze: »Unsere Politik hat das Gesicht der Zukunft zuzuwenden, unter Beseitigung der Erinnerung an vergangene Stammesfeindschaft die nationale Einheit zu suchen und zu pflegen. Preußen hat an ganz Deutschland zu vollbringen, was es an sich selbst vollbracht hat. Wie es einst in den von Polen, Frankreich, Sachsen erworbenen Landesteilen die Überwundenen die Überwindung vergessen machen, sie zu dem Gefühl der Gemeinsamkeit und Gleichheit erhoben hat, so hat es jetzt das innerhalb *eines* Volkes auf die Dauer nicht haltbare

Verhältnis zwischen Siegern und Unterworfenen zu verwischen, das besondere Stammes- und Staatsbewußtsein zu verschmelzen in freudiger und stolzer Anhänglichkeit an *ein deutsches* Gemeinwesen, an dessen Spitze der König von Preußen steht.«

Der fundamentale Charakter dieses programmatischen Schriftstücks wird durch spätere Entscheidungen und Stellungnahmen Bismarcks bestätigt, zumal dann, wenn immer er um das *organische* Wachsen der deutschen Einheit besorgt war. Vielen Zeitgenossen ging es noch nicht schnell genug. Jede überflüssige Hast aber lehnte er ab und riet – darin ein echter Land- und Forstwirt – zum Zuwarten. Charakteristisch dafür ist der Erlaß an den Gesandten in München[20], in dem es hieß: »... Daß die deutsche Einheit durch gewaltsame Ereignisse gefördert werden würde, halte auch ich für wahrscheinlich. Aber eine ganz andere Frage ist der Beruf, eine gewaltsame Katastrophe herbeizuführen, und die Verantwortlichkeit für die Wahl des Zeitpunkts. Ein willkürliches, nur nach subjektiven Gründen bestimmtes Eingreifen in die Entwicklung der Geschichte hat immer nur das Abschlagen unreifer Früchte zur Folge gehabt; und daß die deutsche Einheit in diesem Augenblick keine reife Frucht ist, fällt meines Erachtens in die Augen ... Hinter der wortreichen Unruhe, mit der Leute außerhalb der Geschäfte nach dem Stein der Weisen suchen, der sofort die deutsche Einheit herstellen könne, verbirgt sich in der Regel eine flache und jedenfalls impotente Unbekanntschaft mit den Realitäten und ihren Wirkungen ... Wir können die Uhren vorstellen, die Zeit geht aber deshalb nicht rascher, und die Fähigkeit zu warten, während die Verhältnisse sich entwickeln, ist eine Vorbedingung practischer Politik.« Ganz in diesem Sinne auch drückte er sich noch nach seiner Entlassung aus:[21] »Ich bin von früh auf Jäger und Fischer gewesen, und das Abwarten des rechten Moments ist in beiden Situationen die Regel gewesen, die ich auf die Politik übertragen habe. Ich habe oft lange auf dem Anstande gestanden und habe mich von Insekten umschwärmen und zerstechen lassen müssen, ehe ich zum Schusse kam.«

Wenige Monate nach dem »Uhrenerlaß« fielen auch Bemerkungen, die Aufschluß über seine Grundeinstellung zum politischen Geschehen überhaupt geben. Vor dem Norddeutschen Reichstag erklärte er: »Mein Einfluß auf die Ereignisse, die mich getragen haben, wird zwar wesentlich überschätzt, aber doch wird mir gewiß keiner zumuten, Geschichte zu machen.« Diese Auffassung steht in klarem Gegensatz zu dem bekannten Worte Heinrich von Treitschkes: ›Männer machen die Geschichte‹, zumal Bismarck noch ergänzte: »Die Geschichte können wir nicht machen, sondern nur abwarten, daß sie sich vollzieht. Wir können das Reifen der

Früchte nicht dadurch beschleunigen, daß wir eine Lampe darunter halten, und wenn wir nach unreifen Früchten schlagen, so werden wir nur ihr Wachstum hindern und sie verderben.«[22] Der letzte Satz war wieder gegen das Andrängen der allzu stürmischen nationalen Bewegung gerichtet, zu deren Wortführern sich vornehmlich die Nationalliberalen machten.

Sicherlich spielten bei seinen Ausführungen oft auch mancherlei augenblicksbedingte Rücksichten mit herein, und gewisse taktische Momente sollten ebenfalls nicht übersehen werden. Aber nicht minder stark kommt doch seine Überzeugung zum Ausdruck, wenn er Anfang 1870 vor dem Reichstag erklärte[23], er strebe die engere Verbindung mit den Süddeutschen an, in welcher Form auch immer, »aber in voller Freiwilligkeit, ohne Drohung, ohne Pression, ohne Druck! Der verstimmte, gezwungene Bayer oder Württemberger in der engsten Genossenschaft kann mir nichts helfen, und ich würde immer vorziehen, noch ein Menschenalter zu warten, als Zwang nach der Richtung hin zu üben.« Und den Antrag des liberalen Abgeordneten Lasker, Baden zunächst allein in den norddeutschen Bund aufzunehmen, lehnte er mit dem Vergleich ab, »daß wir nicht gut tun, das Element, welches der nationalen Entwicklung im Süden am günstigsten ist, auszuscheiden, und mit einer Barriere abzuschließen, gewissermaßen den Milchtopf abzusahnen und das Übrige sauer werden zu lassen.«[24]

Im Frühjahr 1868, nach den Wahlen zum Zollparlament, hatte er gesprächsweise geäußert:[25] »Wir tragen alle die nationale Einigung im Herzen, aber für den rechnenden Politiker kommt zuerst das Notwendige und dann das Wünschenswerte, also zuerst der Ausbau des Hauses und dann dessen Erweiterung. Erreicht Deutschland sein nationales Ziel noch im neunzehnten Jahrhundert, so erscheint mir das als etwas Großes, und wäre es in zehn oder gar fünf Jahren, so wäre das etwas Außerordentliches, ein unerhofftes Gnadengeschenk von Gott.«

Was sich auch sonst vielfältig belegen läßt, wird schon aus diesen wenigen Stellungnahmen deutlich: Bismarck rechnete selbst zu diesem Zeitpunkt – Februar 1870 – noch nicht mit einer schnellen Lösung der deutschen Frage. In derselben Rede unterstrich er den gemeinsamen Willen, ganz Deutschland zur Einigung zu bringen, um dann aber zu der Feststellung überzuwechseln, »deren festen Abschluß wir überhaupt in keiner konkreten Form uns heute schon zu denken haben.« Den zur Beschleunigung drängenden Abgeordneten rief er zu: »Genießen Sie doch einen Augenblick froh, was Ihnen beschieden, und begehren Sie nicht, was Sie nicht haben!«[26]

VII

Der deutsch-französische Krieg – Die Reichsgründung

Bismarck hatte zum Erstaunen von Carl Schurz die Auseinandersetzung mit Frankreich klar vorausgesehen. Charakteristisch für das latente preußisch-französische Spannungsverhältnis dieser Jahre war eine Episode, die sich 1867 in Paris, gelegentlich der Weltausstellung, abspielte. Napoleon hatte dazu die Souveräne eingeladen; auch Wilhelm I. und Bismarck waren nach Paris gekommen. Bismarck verstand sich gut mit dem alten Marschall Vaillant, der ihm eines Tages erklärte: »Savez-vous, Comte, que vous faites à nous autres une impression superbe? Tout le monde dit: vraiment, c'est un bon bougre.«

Nach einer großen Parade drückte Bismarck lebhaft seine Bewunderung über die französischen Truppen aus, worauf Vaillant antwortete: »Merci bien, Comte. Tout cela est bel et bon; mais vous autres, vous êtes devenus trop grands vis-à-vis de nous. Il faut qu'un jour nous croisions l'épée.« Bismarck erwiderte lächelnd: »Eh bien, croisons!«[1]

Unter solchen Vorzeichen, die sich auch in der Folgezeit nicht änderten, mußte der Gedanke einer teilweisen Abrüstung der Kontinentalmächte äußerst bedenklich stimmen, zumal er aus Paris stammte und über den liberalen englischen Außenminister Lord Clarendon nach Berlin lanciert wurde. Bismarck beurteilte ihn wie den »Antrag der Wölfe auf Abschaffung der Schäferhunde«[2], hütete sich aber vor einer Ablehnung. War der Vorschlag nur gemacht, um von Preußen ein Nein zu erhalten, mit dem man dann propagandistisch hausieren gehen konnte? War er ein Ausfluß der prekären innenpolitischen Lage Frankreichs, bei der eine Heeresverminderung populär gewesen wäre? Oder war es der bewußte Versuch, die Festigung der innerdeutschen Verhältnisse mit den Schutz- und Trutzbündnissen zwischen Nord- und Süddeutschland zu verlangsamen und die Einigungsbewegung gar rückgängig zu machen? Diese Frage war um so begründeter, als zur gleichen Zeit der österreichische Erzherzog Albrecht in Paris Gespräche wegen eines gemeinsamen Feldzugsplanes führte. Bismarck hielt das Ansinnen Clarendons »für eine jener Utopien, wie sie bei den englischen Staatsmännern vorkommen, welche die Verhältnisse des Kontinents immer aus einem schiefen Gesichtswinkel ansehen und sich oft mehr als billig von unklaren humanen Ideen, die in der öffentlichen Meinung zu herrschen pflegen, leiten lassen.« So äußerte er sich gegenüber dem deutschen Botschafter, ließ aber über ihn zugleich dem englischen Außenminister Preußens Bereitschaft zu Verhandlungen mitteilen mit der Anfrage, welche Bürgschaften Preußen dafür gegeben werden könnten, »daß durch ein scheinbar gleichmäßiges, in der Wirklichkeit aber nicht proportionelles Vorgehen unsere Lage nicht gegen die der anderen Mächte reel verschlechtert werde.« Derartige Garantien konnte England nicht geben, und so zerplatzte der französische Versuchsballon, ohne die gewünschte Wirkung erzielt zu haben.

Viele Zeichen deuteten darauf hin, daß Frankreich gegen die sich nun bildende politische deutsche Einheit militärischen Widerstand leisten werde. Die Bereitschaft Bismarcks, dieses Hindernis aus dem Wege zu räumen, hatte symptomatischen Ausdruck in seiner Antwort gegenüber Vaillant gefunden. Sie gründete schließlich in der Erkenntnis, die ein Satz seines Immediatberichts vom 9. März 1870 wiedergibt:[2a] »Wir haben die Erhaltung des Friedens auf die Dauer nicht vom Wohlwollen Frankreichs, sondern nur von dem Eindruck unserer Machtstellung zu gewärtigen.« Die galt es zu festigen und, wenn möglich, durch neue dynastische Bande, etwa mit Spanien, zu erweitern, denn: »Die Friedensliebe Frankreichs gegen Deutschland würde immer im Verhältnis der *Gefahren* des Krieges mit Deutschland wachsen oder abnehmen.«
Wie es nun zum letzten, zündenden Funken kam, in Verbindung mit der hohenzollernschen Thronkandidatur, schilderte Bismarck selbst. Wenn auch die von ihm gegebene Darstellung nicht in allen Einzelheiten ganz zutrifft[3], so kommt ihr doch deshalb ein besonderes Gewicht zu, weil sie die Atmosphäre so großartig einfängt, in der die letzten Entscheidungen fielen. Der Kanzler erzählte Horst Kohl, der sich um die Herausgabe Bismarckscher Schriften schon zu dessen Lebzeiten sehr verdient gemacht hatte, den Hergang so[4]:
»Als ich am zwölften Juli [1870] von Varzin nach Berlin kam, wurden mir am Bahnhof Depeschen überreicht, aus denen ich ersah, daß sich der König von Preußen von dem französischen Botschafter mehr hatte gefallen lassen, als mit seiner Würde vereinbar war. Da ich eine solche Demütigung nicht mit meinem Namen decken wollte, so gab ich die Reise nach Ems auf, entschlossen, mein Abschiedsgesuch einzureichen. Am dreizehnten Juli hatte ich Moltke und Roon zu mir zu Tisch geladen, um mit ihnen die Lage zu besprechen. Die beiden Generale waren über das, was in Ems geschehen war, sehr betroffen und stocherten in den Speisen, ohne recht zu essen. Da wurde mir eine Depesche aus Ems gebracht. Abeken hatte sie redigiert und eine Zuschrift des Königs darin eingeschaltet, aus der ich ersah, daß der König sich in allem nachgiebig gezeigt und nur die

Forderung abgelehnt hatte, sich für die Zukunft gegen die Wiederaufnahme der Hohenzollernschen Kandidatur Frankreich gegenüber zu binden. Ich las die Depesche vor und erklärte, daß nunmehr mein Entschluß feststehe, mein Amt niederzulegen. Die Generale waren aufs äußerste betroffen. Moltke sagte: ›Sie sind schöne raus; Sie gehen nach Varzin zurück und bauen dort Ihren Kohl; wir aber als Soldaten müssen aushalten und zusehen, wie sich der König die französische Ohrfeige gefallen läßt.‹ Als ich die Depesche noch einmal überlas, fiel mein Auge auf die beim ersten Lesen übersehene Bemerkung am Schlusse, durch welche mir anheimgestellt wurde, die neue Forderung Benedettis und ihre Zurückweisung sogleich unserem Gesandten wie der Presse mitzuteilen. Da blitzte der Gedanke in mir auf: das kann die Möglichkeit geben, die Dinge in eine andere Bahn hinüberzuleiten. Ich fragte deshalb Moltke: ›Moltke, sind wir fertig?‹ ›Ja‹, erwiderte Moltke, ›wir sind fertig, und wir schlagen die Franzosen, denn die sind noch lange nicht fertig.‹ Dieselbe Antwort gab mir Roon. Da trat ich zur Seite und strich mit dem Bleistift die Depesche zusammen und las sie in verkürzter Fassung den Generalen vor. ›Wenn ich nun‹, sagte ich, ›die Depesche an die ‚Norddeutsche Allgemeine Zeitung' und die anderen Zeitungsexpeditionen in Berlin geben und in einer Viertelstunde an alle preußischen Gesandtschaften im In- und Auslande telegraphieren lasse, so kommt sie noch heute nacht von zwei oder drei Seiten nach Paris, und ich müßte die Franzosen nicht kennen, wenn sie uns daraufhin nicht den Krieg erklären.‹ Da sprang Moltke von seinem Stuhle in die Höhe, und der sonst so Schweigsame griff sich in die Brust und rief: ›Erst klang's wie Schamade, jetzt ist's Fanfare; wenn ich das noch erlebe, daß ich die Deutschen gegen die Franzosen zum Siege führe, dann mag der Teufel die alte Karkasse holen!‹ Und darauf aßen die Generale, daß es eine Lust für den Wirt war, zuzusehen.«[5]

Wie erwartet, folgte auf die Veröffentlichung der Emser Depesche die Kriegserklärung Frankreichs an Preußen, ungeachtet der Tatsache, daß mit dem öffentlich erklärten Verzicht des Erbprinzen Leopold von Hohenzollern-Sigmaringen auf den spanischen Thron der Anlaß des Streites genommen war. Frankreich bezog die Stellung des Angreifenden und brachte somit das deutsche Nationalgefühl ins Spiel – aus der dynastischen Frage war eine nationalpolitische geworden. Der bayerische Ministerpräsident Bray-Steinburg, der Bismarck an sich wenig zugetan war, erklärte im Landtag: »Von hier ab ändert sich die Natur der Sache; die spanische Kandidatur verschwindet, die deutsche Frage beginnt.«[5a]

Eben dies hatte Reichskanzler Graf von Beust, Bismarcks langjähriger Gegenspieler in Wien, zu verhindern versucht.[5b] Er wollte, ohne kriege-

Depesche an den Bundeskanzler.

Ems, 13. Juli 1870, 3 Uhr 50 N.

Seine Majestät der König schreibt mir:

Graf Benedetti fing mich auf der Promenade ab, um auf zuletzt sehr zudringliche Art von mir zu verlangen, ich sollte ihn autorisieren, sofort zu telegraphieren, daß ich für alle Zukunft mich verpflichtete, niemals wieder meine Zustimmung zu geben, wenn die Hohenzollern auf ihre Kandidatur zurückkämen. Ich wies ihn zuletzt etwas ernst zurück, da man à tout jamais dergleichen Engagements nicht nehmen dürfe noch könne. Natürlich sagte ich ihm, daß ich noch nichts erhalten hätte, und da er über Paris und Madrid früher benachrichtigt sei, als ich, er wohl einsähe, daß mein Gouvernement außer Spiel sei.

Seine Majestät hat seitdem ein Schreiben des Fürsten bekommen. Da Seine Majestät dem Grafen Benedetti gesagt, daß er Nachricht vom Fürsten erwarte, hat Allerhöchstderselbe, mit Rücksicht auf die obige Zumutung, auf des Grafen Eulenburg und meinen Rat beschlossen, den Grafen Benedetti nicht mehr zu empfangen, sondern ihm nur durch einen Adjutanten sagen zu lassen, daß Seine Majestät jetzt vom Fürsten die Bestätigung der Nachricht erhalten, die Benedetti aus Paris schon gehabt und dem Botschafter nichts weiter zu sagen habe.

Seine Majestät stellt Eurer Exzellenz anheim, ob nicht die neue Forderung Benedettis und ihre Zurückweisung sogleich sowohl unsern Gesandten als in der Presse mitgeteilt werden sollte. Abeken.

Zirkular-Depesche.

Berlin, 13. Juli 1870, 11 Uhr 15 Abends.

Nachdem die Nachrichten von der Entsagung des Erbprinzen von Hohenzollern der Kaiserlich französischen Regierung von der Königlich spanischen amtlich mitgeteilt worden sind, hat der französische Botschafter in Ems an Seine Majestät den König noch die Forderung gestellt, ihn zu autorisieren, daß er nach Paris telegraphiere, daß Seine Majestät der König sich für alle Zukunft verpflichte, niemals wieder seine Zustimmung zu geben, wenn die Hohenzollern auf ihre Kandidatur wieder zurückkommen sollten. Seine Majestät der König hat es darauf abgelehnt, den französischen Botschafter nochmals zu empfangen und demselben durch den Adjutanten vom Dienst sagen lassen, daß Seine Majestät dem Botschafter nichts weiter mitzuteilen habe.

rische Auseinandersetzung, eine politisch-diplomatische Demütigung Preußens und versuchte dies gemeinsam mit Frankreich, jedoch vergebens. Seit der Kammerdebatte am 6. Juli in Paris, bei der vor allem der Herzog von Gramont so herausfordernd, ja drohend gesprochen hatte, war deutlich geworden, daß die Scharfmacher dort, zu denen Napoleon III. selbst nicht gehörte, die Oberhand gewannen. Beust konnte da nicht mitspielen. »La manière de procéder du Gouvernement français nous paralyse complètement.«[5c] Am gleichen Tag telegraphierte Bismarck aus Varzin nach Ems:[5d] »Vielleicht erklärt sich Frankreichs Haltung teilweise aus der falschen Vorstellung, einen nicht nationalen Grund gegen Preußen gefunden zu haben.« Gerade diese Fehleinschätzung Frankreichs war es, die Beust am 11. Juli, zwei Tage vor der Emser Depesche, noch einmal kritisierte:[5e] »Ich sehe mit tiefem Bedauern, daß man in Paris alles, was möglich ist, tut, um dieses gute Terrain in ein sehr schlechtes Terrain zu verwandeln und daß man direkt darauf losgeht, die Öffentlichkeit Deutschlands wie Europas gegen sich aufzubringen.«

Frankreich hatte den Bogen überspannt und galt außerhalb seiner Grenzen als der Angreifer. Die »Times« erklärte in ihrem Leitartikel am 16. Juli: »Das größte nationale Verbrechen, das wir seit den Tagen des ersten französischen Kaiserreichs in diesen Spalten berichten mußten, ist begangen worden. Der Krieg ist erklärt – ein ungerechter, aber vorbedachter Krieg. Dieses entsetzliche Unglück, das Europa in Schrecken hüllt, ist, das ist jetzt nur zu klar, die Tat Frankreichs, *eines* Mannes in Frankreich; es ist das schließliche Resultat des persönlichen Regimes ...«[5f] Der »Morning Advertiser« schrieb am gleichen Tage nicht minder deutlich: »Der Krieg ist erklärt. Frankreich ist der Angreifer. Es hat den einleitenden Schritt getan in einem Streit, dessen Folgen kein menschliches Wesen voraussagen kann ... Niemals gab es einen Angriff einer oder der anderen Macht, der ungerechtfertigter, grundloser und deshalb frevelhafter war als dieser Krieg von seiten Frankreichs gegen Preußen.«[5g] Diese Stellungnahmen sind in ihrem eindeutigen Grundtenor kennzeichnend für die öffentliche Meinung in Europa in der zweiten Julihälfte 1870.

Gegenüber der Begeisterung, die die ersten Siege in Deutschland hervorriefen, blieb Bismarck sehr nüchtern und ernst. Aus Mainz schrieb er am 2. August 1870[6]: »Der Jubel der Volksmassen auf den Bahnhöfen war betäubend, mir zu viel für *jetzt*, sie sollten sich das sparen bis *nach* dem Siege, den Gott uns geben wolle.« Und über die Tapferkeit der Truppen[7]: »Ich habe ihnen nur *zu* große Todesverachtung vorzuwerfen, und deshalb hat die arme Infanterie schrecklich verloren namentlich Offiziere, und unter ihnen besonders Stabsoffiziere ... Sie muß sich das berserkerartige

Draufstürzen auf den Feind doch etwas abgewöhnen, denn so gutes Blut wie das unsrer Soldaten ist selten in der Welt.«

Schon bevor er Minister geworden war, hatte er einmal geschrieben: »Das Schwert unserer Gerechtigkeit kann nicht über die ganze Welt reichen...« Ganz in diesem Sinne und in entschiedener Ablehnung etwa eines »Kreuzzugsgedankens« mahnte er nach dem Siege von Sedan – ähnlich wie zuvor nach der Niederlage Dänemarks – nachdrücklich zum Maßhalten: »Die Politik hat die Bestrafung etwaiger Versündigungen von Fürsten und Völkern gegen das Moralgesetz der göttlichen Vorsehung dem Lenker der Schlachten zu überlassen. Sie hat weder die Befugnis noch die Pflicht, das Richteramt zu üben, sie hat sich unter allen Umständen einzig und allein zu fragen: Was ist hierbei der Vorteil meines Landes, und wie nehme ich diesen Vorteil am besten und fruchtbarsten wahr?... Die Politik hat nicht zu rächen, was geschehen ist, sondern zu sorgen, daß es nicht wieder geschehe.«[8]

Wie sehr solche Worte seinen Handlungen entsprachen, bewies auch der auf den Waffenstillstand mit Frankreich sehr bald folgende Friede. Und wie wenig Bismarck selbst in den zahlreichen Verhandlungen mit dem geschlagenen Gegner den überlegenen Sieger hervorzukehren geneigt war, sondern sich mit ihm auf gleiche Stufe stellte und ihm das Verhandeln, mindestens menschlich, zu erleichtern versuchte, mag eine kleine Begebenheit erhellen, die aus französischer Feder überliefert ist. Dazu ist noch vorauszuschicken, daß Bismarck ein leidenschaftlicher Raucher war. (Kurz nach seiner Ankunft in Petersburg 1859 z. B. hatte er seiner Frau geschrieben: »Das Einzige, was mich erbittert, ist, daß man auf der Straße nicht rauchen darf.«[9]) Über die Kapitulationsverhandlungen von Paris nun, Ende Januar 1871, erzählt Graf d'Herisson, der Gehilfe von Jules Favre, folgendes[10]: »Bevor die Verhandlungen anfingen, präsentierte der Kanzler Herrn Favre einen Zigarrenteller mit drei Zigarren und fragte ihn, ob er rauche. Jules Favre verneigte sich dankend und erklärte sich für einen Nichtraucher. ›Sie haben Unrecht‹, entgegnete der Kürassierdiplomat, ›wenn man ein Gespräch anfängt, das zu heftigen Erörterungen führen kann, so soll man rauchen. Sehen Sie‹, fuhr er fort, während er die Zigarre anzündete, ›wenn man raucht, so muß man die Zigarre zwischen den Fingern halten, man muß sie handhaben, darf sie nicht fallen lassen, und dadurch werden heftige Körperbewegungen vermieden und abgeschwächt. Was den geistigen Zustand anbelangt, so beraubt sie uns keiner unserer geistigen Fähigkeiten, aber sie bringt uns in einen Zustand gemütlicher Ruhe. Die Zigarre ist eine Zerstreuung, und dieser blaue Rauch, der in Windungen emporsteigt und dem das Auge unwillkürlich folgt, bezaubert uns und macht uns entgegenkommender. Das Auge ist beschäftigt, die Hand festgehalten, das Geruchsorgan befriedigt, man ist glücklich. In diesem Zustand ist man sehr aufgelegt, sich gegenseitige Zugeständnisse zu machen, und unser Geschäft, das der Diplomaten, besteht aus unaufhörlichen, wechselseitigen Zugeständnissen. Sie, der Sie nicht rauchen, haben über mich einen Vorteil: Sie sind aufmerksamer, und einen Nachteil: Sie sind geneigter, sich hinreißen zu lassen und der ersten Bewegung nachzugeben...‹«

Wärme und Sympathie sprachen aus der Charakteristik, die Bismarck seiner Frau in den schweren Verhandlungstagen von Thiers gibt[11]: »Es ging einen Tag wie den andern, täglich sechs auch sieben Stunden Thiers und Favre und mein kleiner Freund Thiers ist sehr geistreich und liebenswürdig, aber kein Geschäftsmann für mündliche Unterhandlungen. Der Gedankenschaum quillt aus ihm unaufhaltsam wie aus einer geöffneten Flasche, und ermüdet die Geduld weil er hindert zu dem trinkbaren Stoffe zu gelangen auf den es ankommt. Dabei ist er ein braver kleiner Kerl, weißhaarig, achtbar und liebenswürdig, gute *alt*französische Formen, und es wurde mir sehr schwer so hart gegen ihn zu sein wie ich mußte. Das wußten die Bösewichter, und deshalb hatten sie ihn vorgeschoben.«

Auch bei anderen Situationen in dieser spannungsgeladenen Zeit zeichnete ihn eine überlegene Gelassenheit aus, die mit besonderer Geistesgegenwart verbunden war. Als er am 1. März mit den einmarschierenden Truppen in Paris einritt, erkannte man ihn. Ein Blusenmann kam auf ihn zu und rief: »T'es une fameuse canaille.« »Ich konnte ihn«, so erzählte Bismarck, »gefangennehmen lassen, aber der Mut des Menschen gefiel mir.«[12] Auf einen anderen, der ihn besonders finster ansah, ritt er zu, bat ihn um Feuer, das er bereitwillig erhielt.[13]

Zu den im Rückblick umstrittensten Problemen des Friedens von Frankfurt (10. Mai 1871) gehört die Rückgliederung Elsaß-Lothringens an Deutschland.[14] Die Überlegung, dieses Gebiet zur Vergrößerung bestimmter deutscher Einzelstaaten aufzuteilen – und dieser Wunsch wurde wiederholt geäußert – lehnte er nachdrücklich ab: »Ich hatte in der Tat nicht gedacht, daß solche Gedanken über dynastischen Seelenschacher ohne jedes nationale Gesamtinteresse noch heut in dem Kopfe irgendeines deutschen Staatsmannes Platz finden würden.« Auch die Begründung, warum die Gebiete angegliedert werden sollten, unterschied sich sehr von der »Professorenidee«, wie er sagte, die das Deutschtum in diesen Ländern und die ehemalige Zugehörigkeit zum alten deutschen Reich betonte. Seine Überlegungen waren von strategischen Gesichtspunkten bestimmt. In einem Erlaß an den Botschafter in London[15] hieß es, »daß wir eine baldige Wiederholung der ungeheuren Opfer, welche dieser Krieg unserem Volke, von den Palästen bis zu den Hütten, kostet, nach Möglichkeit verhüten, und daß wir namentlich Süddeutschland gegen die Gefahr seiner offenen Lage besser sichern müssen als bisher, wo von Straßburg aus bei geschickter und energischer Führung nicht nur Baden, sondern Württemberg und Baiern jederzeit überfallen werden können. Wir stehn heute im Felde gegen den 12. oder 15. Ueberfall und Eroberungskrieg, den Frankreich seit 200 Jahren gegen Deutschland ausführt... Seit Ludwig XIV., unter ihm, unter der Republik, unter dem ersten Kaiserreich haben sich diese Einfälle immer und immer wiederholt.« Daraus folgerte er: »Die einzig richtige Politik ist unter solchen Umständen, einen Feind, den man nicht zum aufrichtigen Freunde gewinnen *kann*, wenigstens etwas unschädlicher zu machen und uns mehr gegen ihn zu sichern, wozu nicht die Schleifung seiner uns bedrohenden Festungen, sondern nur die Abtretung einiger derselben genügt.«

Es ist interessant und aufschlußreich, daß die historische Argumentation Bismarcks ganz der entspricht, die Leopold von Ranke wenige Monate später, im November 1870 gegenüber Adolphe Thiers in Wien, anführte. Auf die Frage Thiers', wogegen Deutschland kämpfe, erklärte Ranke, der Krieg sei »nicht... gegen Frankreich an und für sich, das wir in einer gewissen Größe zu sehen wünschten, als gegen die Politik Ludwigs XIV.« gerichtet.[16] Beide, Bismarck wie Ranke, sahen im deutsch-französischen Krieg nicht in erster Linie einen »Nationalkrieg«, sondern die Abwehr gegen französischen Ausdehnungsdrang und französische Hegemoniebestrebungen.

Daß bei der Angliederung auch Metz und französische Bevölkerungsteile zum Reich kamen, behagte Bismarck gar nicht. Nach der Unterzeichnung des Präliminarfriedens schrieb er an seine Frau[17], es sei mehr erreicht, »als ich für meine persönliche politische Berechnung nützlich halte. Aber ich muß nach oben und nach unten Stimmungen berücksichtigen, die eben *nicht* rechnen. Wir nehmen Elsaß und Deutsch-Lothringen, dazu auch Metz mit sehr unverdaulichen Elementen.« Wohl stimmte die französische Nationalversammlung wenige Tage später der Abtretung mit großer Mehrheit zu, aber alle in diesem Gebiet gewählten Abgeordneten stimmten dagegen, und Bismarck sollte mit den »unverdaulichen Elementen« nur zu sehr recht behalten.

Was wäre geschehen, wenn... Ob die Rückgliederung Elsaß-Lothringens ans Deutsche Reich eine Hypothek solchen Gewichtes geworden ist, daß sie für die Zukunft entscheidend in der Frage Krieg oder nicht Krieg werden konnte, ob das Belassen dieser Gebiete bei Frankreich eine kriegerische Auseinandersetzung verhindert hätte, diese immer wieder auftauchende Frage, die vielfach von einem unhistorischen Optativ geleitet und gelegentlich auch bejaht wird, natürlich ohne Belege, ist von kritischen Zeitgenossen schon zu einem Zeitpunkt gestellt worden, als die Gewitterwolken des Ersten Weltkrieges noch lange nicht in Sicht waren. Ein so kritischer Politiker, und dies auch gerade gegenüber Bismarck, wie Ludwig Bamberger, der zudem als Frankreichkenner galt, äußerte, etwa um 1895, dazu:[17a] »Meine eigene Überzeugung ist, daß der Haß gegen das siegreiche Deutschland und die Begierde nach Revanche ganz ebensogroß gewesen und geblieben wäre, selbst wenn man keinen Zollbreit Land abgerissen hätte. Aus menschlicher Rücksicht für die Bewohner wäre es wünschenswert gewesen, es bei Frankreich zu lassen; aus Rücksicht auf die eigene Sicherheit war Deutschland zur Einverleibung berechtigt, denn ohne die Gefahr des Angriffs zu mehren, vermehrte es die Mittel der Abwehr. Deutschland hätte, wenn Metz und Straßburg bei Frankreich geblieben wären, gerade so viel Grund gehabt, täglich auf einen Revanchekrieg gefaßt bleiben zu müssen, wie dies jetzt der Fall ist, und es hätte nur des Plus von Widerstandsmitteln entbehrt, welche diese festen Plätze gewähren... Kein Franzose hätte es den Deutschen gedankt, wenn sie auf Landerwerb verzichtet hätten, und die bloße Tatsache, daß sie Sieger gewesen, hätte genügt, das Rachebedürfnis lebendig zu erhalten.«

Die nüchterne und realistische Einstellung des Kanzlers wirkt besonders da überraschend und überzeugend, wo er ein wesentliches Ziel seiner Wegstrecke erreicht hat. Nachdem die Verhandlungen zwischen ihm und den bayrischen Bevollmächtigten am 23. November 1870 abgeschlossen waren, erklärte er: »Nun wäre der bayrische Vertrag fertig und unterzeichnet. *Die deutsche Einheit ist gemacht, und der Kaiser auch.* Es ist ein Ereignis. Die Zeitungen werden nicht zufrieden sein, und wer einmal in der gewöhnlichen Art Geschichte schreibt, kann unser Abkommen tadeln. Er kann sagen, der dumme Kerl hätte mehr fordern sollen; er hätte es erlangt, sie hätten gemußt, und er kann recht haben – mit dem Müssen. Mir aber lag mehr daran, daß die Leute mit der Sache innerlich zufrieden waren – was sind Verträge, wenn man muß! – und ich weiß, daß sie vergnügt fortgegangen sind. – Ich wollte sie nicht pressen, die Situation nicht ausnutzen. Der Vertrag hat seine Mängel, aber so ist er fester. Was fehlt, mag die Zukunft beschaffen... Ich rechne ihn zu dem Wichtigsten, was wir in diesen Jahren erreicht haben.« Und er fügte hinzu: »Was den Kaiser betrifft, so habe ich ihnen den bei den Verhandlungen damit annehmbar gemacht, daß ich ihnen vorstellte, es müsse für ihren König doch be-

quemer und leichter sein, gewisse Rechte an den *deutschen Kaiser* abzutreten, als an den benachbarten *König von Preußen.*«[18]
Allerdings traten in den folgenden Wochen noch unerwartete Schwierigkeiten im eigenen Lager auf. Wilhelm I. wäre bereit gewesen, den Titel »Kaiser von Deutschland« anzunehmen. Die staatsrechtliche Konstruktion der Reichsgründung und die Rücksichtnahme auf die anderen deutschen Fürsten ließ dies jedoch kaum zu. Gegen die Bezeichnung »Deutscher Kaiser« aber sträubte sich der preußische Monarch sehr entschieden. Ihm schien sie nichtssagend, und lieber wollte er König von Preußen bleiben und auf den Kaisertitel verzichten.[19] Die schweren Auseinandersetzungen, die Bismarck in den Tagen unmittelbar vor der Kaiserproklamation derart belasteten, daß er fast zusammenbrach, wirkten noch nach, als er an seine Frau schrieb[20]: »Diese Kaisergeburt war eine schwere, und Könige haben in solchen Zeiten ihre wunderlichen Gelüste, wie Frauen, bevor sie der Welt hergeben, was sie doch nicht behalten können. Ich hatte als Accoucheur mehrmals das dringende Bedürfnis eine Bombe zu sein und zu platzen, daß der ganze Bau in Trümmern gegangen wäre. Nötige Geschäfte greifen mich wenig an, aber die unnötigen verbittern.«
Gespräche und Briefe sind unerläßliche Komplementärfarben, besonders auch da, wo das Stimmungsbild in der Öffentlichkeit eindeutig vom »Erfolg« und »Sieg« bestimmt scheint.

Die deutsche Einheit war 1871 erreicht. Die Reichsidee fand Ausdruck in der heute fast vergessenen Proklamation König Wilhelms I. am 18. Januar in Versailles:
»An das deutsche Volk.
Wir, Wilhelm, von Gottes Gnaden König von Preußen, nachdem die deutschen Fürsten und freien Städte den einmütigen Ruf an Uns gerichtet haben, mit Herstellung des Deutschen Reiches die seit mehr denn sechzig Jahren ruhende deutsche Kaiserwürde zu erneuern und zu übernehmen; und nachdem in der Verfassung des Deutschen Bundes die entsprechenden Bestimmungen vorgesehen sind, bekunden hiermit, daß Wir es als eine Pflicht gegen das gemeinsame Vaterland betrachtet haben, diesem Rufe der verbündeten deutschen Fürsten und Städte Folge zu leisten, und die deutsche Kaiserwürde anzunehmen.
Demgemäß werden Wir und Unsere Nachfolger an der Krone Preußens fortan den Kaiserlichen Titel in allen Unseren Beziehungen und Angelegenheiten des Deutschen Reiches führen und hoffen zu Gott, daß es der Deutschen Nation gegeben sein werde, unter dem Wahrzeichen ihrer al-

ten Herrlichkeit das Vaterland einer segensreichen Zukunft entgegenzuführen.

Wir übernehmen die Kaiserliche Würde in dem Bewußtsein der Pflicht, in deutscher Treue die Rechte des Reichs und seiner Glieder zu schützen, den Frieden zu wahren, die Unabhängigkeit Deutschlands, gestützt auf die geeinte Kraft seines Volkes, zu verteidigen. Wir nehmen sie an in der Hoffnung, daß dem Deutschen Volke vergönnt sein wird, den Lohn seiner heißen und opfermutigen Kämpfe in dauerndem Frieden und innerhalb der Grenzen zu genießen, welche dem Vaterland die seit Jahrhunderten entbehrte Sicherung gegen erneute Angriffe Frankreichs gewähren.

Uns aber und Unseren Nachfolgern an der Kaiserkrone wolle Gott verleihen, allzeit Mehrer des Deutschen Reichs zu sein, nicht an kriegerischen Eroberungen, sondern an den Gütern und Gaben des Friedens auf dem Gebiete nationaler Wohlfahrt, Freiheit und Gesittung.«

In diesen fünf Sätzen manifestiert sich das Bismarckreich. Ohne Pose und falsches Pathos – das blieb der wilhelminischen Zeit vorbehalten –, ohne Haß, den 1919 gewisse »Peacemakers« am gleichen Ort zu praktizieren suchten, und ohne Lüge, Propaganda und viel Schlimmeres noch, das die Proklamationen des Totalitarismus bis heute kennzeichnet, wird hier das Bekenntnis zum Frieden – allein dieses Wort fällt dreimal –, zur Freiheit und zur Gesittung gesprochen; einfach und würdig, zu einem Zeitpunkt, in dem die Kampfhandlungen nicht weit entfernt noch im Gange sind. Dieses Dokument bedeutet den Schlußpunkt der großen territorialen Revolution von 1864 bis 1871, jener Umwälzung, die ganz Europa in Atem gehalten hat. Deutlich spürt man die Handschrift des Staatsmannes. Mit der ausdrücklichen Ablehnung der »kriegerischen Eroberungen« wird aller Welt kundgetan, daß Deutschland nunmehr »saturiert« ist.[21]

»Die große Seele Deutschlands, die viele Menschenalter hindurch wie ein Gespenst in der Weltgeschichte umging, hat endlich wieder einen festen Körper gefunden.« So urteilte wenige Monate später Carl Schurz, der demokratische Revolutionär, der 1848 ganz andere Wege und Grundlagen der deutschen Einheit erstrebt hatte. Gleich ihm waren die meisten ehemaligen Gegner ausgesöhnt, und viele in- und ausländische Zeitgenossen hegten wie er die gleiche Auffassung und Hoffnung vom neugeschaffenen Staatswesen.[22]

Zweiter Teil

I

Bismarck und Europa

Sollte die große territoriale Umwälzung im innerdeutschen Bereich eine Konsolidierung von Dauer erfahren, so war dazu unerläßlich der Friede nach außen. Würden die ausländischen Mächte mit der entscheidenden Gewichtsverlagerung im Herzen Europas sich abzufinden bereit sein? Die politischen Ereignisse von 1848/49 hatten jedermann deutlich gemacht, daß alle Nachbarstaaten, Österreich eingeschlossen, sich entschieden und auch mit Gewalt gegen die Errichtung eines festen deutschen Nationalstaats wandten. Diese Grundeinstellung hatte sich während der deutschen Einigungskriege nicht geändert. Ende 1870 schrieb Bismarck nach Berlin: »Daß die Konsolidierung Deutschlands von irgendeiner für uns ins Gewicht fallenden auswärtigen Macht mit beifälligen Blicken betrachtet werde, ist mir nicht bekannt.«[1] Dem Staatsmann aber war es gelungen, die Kriege stets unter Kontrolle zu halten und den Primat des Politikers gegenüber dem Strategen zu wahren. Die Kontrolle nach außen gelang ihm nicht minder, indem er die Kriege zu lokalisieren verstand und die Einmischung fremder Mächte verhinderte.[2]

1864 berief er sich auf das auch von Preußen 1852 mitunterzeichnete Londoner Protokoll, das die internationale Garantie für Schleswig-Holstein bot, ungeteilt zu bleiben. Indem Dänemark sich darüber hinwegsetzte und durch eine neue Verfassung Schleswig in den dänischen Staat einverleibte, konnte Preußen unter Berufung auf den verletzten europäischen Vertrag die schleswig-holsteinische Frage, entgegen den Absichten der anderen europäischen Staaten und sogar im Bunde mit Österreich, bereits im Sinne einer deutschen Lösung erledigen. Dem österreichischen Außenminister Graf Rechberg schrieb Bismarck im Januar 1864, die Voraussetzung des Erfolges beruhe darauf, daß »wir uns beiderseitig auf den praktischen Boden der Kabinettspolitik stellen, ohne uns die Situation durch den Nebel trüben zu lassen, welcher aus den Doktrinen deutscher Gefühlspolitiker aufsteigt.« Dieser Weg trug ihm den Vorwurf vieler Zeitgenossen ein, war er doch gar nicht geeignet, den in Deutschland vorherrschenden nationalen Gefühlen und Stimmungen der Begeisterung für die Schleswig-Holsteiner Raum zu lassen. Der Abgeordnete Virchow verwahrte sich dagegen, daß der Kanzler die schleswig-holsteinische Frage aus einer deutschen zu einer europäischen gemacht habe. Darauf erwiderte Bismarck: »Solange wir in Europa wohnen und nicht etwa mit Dänemark auf einer isolierten Insel, so lange müssen wir uns auf den europäischen Standpunkt stellen, und ich lasse mir diesen Vorwurf ebenso bereitwillig gefallen, als den, daß ich eine zu preußische Politik triebe.«[3] Ebenso wie diese Antwort machte auch seine Behandlung der schleswig-holsteinischen Frage deutlich, wie fern er der nationalstaatlichen Epoche stand. Er selbst hat die Lösung dieser Frage als sein größtes diplomatisches Meisterstück angesehen.[4]

1866 kam es gerade noch zeitig zum Waffenstillstand. Wenige Stunden danach versuchte Napoleon III. zu intervenieren, und die russische Intervention wäre auch kurz darauf erfolgt. In Rußland war man über die preußische Politik außerordentlich beunruhigt. Daß Bismarck im April 1866 ein Nationalparlament angekündigt hatte, empfand der Zar ebenso wie sein Außenminister Gortschakow geradezu als revolutionär. Anders war es auch nicht gemeint. Noch in den Erinnerungen schrieb Bismarck dazu: »Im Hinblick auf die Nothwendigkeit, im Kampf gegen eine Übermacht des Auslandes im äußersten Nothfall auch zu revolutionären Mitteln greifen zu können, hatte ich auch kein Bedenken getragen, die damals stärkste der freiheitlichen Künste, das allgemeine Wahlrecht... mit in die Pfanne zu werfen, um das monarchische Ausland abzuschrecken von Versuchen, die Finger in unsere nationale omelette zu stecken.«

Auch gegen die geplanten Annexionen in Deutschland verwahrte sich der Zar sehr nachdrücklich mit dem Hinweis darauf, daß beim Verschwinden ganzer Dynastien das monarchische Prinzip empfindlich geschwächt werde. Unbeirrt davon telegraphierte Bismarck nach Petersburg[5]: »Pression des Auslandes wird uns zur Proklamierung der deutschen Reichsverfassung von 1849 und zu wirklich revolutionären Maßregeln treiben.« Seinen politischen Standort faßte er in den lapidaren Zusatz: »Soll Revolution sein, so wollen wir sie lieber machen als erleiden.«[6] Der schnelle Friedensschluß, zumal ohne Annexionen gegenüber Österreich und Sachsen, ließ die letzten Hoffnungen auf Änderung der neu geschaffenen Lage zerrinnen.

»Rache für Sadowa!« (Gemeint war damit die Schlacht von Königgrätz.) So lautete in Frankreich fortan die Parole für interventionistisch-aggressive und annexionistische Gelüste gegenüber Preußen-Deutschland[7], eine Parole, deren Verwirklichung durch die Schlacht von Sedan zunichte gemacht wurde. Diese Wende aber rief vor allem England auf den Plan, das bis dahin gegenüber Preußen-Deutschland wohlwollende Neutralität gezeigt hatte. Der Vormarsch auf Paris jedoch, die Belagerung, die Kaiserproklamation und die endgültige Niederwerfung Frankreichs beunruhigten London in höchstem Maße; England nahm plötzlich eine ausgesprochen unfreundliche Haltung ein. Man erkannte hier wohl am ehesten, welch eine politische Gewichtsverlagerung sich auf dem Kontinent anbahnte, und fürchtete schlimme Rückwirkungen auf die eigene zukünftige Lage. Der konservative Oppositionsführer und spätere englische Ministerpräsident Disraeli erklärte am 9. Februar 1871 vor dem Unterhaus: »Dieser Krieg bedeutet die deutsche Revolution, ein größeres politisches Ereignis als die französische Revolution des vergangenen Jahrhunderts... Nicht ein Einziger der Grundsätze der Handhabung unserer auswärtigen Angelegenheiten, welche noch vor einem halben Jahr von allen Politikern als selbstverständliche Richtlinien anerkannt wurden, steht noch heute in Geltung. Es gibt keine überkommene Auffassung der Diplomatie, welche nicht fortgeschwemmt wäre. Wir stehen vor einer neuen Welt, neue Einflüsse sind am Werk; ...Das Gleichgewicht der Macht ist völlig zerstört; und das Land, welches am meisten darunter leidet, und welches die Wirkungen dieses großen Wechsels am meisten zu spüren bekommt, ist England.« Bei diesen oft zitierten Worten muß allerdings berücksichtigt werden, daß sie von der Opposition kommen, die die Verantwortung des Regierens nicht trägt und deutlicher sprechen kann. Ihre Überspitzung rührte außerdem daher, daß Disraeli sich gegen die Konzeption Gladstones wandte, die den sozialen Reformen den Vorrang vor außenpolitischen Aktivitäten gab. Dennoch bleibt die Sorge, das Mißtrauen bemerkenswert, das die neue sich abzeichnende politische Kräftekonzentration in Mitteleuropa auch auf der Insel hervorrief.

Die Frage, ob Bismarck ein Revolutionär war, wird hier unter außenpolitischen Aspekten unzweideutig und mit Recht bejaht. Diese Frage hatten sich die Zeitgenossen oft gestellt, und sie ist für die Beurteilung seiner Politik zweifellos von entscheidender Bedeutung.[8] Mehr von den innerdeutschen Verhältnissen ausgehend, die Ludwig Bamberger in seiner Pariser Emigration mit unvermindertem Interesse verfolgte, kam dieser ehemalige Revolutionär von 1848 zu dem Ergebnis, daß »ein gegebener Staat in gegebener Lage auch durch etwas anderes als durch Massenaufstand umgeformt« werden könne. In der Absicht, Bismarcks Politik den Franzosen zu erläutern, brachte er eine Studie über »Monsieur de Bismarck« heraus, die im Februar 1868 in der Pariser »Revue moderne« erschien. Die Kernfrage dieser Schrift, die auch ins Deutsche (1868), Englische (1869) und Italienische (1870) übersetzt wurde, war, »wieviel Wichtigkeit man in dem deutschen Entwicklungsgang dem Eingreifen des revolutionären Elements zuzuschreiben habe«.[9] Bamberger stellte Bismarck als geborenen Revolutionär dar[10] und bemerkte dazu noch: »Das revolutionäre Bewußtsein ist dasjenige, welches sich im Besitz eines heroischen Mittels glaubt, um zum höchsten Gut zu gelangen.«[11] Diese wenn auch einseitige Beurteilung enthält zweifellos etwas Richtiges; Bismarck selbst hat noch 1882 vor dem Reichstag bekundet, daß er auf diese Schrift stolz sei.[12] Aber das konservative Element, das Bamberger unerwähnt läßt und das doch unüberhörbar selbst in Bismarcks Antwort an den Zaren mitklingt, hat Jacob Burckhardt, der natürlich ebensowenig wie Bamberger jene Antwort kannte, bereits 1872 deutlich empfunden. An einen Freund[13] schrieb er: »Bismarck hat nur in eigene Hand genommen, was mit der Zeit doch geschehen wäre, aber ohne ihn und gegen ihn. Er sah, daß die wachsende demokratisch-soziale Woge irgendwie einen unbedingten Gewaltzustand hervorrufen würde, sei es durch die Demokraten selbst, sei es durch die Regierungen, und sprach: ipse faciam, und führte die 3 Kriege 64, 66, 70.« Der Hinweis Burckhardts auf die neuen und immer stärker werdenden Kräfte der damaligen Gegenwart vermittelt einen weiteren wesentlichen Zugang zu dem das Reich gründenden Staatsmann, den man für die Zeit bis 1871 als konservativen Revolutionär bezeichnen kann.

Mit der »Krieg-in-Sicht-Krise« mußte Bismarck den begrenzten Spielraum erkennen, den die europäischen Mächte, vor allem England und Rußland, dem neuen Reich zuzumessen bereit waren. Am 8. April 1875 hatte die als offiziös angesehene »Post« einen Artikel mit der aufsehenerregenden Überschrift »Ist der Krieg in Sicht?« veröffentlicht, der erhebliche Unruhe in der europäischen Diplomatie hervorrief und die Fiktion eines vielleicht bevorstehenden deutsch-französischen Krieges aufkommen ließ. Sollte man nicht dem rüstenden Frankreich zuvorkommen? Das am 13. März 1875 von der französischen Nationalversammlung verabschiedete Kadergesetz bot den Rahmen für eine erhebliche Verstärkung der französischen Armee und rief im deutschen Generalstab, wo man die Bedeutung des Gesetzes überschätzte, große Besorgnisse hervor. Hier und da sprach man auch von der Möglichkeit eines Präventivkrieges[13a], mit dem man einem vermeintlichen französischen Revanchekrieg zuvorkommen wollte. Äußerungen dieser Art gelangten zum Leiter der französischen Außenpolitik, dem Herzog von Decazes, einem »feinen Gascogner« (G. Hanotaux), der sie wiederum verdichtend und dichtend nach London und Petersburg gelangen ließ, mit der Bitte um Unterstützung – gegen einen bevorstehenden deutschen Angriff. Dies auch ungeachtet der Tatsache, daß der Deutsche Kaiser am 15. April dem französischen Militärattaché beruhigende Versicherungen gegeben hatte[13b], ebenfalls der deutsche Botschafter am 25. April ihm, dem französischen Außenminister.

Die diplomatische Intrige, die von einer internationalen Pressekampagne begleitet wurde[13c], rief unerwartete internationale Spannungen hervor. England plante, für das angeblich bedrohte Frankreich einzutreten und Rußland, Österreich und Italien zu einem gemeinsamen Schritt in Berlin einzuladen. Zeitlich fiel dieses Vorhaben zusammen mit einem Besuch Alexanders II. und Gortschakows in der deutschen Hauptstadt, wo sich beide von der friedlichen Atmosphäre überzeugen konnten. Gortschakow hinderte dies aber nicht, ein Rundtelegramm bei seiner Abfahrt zu versenden, aus dem man herauslesen konnte, daß Rußland zur Erhaltung des Friedens beigetragen hätte.[13d] Bismarck war erbost. Er machte Gortschakow den Vorwurf, »einem vertrauenden und nicht ahnenden Freunde plötzlich und hinterrücks auf die Schulter« gesprungen zu sein, »um dort eine Circus-Vorstellung auf dessen Kosten in Scene zu setzen«.

Nach Erscheinen des Zeitungsartikels hatte Bismarck im Kreise seiner Mitarbeiter erklärt, es sei ganz nützlich, »wenn gelegentlich einmal ein recht helles Schlaglicht auf die verwirrte Situation geworfen wird. Von Krieg ist gar keine Rede.«[13e] Er wollte das so überraschend schnell wiedererstarkte Frankreich unter Druck setzen. Ende Mai äußerte er:[13f] »Wir halten Frieden, indem wir uns kampfbereit zeigen. Man greift nicht leicht jemand an, dem der Degen lose in der Scheide sitzt. Ein fest genietetes Kadettenschwert fürchtet niemand.« Lucius fügte hinzu: »Es klang wie eine Instruktion für Staatssekretär von Bülow, welcher anwesend war.«

Bismarck hatte sich verrechnet. Statt der beabsichtigten Isolierung Frankreichs sah sich Deutschland isoliert. Eine Koalition zwischen England und Rußland, wenn auch nur vorübergehend, hatte sich deutlich abgezeichnet, zugunsten Frankreichs. Die Frage der europäischen Hegemonie spielte im Hintergrund mit. Die europäischen Flügelmächte fühlten sich mindestens mittelbar herausgefordert. Ihre Interessen stimmten darin überein, daß Frankreich nicht zu schwach und Deutschland nicht zu stark werden dürfe. Darüber wachte Gortschakow besonders aufmerksam. »Sie wissen«, äußerte Bismarck später gegenüber Moritz Busch[13g], »wie Rußland uns nie zu stark gegen Frankreich werden lassen wollte, weil dann der Wert seiner Freundschaft und seines etwaigen Beistandes gesunken wäre. Wir sollten von ihm abhängig bleiben, ihm zu Gegendiensten verpflichtet.« Die Erfahrungen im April/Mai 1875 lehrten ihn, fortan eine besondere Zurückhaltung zu üben – eine dynamische Außenpolitik stieß schnell auf spürbare Grenzen.

Die deutsche Einigung war – das hatte nicht zuletzt auch die Stellungnahme Disraelis verdeutlicht – in letzter Stunde noch gelungen und, wie Bismarck formulierte, »unter dem bedrohenden... Gewehranschlag des übrigen Europa«.[14] Das Mißtrauen gegenüber dem jungen Reiche zu beseitigen schien Bismarck nun am ehesten dadurch gewährleistet, daß Deutschland, wie schon die Kaiserproklamation kundgetan hatte, keinerlei territoriale Veränderungen für sich in Europa anstrebte und daß es vor allem kraft seines neuen Eigengewichtes ein »Bleigewicht am Stehaufmännchen Europa« wurde. Disraelis politische Diagnose enthielt insofern einen richtigen Kern, als sie die Verschiebung des europäischen Gleichgewichts klar erkannt hatte. Berlin sollte fortan der Mittelpunkt werden, von dem aus das kontinentale Gleichgewicht ausbalanciert wurde. Bismarck dachte dabei stets im europäischen Rahmen mit der Fähigkeit und Bereitschaft, die Lebensinteressen der anderen Staaten zu würdigen und zu berücksichtigen. Beim Heraufziehen der Orientkrise 1877 umriß er im sogenannten Kissinger Diktat diese Konzeption einer deutschen Gleichgewichtspolitik, bei der ihm folgendes Bild vorschwebte: »nicht das irgend eines Ländererwerbs, sondern das einer politischen Gesamtsituation, in welcher alle Mächte außer Frankreich unser bedürfen, und von Koalitionen gegen uns durch ihre Beziehungen zueinander nach Möglichkeit abgehalten werden.«[15] Die gefährliche Lage Deutschlands skizzierte er mit den Worten, daß »Millionen Bajonette ihre polare Richtung doch im ganzen in der Hauptsache nach dem Zentrum Europas haben, daß wir im Zentrum Europas stehen und schon infolge der ganzen europäischen Geschichte den Koalitionen anderer Mächte vorzugsweise ausgesetzt sind«.[16] Dementsprechend entwickelte er ein kompliziertes Bündnissystem mit unterschiedlichen Abstufungen. Der Umstand, daß er Frankreich in dieses System nicht miteinzubeziehen vermochte, ließ ihn doch nicht die Bedeutung übersehen, die dieses Land innerhalb des europäischen Gleichgewichts einnahm. Bezeichnend dafür ist seine Bemerkung aus dem Jahre 1887[17]: »Frankreichs Fortbestehen als Großmacht ist für uns ebenso ein Bedürfnis, wie das jeder andern der Großmächte, allein schon aus dem Grunde, weil wir für gewisse Fälle eines maritimen Gegengewichts zur See gegen England bedürfen.«

Diese Ausführungen erinnern an die Sätze, die er 1863 an Virchow gerichtet hatte, und verdeutlichen die stete Denkweise im Rahmen des Europäischen. Andererseits war Bismarck sich der Grenzen des europäischen Solidaritätsgefühls sehr bewußt und überaus hellhörig gegenüber solchen Politikern, die mit dem Ausdruck »Europa« im eigenen Interesse hausieren gingen. Im Varziner Diktat vom 9. November 1876, dessen ungenannter Adressat Gortschakow war, verwahrte er sich nachdrücklich gegen die »Spiegelfechterei mit dem Europäertum« und erklärte[18]: »Ich habe das Wort ›Europa‹ immer im Munde derjenigen Politiker gefunden, die von anderen Mächten etwas verlangten, was sie im eigenen Namen nicht zu fordern wagten; so die Westmächte im Krimkriege und in der polnischen Frage von 1863, so Thiers im Herbst 1870 und Graf Beust, als er das Mißlingen seiner Koalitionsversuche gegen uns mit dem Worte ausdrückte: ›Je ne vois plus l'Europe.‹ Im vorliegenden Falle versuchen Rußland sowohl wie England abwechselnd uns als Europäer vor den Wagen ihrer Politik zu spannen, den zu ziehen wir als *Deutsche*, wie sie selbst wohl einsehen, keinen Beruf haben.« Bei der polnischen Frage von 1863, auf die Bismarck hier anspielte, handelte es sich darum, daß der englische Botschafter erklärt hatte, Europa werde es niemals dulden, wenn Preußen möglicherweise Polen besetze. Der wiederholte Gebrauch des Wortes »Europa« veranlaßte Bismarck zur Gegenfrage: »Who is Europe?« Der Diplomat wich aus: »Mehrere große Nationen (several great nations).« Und auf Bismarcks weitere Frage, »ob diese Nationen unter sich in dieser Beziehung einig seien, vermied der Botschafter es, dies positiv zu behaupten...«[19] Mit treffsicherer Ironie deckte Bismarck hier englische Interessen auf, die als europäisch vorgegeben waren.

Wie stark sich Bismarck dem Konzert der Mächte verpflichtet fühlte, wenn es sich um echte europäische Belange handelte, beweisen vornehmlich auch seine Bemühungen auf dem Berliner Kongreß. Er sollte die ernste internationale Lage entspannen, die der russisch-türkische Krieg hervorgerufen hatte. England und Rußland standen sich wegen der Meerengenfrage feindlich gegenüber, und der Machtzuwachs Rußlands auf dem Balkan nach den Siegen über die Türkei führte außerdem zu sehr gespannten Beziehungen zwischen Wien und Petersburg. Ratschläge deutscher Zeitungen gingen damals dahin, daß der Kanzler die deutsche Politik festlegen und sie so oder so den anderen Staaten aufdrängen sollte, eine Auffassung, die er ablehnte, weil sie mehr »Preßpolitik als Staatenpolitik« sei. Außerdem widersprach sie ganz seiner früher schon geäußerten Grundauffassung, daß Deutschland in der orientalischen Frage nur »Mindestbeteiligter« sei und daß er dort kein Interesse sehe, »welches auch nur die gesunden Knochen eines einzigen pommerschen Musketiers wert wäre«.[20] In seiner Rede vom 19. Februar 1878 vor dem Reichstag[21] warnte er zugleich auch das Ausland vor übertriebenen Hoffnungen und goß nach jeder Richtung Öl auf die Wogen, die eine bedenkliche Höhe erreicht hatten. »L'heure qui sonnait était l'heure du prince de Bismarck... Lui seul, en Europe, pouvait prononcer le quos ego«, so charakterisiert der französische Historiker Hanotaux diese entscheidende Stunde.[22] Dem »Kitzel, eine Richterrolle in Europa zu spielen«, so führte der Kanzler aus, wolle er nicht eine lang erprobte Freundschaft opfern. »Die Vermittlung des Friedens denke ich mir nicht so, daß wir nun bei divergierenden Ansichten den Schiedsrichter spielen und sagen: So soll es sein, und dahinter steht die Macht des Deutschen Reiches, sondern ich denke sie mir bescheidener, ... mehr die eines ehrlichen Maklers, der das Geschäft wirklich zustandebringen will.«

Kurz und sehr abgewogen berührte er die Beziehungen Deutschlands zu den einzelnen Mächten, in erster Linie mit den befreundeten Grenznachbarn, »Grenznachbarn auf langgedehnten Grenzstrecken«, dann »die seit einem Lustrum bestehende Einigkeit der drei Kaiserhöfe, die aber auch dem vertrauten Verhältnis entspricht, in dem wir mit einem anderen Hauptinteressenten, mit England, uns befinden«. Glücklicherweise bestehe kein Interessenstreit, der die zwei arbeitsamen, friedliebenden Nationen in Krieg bringen könne. »Und ich schmeichle mir deshalb, daß wir auch zwischen England und Rußland unter Umständen ebensogut Vertrauensperson sein können, als ich sicher bin, daß wir es zwischen Österreich und Rußland sind, wenn sie sich nicht von selbst einigen können.«

Deutschland, so bemerkte Bismarck weiter, habe nicht den napoleonischen Weg zu gehen, »um, wenn nicht der Schiedsrichter, auch nur der Schulmeister in Europa sein zu wollen«. Und gegenüber dem Ansinnen, daß Deutschland unter Umständen auf Grund seiner Macht zugunsten der einen oder anderen Seite intervenieren solle, betonte er am Schluß seiner Rede: »Nur für den Schutz unserer Unabhängigkeit nach außen, unserer Einigkeit unter uns und für diejenigen Interessen, die so klar sind, daß, wenn wir für sie eintreten, nicht bloß das einstimmige notwendige Votum des Bundesrats, sondern auch die volle Überzeugung, die volle Begeisterung der Nation uns trägt – einen solchen Krieg bin ich bereit, dem Kaiser anzuraten!«

Diese Rede – sie kann hier nur in Proben wiedergegeben werden – mit ihrem Bekenntnis zum friedlichen Ausgleich, hinterließ einen außerordentlichen Eindruck in ganz Europa. Gambetta, der politische Gegner von 1870/71, der den Kanzler sonst als »Monstre« zu bezeichnen pflegte, schrieb am folgenden Tage[23]: »Ich bin entzückt, bezaubert, es ist gerade das, was ich gewünscht und erwartet hatte. Es ist wahrlich mehr, als wir hoffen durften von dem phantastischen und gewalttätigen Geiste des genialen Abenteurers, der das neue Deutschland mit Eisen und Feuer geschaffen hat. Jetzt steigt in diesem Mann die strahlende Morgenröte des

Rechts empor. Es steht jetzt bei uns, von den Umständen, den Dispositionen, den ehrgeizigen Rivalitäten Nutzen zu ziehen, um unsere berechtigten Rückforderungen zu stellen, und, im Einverständnis mit ihm, die neue Ordnung zu begründen.« Jahrzehnte später noch, 1908, beurteilte Hanotaux[24] Bismarcks Ausführungen als »eine einzigartig kühne Initiative, die vielleicht zum ersten Male aus der diplomatischen Leistung ein Werk des hellen Tageslichtes macht und ihr alle Vorteile einer überlegten und berechneten Publizität verleiht... Seine bewunderungswürdige Kraft besteht darin... mitten in Kampf und Polemik, in der Erwiderung an die Gegner, die seinen Sinn übertreiben, die Nuancen zu unterscheiden, die Grenzen zu bezeichnen, die Grade und Feinheiten festzustellen, die ihm seine eigentümliche Physiognomie geben und ihm die volle Autorität über Menschen und Dinge verleihen. Der große Staatsmann vollbringt in dieser ungeheuren und weitausholenden, stoffüberladenen und von gedrängten Gedanken überschwellenden Rede das wahre Meisterwerk des parlamentarischen Diplomaten; indem er den kürzesten Weg einschlägt, ohne seine Karten aufzudecken, stößt er schrittweise zum Ziele vor, auf einem kunstvoll gestaffelten Näherungswege. Er bestimmt die Zukunft und öffnet ihr die Wege durch die geniale Art, mit der er die Gegenwart erklärt.«
Der Friede kam zustande, ebenfalls eine internationale Entspannung. Nachhaltig war auch der Eindruck, den Bismarck in persönlichem Umgang auf die ausländischen Diplomaten hinterließ, besonders auf die englischen. Disraeli, jetzt englischer Premierminister, schrieb über ihn an die englische Königin: »Seine Ansichten sind über jeden Gegenstand originell, aber ohne Absichtlichkeit oder Neigung zur Paradoxie. Er spricht wie Montaigne schreibt.«[25] Aber auch Bismarck begegnete Disraeli mit zunehmender Hochschätzung und Sympathie, die er am Ende des Kongresses in den bekannten Satz zusammenfaßte: »Der alte Jude, das ist der Mann!«[26] Die deutsch-russischen Beziehungen allerdings waren fortan einer schweren Eintrübung ausgesetzt, weil Rußland die Bedingungen des Vorfriedens von San Stefano nicht hatte durchsetzen können und Gortschakow die Hauptschuld dafür Bismarck gab, obwohl dieser die russischen Wünsche denkbar unterstützt hatte. So wich der »cauchemar des coalitions« nicht vom deutschen Reichskanzler; neue Wege mußten gefunden werden, um den Druck wenigstens zu mindern.

Die dauernde Anspannung, die die politische Arbeit erforderte, sowie die Fülle der zu treffenden Entscheidungen führte in Verbindung mit der außerordentlichen Sensibilität Bismarcks zu mancherlei Reibungen, die

gelegentlich ungewöhnlich scharfe Formen annahmen, besonders dann, wenn es nach Bismarcks Meinung galt, »als Vorgesetzter die amtliche Autorität zu wahren«. So fand die Auseinandersetzung, die Bismarck in den 60er Jahren mit Graf v. d. Goltz geführt hatte, eine Parallele in seinem Kampf gegen Graf Harry Arnim, den deutschen Botschafter in Paris seit Ende 1871. Er verfolgte gegenüber Frankreich eine andere Politik als die ihm vorgeschriebene. Es ist bezeichnend, mit welch spitzer Feder Bismarck ihn noch in »Erinnerung und Gedanke« zeichnete, unter dem Kapitel »Intrigen«: »Graf Harry Arnim vertrug wenig Wein und sagte mir einmal nach einem Frühstücksglase: ›In jedem Vordermanne in der Carrière sehe ich einen persönlichen Feind und behandle ihn dementsprechend. Nur darf er es nicht merken, solange er mein Vorgesetzter ist.‹ Es war dies in der Zeit, als er nach dem Tode seiner ersten Frau aus Rom zurückgekommen, durch eine italienische Amme seines Sohnes in roth und gold Aufsehen auf den Promenaden erregte und in politischen Gesprächen gern Macchiavell und die Werke italienischer Jesuiten und Biographen citierte. Er posierte damals in der Rolle eines Ehrgeizigen, der keine Skrupel kannte, spielte hinreißend Klavier und war vermöge seiner Schönheit und Gewandtheit gefährlich für die Damen, denen er den Hof machte. Diese Gewandtheit auszubilden, hatte er frühzeitig begonnen, indem er als 16jähriger Schüler des Neustettiner Gymnasiums von den Damen einer wandernden Schauspieltruppe sich in die Lehre nehmen ließ und das mangelnde Orchester am Klavier ersetzte, nachdem er schon früher das Cösliner Gymnasium aus Gründen, welche das Lehrercollegium seiner sittlichen Haltung entnahm, hatte verlassen müssen.«
Der harte Kampf gegen Arnim[27], in dem Bismarck nicht ohne Grund einen Rivalen sah, der, ebenso wie zuvor Goltz, ihn vom Kanzlerposten verdrängen wollte, endete mit der Abberufung und gerichtlichen Verurteilung des Botschafters zu fünf Jahren Zuchthaus, in einem Verfahren, das außerordentliches Aufsehen erregte und viele Zeitgenossen zu scharfer Kritik herausforderte. Theodor Fontane schrieb damals:[28] »Gegen Bismarck braut sich allmählich im Volke ein Wetter zusammen. In der Oberschicht der Gesellschaft ist es bekanntlich lange da. Nicht seine Maßregeln sind es, die ihn geradezu ruinieren, sondern seine Verdächtigungen. Er täuscht sich über das Maß seiner Popularität. Sie war einmal kolossal, aber sie ist es nicht mehr... Vor seinem Genie hat jeder, nach wie vor, einen ungeheuren Respekt, auch seine Feinde, ja diese mitunter am meisten. Aber die Hochachtung vor seinem Charakter ist in einem starken Niedergehn. Was ihn einst so populär machte, war das in jedem lebende Gefühl: ›Ah, ein großer Mann.‹ Aber von diesem Gefühl ist nicht

mehr viel übrig, und die Menschen sagen: ›Er ist ein großes Genie, aber ein kleiner Mann.‹ Dadurch, daß er seine mehr und mehr zutage tretenden kleinlichen Eigenschaften mit einer gewissen Großartigkeit in Szene setzt, werden die kleinlichen Eigenschaften noch lange nicht groß. Wenn ich einen um einen Sechser verklage und nicht eher ruhe, als bis ich ihn im Zuchthaus habe, so ist der Apparat zwar sehr groß, aber der Sechser bleibt ein Sechser...«

Diese Kritik aus zeitgenössischer Sicht berührt, so begründet sie auch erscheinen mag[29], doch noch nicht ein Grundphänomen, das bei diesem leidenschaftlichen Kampf schon mitgewirkt hat und in der Folgezeit immer stärker in Erscheinung trat: Bismarcks Identifizierung mit dem Staat. Gegenüber dem Botschafter von Schweinitz äußerte er 1884[30], daß er die Staatsgeschäfte als eigene behandle, er habe sich ganz mit dem Staat und dessen Interesse identifiziert. Freilich sage er nicht wie Ludwig XIV. »L'Etat c'est moi!« sondern: »Moi je suis l'Etat.« In diesem Aphorismus sah Schweinitz die »treffend bezeichnete Eigenart, den Egoismus mit dem Patriotismus vollständig zu verschmelzen«. Und er fand darin »genau soviel Selbstaufopferung wie Selbstsucht, vor allem aber eine wirkungsvolle Konzentrierung sämtlicher diesem Mann verliehenen Kräfte. Dies ist nicht der gewissenhafte Beamte, welcher, wenn er sein Büro verläßt, keine geschäftliche Sorge mit in den Kreis seiner Familie nimmt, nicht der glänzende Staatsmann«, – und hier dürfte Schweinitz an Metternich und Talleyrand gedacht haben – »der den Zauber seiner politischen Erfolge in den Salons verwertet...«.

Mit dieser Beurteilung sind Vorzüge und Grenzen solcher Haltung deutlich skizziert. Die unbedingte Hingabe des Staatsmannes an den Staat und das völlige Aufgehen in den Staatsgeschäften führte zu den überragenden Leistungen und war höchste Verwirklichung des Pflichtgedankens, des Dienens im friderizianischen Sinne. Zugleich enthielt diese Identifizierung mit dem Staat, zumal er ihn als sein Werk empfand, die Gefahr, als staatsfeindlich zu bezeichnen, was sich gegen ihn, den Reichskanzler, wandte. Tatsächlich galt ihm nicht selten als Reichsfeind, wer andere als die von ihm vorgezeichneten Bahnen versuchte, und die bisweilen sehr schroffe Ablehnung anderer Bestrebungen ließ erkennen, daß er ihnen die Berechtigung überhaupt absprach. Das hat vor allem auch in der Auseinandersetzung mit seinen innenpolitischen Gegnern zu Härten und unnötig verschärften Frontstellungen geführt, die dem jungen Reichsgefüge abträglich waren und noch über seine Reichskanzlerschaft hinaus nachgewirkt haben.

II

»Besitzassekuranzen, keine Erwerbsgenossenschaften« Bismarcks Bündnispolitik der achtziger Jahre

Die starke Verstimmung Rußlands nach dem Berliner Kongreß war unübersehbar. In der nationalistischen und antideutsch eingestellten russischen Presse konnte man lesen: »Das Dreikaiserbündnis besteht nicht mehr.« Ein ungewöhnliches Schreiben Alexanders II. an Wilhelm I. enthielt Angriffe gegen Bismarck und zum Schluß sogar eine verhüllte Drohung: »... die Lage wird zu ernst, als daß ich Ihnen meine Befürchtungen verbergen dürfte, deren Folgen verhängnisvoll für unsere beiden Länder werden können.«[1] Dieser Vorstoß enthielt den Versuch, Deutschland an Rußland fester zu binden. Bismarck lehnte es jedoch ab, »daß die deutsche Politik *für immer* der russischen untergeordnet würde, und wir Rußland zuliebe die Zukunft unserer Beziehungen zu Österreich opfern«.[2] Die im Kissinger Diktat entworfene und beim Berliner Kongreß mit teilweisem Erfolg durchgeführte Politik der freien Hand stieß also bei der russischen Seite auf entschiedenen Widerstand, die ihrerseits eine Option für sich forderte. Der Kanzler ließ sich aber nicht von seiner Linie abbringen. Dem russischen Sonderbotschafter in Berlin, von Saburow, erklärte er Ende Januar 1880:[3] »Glauben Sie mir, es liegt durchaus nicht in Eurem Interesse, zwischen Deutschland und Österreich Unfrieden zu stiften. Ihr verkennt zu oft, welche Bedeutung es hat, daß man auf dem europäischen Schachbrett selbdritt ist. Für alle Kabinette und vor allem für das meinige ist es das unveränderliche Ziel. Alle Politik läßt sich in die Formel fassen, versuche zu dreien zu sein, solange die Welt durch das unsichere Gleichgewicht von fünf Großmächten regiert wird. Das ist die wahre Sicherung gegen Koalitionen.«

Freilich war es nun unumgänglich, daß neue Sicherungen eingebaut, neue Bündniskonstellationen geschaffen wurden. Die russische Drohung stimmte Bismarck sehr ernst und veranlaßte ihn zu einer stärkeren Annäherung an Wien. Noch im Oktober 1879 wurde der Zweibund mit Österreich abgeschlossen, dem sich 1882 Italien und 1883 Rumänien anschlossen. Bezeichnend, welchen Wert er dieser Erweiterung beimaß: »Wir erstreben das Bündnis mit Italien weniger wegen des Beistandes, den wir von dieser Macht gegen Frankreich erhoffen, als um dem verbündeten Österreich im Falle eines russischen Angriffs die Sicherheit vor Italien im Rücken zu verschaffen.[4] Zugleich aber wachte der Kanzler sorg-

fältig darüber, daß Wien dieses Abkommen nicht zur Grundlage einer aggressiven Politik auf dem Balkan werden ließ. So lehnte er gelegentlich der bulgarischen Krise Ende 1886 die Politik des österreichisch-ungarischen Außenministers Andrassy entschieden ab, die, wie Bismarck sogleich erkannte, darauf angelegt war, »das deutsche Heer im ungarischen Gefolge zu haben.«[5] Andrassy hatte zudem erklärt, daß der Zweibund infolge der unnatürlichen Gruppierung des Drei-Kaiser-Bündnisses entwertet sei. Bismarck erwiderte: »Unsere Interessen sind... andere und machen für uns den Frieden mit Rußland zu einer viel wichtigeren Sache, als es diejenige Frage für die Ungarn ist, wegen welcher letztere den Krieg mit Rußland wollen.« Warnend fügte er hinzu: »Die Maßlosigkeit der Ansprüche, welche Graf Andrassy an unser österreichisches Bündnis stellt, das Verlangen einer vollständigen Einstellung des Deutschen Reiches in den Dienst ungarischer Wünsche, muß uns für die Fortsetzung des Bündnisses sehr bedenklich machen. Wir beabsichtigen nicht, durch das Bündnis [von 1879] uns an einen ungarischen Kometenschweif zu binden, sondern einen regelrechten Kreislauf in berechenbaren Dimensionen herzustellen.« Für ihn waren, wie hier deutlich wird, Freundschaften und Bündnisse »Besitzassekuranzen, keine Erwerbsgenossenschaften«. Und als die russisch-österreichischen Spannungen im Jahre 1887 wegen Bulgariens anhielten, erklärte er vor dem Reichstag:[6] »Was ist uns denn Bulgarien? Es ist uns vollständig gleichgültig, wer in Bulgarien regiert, und was aus Bulgarien überhaupt wird – das wiederhole ich hier; ich wiederhole alles, was ich früher mit dem viel gemißbrauchten und totgerittenen Ausdruck von den Knochen des pommerschen Grenadiers gesagt habe: die ganze orientalische Frage ist für uns keine Kriegsfrage. Wir werden uns wegen dieser Frage von niemand das Leitseil um den Hals werfen lassen, um uns mit Rußland zu brouillieren.«
Dieser Teil der Rede war nach Wien adressiert. Von dort berichtete der Militärattaché[7], sie habe einen höchst deprimierenden Eindruck gemacht. Bismarcks Randbemerkung dazu lautete: »Der war nötig.« Und auf die Mitteilung, daß die Stimmung des österreichischen Kaisers eine ernste und bis zu einem gewissen Grade niedergeschlagen sei, vermerkte er: »Besser als wenn sie unternehmend wäre.« Der Gegensatz zwischen der Politik Bismarcks und der dann folgenden unter Wilhelm II. gegenüber Österreich wird hier ebenfalls offenkundig. Und es klingt zum Teil fast wie eine Vorahnung, wenn Bismarck in der gleichen Rede noch erläuterte: »Glauben Sie doch nicht, daß, wenn man solche Politik einmal falsch instradiert, man auf jeder Station umkehren kann; das ist nicht möglich. Wenn wir einmal das gegenseitige Mißtrauen erwecken, dann

geht es auch, wenn keiner von beiden sich blamieren will, unaufhaltsam vorwärts. Die Politik zweier Großstaaten nebeneinander kann man vergleichen mit der Lage zweier Reisenden, die einander nicht kennen, in einem wüsten Walde, von denen keiner dem anderen vollständig traut; wenn der eine die Hand in die Tasche steckt, dann spannt der andere schon seinen Revolver, und wenn er den Hahn des ersten knacken hört, feuert er schon. So ist es bei Mächten, von denen jede Einfluß auf die Entscheidungen der anderen hat; da muß man das erste Mißtrauen und die erste Verstimmung der anderen sehr sorgfältig vermeiden, wenn man die Freundschaft bewahren will.«

So wenig der Kanzler willens war, für Rußland zu optieren, so entschieden lehnte er auch ein Optieren für die Donaumonarchie ab. Es ging ihm um die Erhaltung des Spielraums, den die deutsche Politik zwischen Österreich und Rußland behaupten mußte, sollte sie nicht in eine bedenkliche Abhängigkeit nach der einen oder anderen Seite geraten. »Österreich würde«, so setzte er dem Kronprinzen Wilhelm auseinander[8], »wenn es nach Verbrennung unserer Schiffe in der russischen Richtung unsere *alleinige* Stütze bliebe, und wir Rußland und Frankreich als *geborene* Gegner uns gegenüber hätten, einen analogen Einfluß auf das Deutsche Reich wiedergewinnen, wie wir ihn 1866 mit Glück beseitigt haben. Die Sicherheit unserer Beziehungen zum österreichisch-ungarischen Staate beruht zum großen Teile auf der Möglichkeit, daß wir, wenn Österreich uns unbillige Zumutungen macht, uns auch mit Rußland verständigen *können*. Fällt die letztere Möglichkeit fort, so wird Österreich ein viel anspruchsvollerer Bundesgenosse werden, als es bisher war, und wenn es Anlehnung bei Rußland findet, vielleicht ebenso anspruchsvoll als zur Zeit des Deutschen Bundestages.«

Es lag in der Konsequenz dieser Grundauffassung, wenn, nur wenige Monate nach der zuletzt angeführten Rede, der Rückversicherungsvertrag zwischen Deutschland und Rußland abgeschlossen wurde. Der Tiefpunkt der Beziehungen zwischen beiden Ländern nach dem Berliner Kongreß war bereits 1881 durch das erneuerte und modifizierte Dreikaiserbündnis von 1873 überwunden, das 1884 noch eine Verlängerung erfuhr. Die Gegensätze zwischen Rußland und Österreich spitzten sich in der Folgezeit aber derart zu, daß dieses Bündnis zerbrach. Der Labilität der außenpolitischen Verhältnisse entsprach auch bei dem neuen Abkommen das elastische Operieren Bismarcks, wie er denn überhaupt die Politik als ein System von Aushilfen sah, keinem Bündnis einen »Ewigkeitswert« beimaß und trotz bestehender Bündnisse die daneben weiterbestehenden Schwierigkeiten stets vor Augen hatte. Als das Dreikaiserabkommen noch bestand, betonte er:[9] »Unsere Gefahr für die Zukunft liegt trotz der gegenwärtig günstigen Beziehungen zu Rußland bei der Unberechenbarkeit der russischen Politik, in der russisch-französischen Koalition und in der Frage, ob England einer solchen eventuell angehört oder nicht.« Diesen cauchemar des coalitions auf Zeit zu bannen, sollte mit diesem Vertrag erreicht werden.

Diese Politik wurde von manchem deutschen Diplomaten nicht verstanden. Selbst ein so langjähriger Vertrauter und Mitarbeiter wie Friedrich von Holstein übersah zu dieser Zeit nicht mehr den Zusammenhang des Bündnissystems. Noch im April 1885 hatte er gemeint:[10] »Ja, der Mann hat große Charakterfehler, aber doch – was fangen wir an, wenn er mal weg ist? Es wird eine ganz gräßliche Wirtschaft.« Anfang Januar 1887 dagegen schrieb Holstein, nicht ohne Ressentiment gegen Bismarck:[11] »Unsere Politik mit ihren durcheinander laufenden Engagements ähnelt dem Schienengewirr auf einem großen Bahnhof. Der große Weichensteller glaubt alles richtig schieben zu können und hofft namentlich auch, um so unersetzlicher zu sein, je bunter die Dinge liegen. Das werfen viele ihm jetzt vor.« Den Rückversicherungsvertrag bezeichnete er als »politische Bigamie«[12], empfand Bismarcks vorsichtiges Balancieren als unehrlich und verkannte es als altersschwaches Finassieren.[13]

In seiner an den Kaiser gerichteten Stellungnahme zu diesem oft besprochenen Abkommen[14] sah Bismarck den Kern der neuen Vereinbarung folgendermaßen:[15] »Wir stehen für die nächsten drei Jahre, auf welche unser russischer Vertrag abgeschlossen ist, in dem Verhältnis, daß wir Österreich beistehen, falls es von Rußland angegriffen wird; daß wir aber neutral bleiben, wenn Rußland von Österreich angegriffen würde. In dieser Stellung liegt eine starke Nötigung für die beiden anderen Kaisermächte, untereinander Frieden zu halten. Welche von ihnen für den Fall, daß sie dennoch miteinander in Krieg gerieten, der angreifende Teil gewesen sein würde, darüber würde die unparteiische und loyale Haltung Euerer Majestät zustehen. Daß dieser Fall eintritt, ist aber gerade infolge der Lage unserer Verträge wenig wahrscheinlich.«

Nicht minder klar zeigte er die Begrenztheit dieses Abkommens auf, indem er die Frage stellte, »ob der Kaiser von Rußland gegenüber der künstlich aufgeregten Meinung imstande ist, den Vertrag zu halten, wenn wir von Frankreich angegriffen werden« und zu der Antwort kam: »Nach der Macht, zu der die Presse in Rußland gelangt ist, kann man die Frage nicht mit unbedingter Sicherheit beantworten.«[16] In einem Diktat des Kanzlers hieß es noch:[17] »In Rußland ... beruhen unsere Beziehungen ausschließlich auf der Persönlichkeit des Kaisers Alexander; einen andern Boden hat

das Faß dort nicht: wenn wir denselben ausschlagen, so läuft das Faß aus.«
Bismarck gelang es dagegen nicht, mit England, der anderen europäischen Flügelmacht, zu einem engeren Bündnis zu kommen, obgleich er es an ernsten Versuchen, besonders in den letzten Jahren seiner Kanzlerschaft, nicht hat fehlen lassen. Zwar hatte er noch 1885, gelegentlich der russisch-englischen Spannungen, erklärt: »Wir wollen uns mit England nur so weit einlassen, als wir uns dadurch mit Rußland nicht verfeinden«[18], aber der zunehmende russische Druck verlangte in den folgenden Jahren Gegengewichte. So empfahl er 1887 in Wien, sich Englands Hilfe bei der Orientfrage zu sichern, mit der Begründung:[19] »Wenn auch diese Hilfe eine sofortige nicht sein würde, nach dem militärischen Zustande Englands, so würde doch das Prestige Englands im Verein mit Italien so stark in Konstantinopel wirken, daß es ein Gegengewicht zu bilden vermag, welches Rußland von einem provozierenden Vorgehen abhalten würde. Wenn dabei Frankreich durch uns in Schach gehalten ist, so wird durch solche Kombination ein Gleichgewicht hergestellt, in welchem wir die beste Bürgschaft des Friedens erblicken.« Tatsächlich gelang gegen Jahresende der Anschluß Englands an das Mittelmeerbündnis, auch Orient-Dreibund genannt, nachdem Bismarck dem englischen Premier- und Außenminister Salisbury in einem ausführlichen Brief die Grundzüge der deutschen Außenpolitik dargelegt und mit Bezug auf das Mittelmeerbündnis ähnlich wie nach Wien argumentiert hatte:[20] »Wir wünschen, daß die befreundeten Mächte, die im Orient Interessen zu schützen haben, die nicht die unseren sind, sich durch ihren Zusammenschluß und ihre Machtmittel stark genug erweisen, um das Schwert Rußlands in der Scheide zu halten oder um ihm die Stirn zu bieten, falls die Umstände einen Bruch herbeiführen würden.«
Der bei aller gebotenen Sachlichkeit doch zugleich vertraulich-freundliche Tenor durchzog auch die Sprache, mit der Bismarck 1889 noch einmal wegen eines deutsch-englischen Bündnisses sondieren ließ. Auch dieses Mal entsandte er seinen Sohn Herbert – seit 1886 Staatssekretär des Auswärtigen Amts[21] – nach London, er selbst nahm bei einer Reichstagsdebatte über kolonialpolitische Fragen Gelegenheit, die Vorzüge eines deutsch-englischen Zusammengehens zu unterstreichen.[22] Salisbury aber winkte nach längerer Prüfung ab mit dem Satze: »Meanwhile we leave it on the table, without saying yes or no: that is unfortunately all I can do at present.«[23]
Salisbury lebte noch in der Vorstellung einer splendid-isolation-Politik, die jede stärkere Verpflichtung auf dem Kontinent einzugehen mied.

England hatte außerdem den größeren politischen Spielraum, und Deutschland saß, trotz der einfallsreichen und geschmeidigen Handhabe aller möglichen politischen Alternativen, am kürzeren Hebel. Zudem waren die gemeinsamen Interessen nicht so stark, daß England ein Bündnis unbedingt wünschenswert erschien – umgekehrt waren die Reibungen schon gar nicht von solch einem Gewicht, daß sie vertraglich hätten ausgeräumt werden müssen. Salisbury war ebenso wie Bismarck für den Frieden, aber die Wege dazu führten England und Deutschland weit auseinander. Beide hatten zwar in Frankreich und Rußland dieselben Gegner, aber doch in sehr verschiedenen Bereichen: England in Übersee, Deutschland unmittelbar an seiner Grenze. Was für den einen lebensgefährlich war, bedeutete für den anderen noch keine Existenzfrage. Warum sich dann engagieren? An diesem »antinomischen Charakter«, wie man treffend diese deutsch-englischen Machtverhältnisse bezeichnet hat, sind die Bündnissondierungen von 1889 letztlich ebenso gescheitert wie die um die Jahrhundertwende und alle anderen Versuche bis 1914. Wieder einmal waren es nicht falsch gewählte Mittel, unzulängliche Mittler oder Gesprächspartner oder ein ungünstiger Zeitpunkt, sondern das Scheitern lag in der Natur der aufgezeigten Grundfaktoren, die zu ändern Bismarck außerstande war. Die geographisch-geopolitischen Gegebenheiten konnten nicht verändert werden, und das Kissinger Diktat erwies sich in dieser Richtung als unerreichbares Optimum.

Ausgenommen aus dem Bismarckschen Bündnissystem blieb nur Frankreich, wenngleich auch mit ihm ein Zusammengehen auf Zeit gelang. Bei der Berliner Kongokonferenz (15. 12. 1884 bis 26. 2. 1885) erfolgte eine gewisse Annäherung zwischen Deutschland und Frankreich, die zur Isolierung Englands führte. Unter Zurückstellung der kontinentalpolitischen Gegensätze war Frankreich bereit, gemeinsam mit Deutschland auf kolonialpolitischem Gebiet Vorteile zu erwirken – Bestrebungen, die Bismarck denkbar unterstützte. Er hoffte zu erreichen, daß die bitteren Erinnerungen an den letzten Krieg, »wenn nicht in Vergessenheit, so doch zum Verblassen« kämen und Deutschland nicht mehr von Jahr zu Jahr einem Kriege mit Frankreich entgegenzusehen habe.[24] Mit dem Sturz des französischen Ministerpräsidenten Jules Ferry aber nahm diese Episode ein Ende, und die folgenden Jahre zeigten Frankreich, vor allem in Verbindung mit dem General Boulanger, wieder als kriegsdrohenden Nachbarn. Der Revanche-Stimmung Frankreichs begegnete Bismarck mit einer sehr bestimmten Friedensversicherung vor dem Reichstag:[25] »Wir haben keine kriegerischen Bedürfnisse, wir gehören zu den – was der alte Fürst Metternich nannte: saturierten Staaten, wir haben keine Bedürfnisse, die wir durch das Schwert erkämpfen könnten... blicken Sie doch auf die friedliebende Tätigkeit – und ich sage das ebensogut nach dem Auslande wie hier zu dem Reichstage – der Kaiserlichen Politik in den letzten sechzehn Jahren.« Und gegenüber den westlichen Nachbarn betonte er noch: »Wir werden Frankreich nicht angreifen, unter keinen Umständen.« Solche Worte waren Öl auf den Wogen der französischen Scharfmacher, sie verfehlten auch nicht ihre beruhigende Wirkung auf die anderen Länder. Das Vertrauen zu Bismarck war langsam, aber ständig gewachsen, seine Autorität wurde im Ausland sehr hoch veranschlagt. Bereits 1880 hatte der englische Botschafter in Berlin nach London berichtet:[26] »In St. Petersburg ist sein Wort Evangelium wie auch in Paris und Rom, wo seine Aussprüche Respekt einflößen und sein Schweigen Besorgnis.« Und der französische Botschafter in London erklärte: »Meine feste Überzeugung ist, daß, solange Bismarck am Ruder bleibt, wir uns unbedingt auf die Loyalität Deutschlands verlassen können – et je tâche de faire des écoliers. Wenn der Kanzler aber einst sein Amt niederlegt, so werden stürmische Zeiten für Europa kommen; ich kann nur mit Sorge und Beklemmung daran denken. Die jetzt in den Schranken gehaltenen Begehrlichkeiten stets unbefriedigter Nationen werden dann zum Ausbruch kommen und die kleinen Geister, welche sie anfachen, um ihre persönliche Herrschsucht und Eitelkeit zu befriedigen, werden überall ihr Haupt erheben. Dann wird man erst erkennen, von welchem unschätzbaren Wert für den Frieden und das Gedeihen der Völker die jetzige deutsche Politik ist.«[27]

Nur in scheinbarem Widerspruch zum »Saturiertsein« steht der Erwerb von Kolonien. Die gefährdete Lage Deutschlands und das unruhige »Stehaufmännchen Europa« hatten Bismarck zögernd und spät erst bewogen, sich an der Kolonialpolitik aktiv zu beteiligen. Wenn er sich doch dazu entschloß, spielten innenpolitische Rücksichten dabei mit, wie ein Erlaß an den deutschen Botschafter in London verdeutlichte:[28] »Die öffentliche Meinung legt gegenwärtig in Deutschland ein so starkes Gewicht auf die Kolonialpolitik, daß die Stellung der Regierung im Innern von dem Gelingen derselben wesentlich abhängt.« Ein weiteres Motiv entsprang wirtschaftlichen Interessen, man suchte Rohstoffgebiete und Stützpunkte für den Überseehandel, und nicht zuletzt war bei Bismarck die Hoffnung mitbestimmend, daß mit den Kolonien eine neue nationale Aufgabe das Zusammengehörigkeitsgefühl und den Reichsgedanken stärken könne.

Die Erwerbung erfolgte zu einem außenpolitisch günstigen Zeitpunkt, als die erste Kolonial- und Seemacht, England, mit Frankreich in starken Spannungen wegen des Sudans lebte und nicht minder starke Spannungen zu Rußland wegen Afghanistans bestanden, das England zu einem Protektorat gemacht hatte. Innerhalb eines kurzen Zeitraums wurden ohne Flotte und ohne Krieg Gebiete unter deutsche Oberhoheit gestellt, die unternehmende Kaufleute und Forschungsreisende wie Lüderitz, Woermann, Nachtigal, Peters und Hansemann erworben hatten: Im April 1884 Südwestafrika, im Juli Togo und Kamerun, im Februar 1885 Ostafrika und im Mai 1885 das Kaiser-Wilhelm-Land (Nordneuguinea) mit der vorgelagerten Inselgruppe, dem Bismarck-Archipel. So trat Deutschland spät noch in den Kreis der Kolonialmächte, etwa zu gleicher Zeit wie Italien und Belgien.

Natürlich konnte sich die deutsche Kolonialgründung nicht annähernd messen mit der gewaltigen Ausdehnung, die Rußland in Asien betrieb und auch nicht mit den Kolonialerwerbungen Englands und Frankreichs in Afrika und Asien, auf die wohl manche deutschen »Kolonialenthusiasten« blickten. Zu denen aber gehörte Bismarck nicht; seine Methoden und Ziele waren anderer Art. Wohl bediente er sich der kolonialpolitischen Bewegung, aber er verschrieb sich ihr nicht. Er stellte das politisch isolierte England vor die Wahl, »unseren Kolonialbestrebungen freundlich entgegenzukommen, oder unserer Gegnerschaft auf jedem für uns erreichbaren Felde der Politik sicher zu sein«, brach damit dessen hartnäckigen Widerstand und setzte die kolonialpolitische Gleichberechtigung Deutschlands durch – die teilweise recht schwierigen Verhandlungen führte in London Herbert von Bismarck als Sonderbeauftragter seines Vaters. Bei der Kongo-Konferenz erreichte Bismarck, vor allem in Zusammenarbeit mit Frankreich, daß Leopold II. von Belgien den Kongostaat erhielt und für Mittelafrika freier Handel und freie Flußschiffahrt vertraglich festgelegt wurde, womit Englands ausgreifende Bemühungen um ein Handelsmonopol dort gescheitert waren. So entschieden hier seine Haltung war, blieb seine ganze Afrika-Politik doch kontinental-europäisch bestimmt und war im Grunde auch nicht antienglisch. Gelegentlich der englisch-französischen Spannungen wegen Ägyptens heißt es in einem nach Paris gerichteten Erlaß:[29] »Ägypten hat an sich nur wenig Interesse, das Entscheidende ist für uns die Handhabung des europäischen Gleichgewichts in dem Sinne, in dem wir es nach unserem Interesse heute zu verstehen haben. Für unsere ägyptische Politik wird immer nur unser Verhältnis zu den europäischen Mächten, besonders zu den zunächst interessierten, maßgebend sein. Die Verbesserung unsrer Beziehungen zu Frankreich, die Ausübung einer Pression auf Englands unfreundliche

Haltung in den Kolonialangelegenheiten, die Rücksicht auf die öffentliche Meinung in Deutschland bezüglich der letzteren und auf unsre innere Politik, die Pflege unsrer Beziehungen zu Österreich und Rußland sind die bestimmenden Faktoren, nach denen wir unsre Politik bezüglich Ägyptens einzurichten haben. Die ägyptische Frage bietet uns ein nutzbares Terrain für politische Operationen, aber kein Objekt derselben.« Und wenige Monate später – die englisch-französischen Spannungen waren inzwischen abgeklungen – greift er diesen Gedanken noch einmal weiterführend auf:[30] »Wir müssen uns stets gegenwärtig halten, daß wir in Ägypten selbst nur ein geringes Interesse haben, wohl aber ein großes an der Frage, wie wir in Europa zu Frankreich und zu England stehen. Wir dürfen uns keine von beiden Mächten ohne Not verfeinden und weder ihre Intimität anbahnen helfen, noch die Verstimmung zwischen ihnen bis zum Kriege zwischen beiden fördern.«
Über den untergeordneten Rang, den die Kolonialpolitik für Deutschland nur einnehmen konnte, ließ er auch später keine Zweifel aufkommen. Dem Afrikaforscher Eugen Wolf sagte er:[31] »Ihre Karte von Afrika ist ja sehr schön, aber meine Karte von Afrika liegt in Europa. Hier liegt Rußland und hier liegt Frankreich, und wir sind in der Mitte; das ist meine Karte von Afrika.« Mit diesem genial-einfachen Bild umriß er zugleich und im voraus seine ablehnende Stellung zu der neu einsetzenden Ausdehnungspolitik des Imperialismus, die nach seinem Abgang in Deutschland als »Weltpolitik« proklamiert wurde, eine Verlagerung und Zersplitterung deutscher Kräfte außerhalb Europas bedeutete und zu Bismarcks Konzeption von der lebensnotwendigen Konzentrierung der deutschen politischen Kräfte auf dem europäischen Kontinent in schärfstem Gegensatz stand.[32]

Wie notwendig diese Konzentrierung war, bewiesen die zunehmenden Spannungen, die den Kontinent durchliefen. Ständig wechselnde Unruheherde in Europa ließen stets vorhandenen Zündstoff plötzlich aufflammen, der in diesen Jahren durch imperialistische, nationalistische und panslawistische Ideen noch eine höchst gefährliche Bereicherung erfuhr. In jedem Land wurden solche Ideen propagiert, als demagogische Anheizmittel erreichten sie weitere, teils auch einflußreiche Kreise und blieben nicht ohne Eindruck auf einzelne Regierungen. Angesichts der mitreißenden Gewalt dieser populären Bewegungen erschien es immer unsicherer, ob ein französisches Kabinett den chauvinistischen Kriegstreibereien auf die Dauer standhalten könne, ob der Zar nicht eines Tages den panslawistischen Einflüssen erliegen müsse. Sehr besorgt schrieb im Oktober 1885 Waldersee, seit 1882 Stellvertreter Moltkes: »Ich kehre immer wieder zu der Überzeugung zurück, daß Europa sich in keinem normalen Zustande befindet, und daß vor allem unsere Position sehr gefährdet ist. Bisher gelang es der Geschicklichkeit Bismarcks, immer rechtzeitig die richtigen Allianzen für uns zu schließen, aber doch mit vieler Mühe. Sollte dies dauernd möglich sein? Ich sehe ein Herauskommen für uns nur in einem großen Kriege, in welchem wir einen Gegner, Frankreich oder Rußland, wirklich dauernd lahmlegen – aber wie soll man von einem 88jährigen Kaiser und 70jährigen Kanzler so etwas verlangen; es muß sich doch auch ein passender Moment bieten ... Wenn nicht durch einen großen Krieg, so kommen wir aus dem Dilemma nur bei inneren Wirren, womöglich Umwälzungen in Frankreich oder Rußland.«[33]

Die politische Luft in Europa blieb trotz aller Bündnisabsicherungen gewitterschwül, als eine Welle der Unruhe 1887 von Rußland ausging. Russische Rüstungen sowie Truppenmassierungen an der deutschen Ostgrenze, die wiederum die gereizte Stimmung in Frankreich gegen Deutschland erhöhten, verschärften die Lage ebenso wie neue Balkanhändel zwischen Rußland und Österreich. Moltke kam in einer Denkschrift[34] zu dem Ergebnis, daß Rußland unmittelbar zum Kriege rüste. Deutsche und österreichische Militärs, die von dem geheimen Rückversicherungsvertrag nichts wußten, verlangten den Präventivkrieg gegen Rußland. Wie meisterte nun Bismarck diese Krise?

Zunächst orientierte er Moltke, nicht aber den Generalstab, über den Rückversicherungsvertrag. Moltke glaubte daraufhin nicht mehr an eine *akute* Kriegsgefahr. Den Gedanken eines Präventivkrieges lehnte Bismarck ab und ließ auch nach Wien mitteilen:[35] »Solange ich Minister bin, werde ich meine Zustimmung zu einem prophylaktischen Angriffe auf Rußland nicht geben, und ich bin auch weit entfernt, Österreich zu einem solchen zu raten, *solange* es nicht der *englischen* Mitwirkung dabei absolut sicher ist.« Im gleichen Erlaß hieß es weiter: »*Wir dürfen Österreich durchaus nicht zu aggressivem Vorgehen gegenüber Rußland ermutigen, nur zum Starksein in der Defensive.*« Daß er zum *Verteidigungs*bündnis aber unbedingt stehen werde, kam in einer höchst bezeichnenden, die Bismarcksche Konzeption erneut verdeutlichenden Randbemerkung zum Ausdruck, indem er zu präzisen Formulierungen, die Österreich wünschte, folgendes schrieb:[36] »Verhandlungen sind über Phrasen unfruchtbar. Österreichs Hauptsicherheit für unsere ehrliche Auslegung des casus foederis liegt nicht in Clauseln und Wort-Texten, sondern in der unzweifelhaften Thatsache, daß die ungeschwächte Existenz Österreichs ein Lebensbedürfniß fur uns und für das europäische Gleichgewicht ist.«

Eine weitere beschwichtigende Wirkung erzielte er mit der Veröffentlichung des deutsch-österreichischen Bündnisvertrages, die am 3. Februar 1888 gleichzeitig in Berlin, Wien und Budapest erfolgte. Ernüchtert wurden dadurch *die* Kreise in Österreich und, mehr noch, in Ungarn, die mit einer *unbedingten* deutschen Waffenhilfe gerechnet hatten; der Text dieses Defensivbündnisses nahm aber zugleich auch den russischen Kriegstreibern das Argument, der Vertrag der Mittelmächte sei aggressiv gegen Rußland gerichtet. Diese vorbeugenden Maßnahmen, so wichtig sie auch waren, genügten indes noch nicht, der russischen Bedrohung Herr zu werden. Auf Grund der eigenen Erfahrungen in Rußland wußte Bismarck, wie unsicher und bedenklich die Lage im Innern dort war[37], daß es neben dem zaristisch-konservativen ein revolutionäres Rußland mit anarchistisch-nihilistischen Tendenzen gab.
Die nur allzu begründeten Zweifel, ob Rußland zum kaum abgeschlossenen Rückversicherungsvertrag überhaupt noch stehe, äußerte Herbert von Bismarck gegenüber dem russischen Botschafter Graf Schuwalow, indem er meinte, es sei ja möglich, daß jene Abmachung nur getroffen sei, um Deutschland die Hände zu binden, bis Rußland mit seiner Rüstung und Flotte fertig sei.[38] Bei der Besprechung, die wenige Wochen darauf zwischen dem Zaren und Bismarck in Berlin stattfand, kam es zu einer gewissen Klärung, wobei der Zar versicherte, keinerlei Angriffsabsichten gegen Deutschland zu haben, andererseits aber bedauerte, daß Rußland seit einigen Monaten nicht mehr die sonst gewohnte Unterstützung Deutschlands auf dem Balkan erhalte. Bismarck erklärte ihm dies unumwunden als Folge der russischen Haltung: »Wir befinden uns unter dem Druck der öffentlichen Drohungen Rußlands folgerichtig in der Unmöglichkeit, ihm Konzessionen zu machen, solange wie dieser Druck ohne irgendeine Richtigstellung andauert; dieser Druck hat uns notwendigerweise dazu geführt, die Beziehungen und die Allianzen, auf die wir im Falle eines französisch-russischen Angriffs rechnen könnten, zu befestigen; es würde ein Mangel an Respekt vor dem russischen Kaiser und der Größe seines Landes bedeuten, wenn man sich nicht vorsehen wollte, wo man von so furchtbaren Kräften bedroht ist.«[39]
Mit derselben Offenheit wie gegenüber dem Zaren, jener Sprache, die die politische Welt seit Bismarcks Auftreten in Frankfurt immer wieder in Erstaunen gesetzt hatte, sprach er schließlich auch vor dem Reichstag über die schwere Krise. Mit welcher Spannung seine Stellungnahme erwartet wurde, geht etwa aus einer Tagebucheintragung der Baronin Spitzemberg hervor:[40] »In der Stadt herrschte fieberhafte Aufregung, die Leipziger Straße war förmlich gesperrt und für ein Tribünenbillet ist bis

zu 500 M gezahlt worden!« Die Rede am 6. Februar 1888 sollte die letzte große außenpolitische Stellungnahme des Kanzlers sein; entgegen seinen sonstigen Gepflogenheiten hatte er sie schriftlich ausgearbeitet. Trotz der angespannten Lage in Europa, die eine Vermehrung der deutschen Heeresstärke erforderlich mache – und dies war der Anlaß der Rede –, fand er freundliche Worte gegenüber der französischen Regierung und unterstrich seine Ablehnung eines Präventivkrieges: »Es ist nicht die Furcht, die uns friedfertig stimmt, sondern gerade das Bewußtsein unserer Stärke, das Bewußtsein, auch dann, wenn wir in einem minder günstigen Augenblicke angegriffen werden, stark genug zu sein zur Abwehr und doch die Möglichkeit zu haben, der göttlichen Vorsehung es zu überlassen, ob sie nicht in der Zwischenzeit doch noch die Notwendigkeit eines Krieges aus dem Wege räumen wird.« Bezüglich des Balkans versicherte Bismarck erneut Deutschlands Nichtinteresse, wobei er einen Satz hinzufügte, der zugleich Warnung und Mahnung für alle sein konnte: »Jede Großmacht, die außerhalb ihrer Interessensphäre auf die Politik der anderen Länder zu drücken und einzuwirken und die Dinge zu leiten sucht, die periklitiert außerhalb des Gebietes, welches Gott ihr angewiesen hat, die treibt Machtpolitik und nicht Interessenpolitik, die wirtschaftet auf Prestige hin. Wir werden das nicht tun.«
Wegen seiner geographischen Lage aber müsse Deutschland sich bemühen, »allen Eventualitäten gewachsen zu sein... Gott hat uns in eine Situation gesetzt, in welcher wir durch unsere Nachbarn daran verhindert werden, irgendwie in Trägheit oder Versumpfung zu geraten. Er hat uns die kriegerischste und unruhigste Nation, die Franzosen, an die Seite gesetzt, und er hat in Rußland kriegerische Neigungen groß werden lassen, die in früheren Jahrhunderten nicht in dem Maße vorhanden waren. So bekommen wir gewissermaßen von beiden Seiten die Sporen und werden zu einer Anstrengung gezwungen, die wir vielleicht sonst nicht machen würden. Die Hechte im europäischen Karpfenteich hindern uns, Karpfen zu werden, indem sie uns ihre Stacheln in unseren beiden Flanken fühlen lassen; sie zwingen uns zu einer Anstrengung, die wir freiwillig vielleicht nicht leisten würden, sie zwingen uns auch zu einem Zusammenhalten unter den Deutschen, das unserer innersten Natur widerstrebt; sonst streben wir lieber auseinander. Aber die französisch-russische Presse, zwischen die wir genommen werden, zwingt uns zum Zusammenhalten und wird unsere Kohäsionsfähigkeit auch durch Zusammendrücken erheblich steigern, so daß wir in dieselbe Lage der Unzerreißbarkeit kommen, die fast allen anderen Nationen eigentümlich ist, und die uns bis jetzt noch fehlt. Wir müssen dieser Bestimmung der Vorsehung aber auch

entsprechen, indem wir uns so stark machen, daß die Hechte uns nicht mehr tun, als uns ermuntern.«

In ihren wesentlichen Partien war die Rede nach Rußland und besonders an den Zaren gerichtet. Ausführlich ging er auf den Berliner Kongreß ein, auf seine so rußlandfreundliche Haltung, »daß ich dachte, nachdem er zu Ende war: Nun den höchsten russischen Orden in Brillanten besitze ich längst, sonst müßte ich den jetzt bekommen.« In sehr abgewogenen Wendungen zeichnete er das deutsch-russische Verhältnis der zurückliegenden Jahre nach, ließ die loyale Haltung des Zaren nicht unerwähnt, gab auch seiner Bereitschaft Ausdruck, auf Wunsch die russischen Interessen auf dem Balkan zu unterstützen, beklagte aber sehr die vor allem durch die russisch-französische Pressekampagne abgekühlten Beziehungen und schloß seine Stellungnahme zu den akuten Bedrohungen mit den bekannten Sätzen: »Jedes Land ist auf die Dauer doch für die Fenster, die seine Presse einschlägt, irgendeinmal verantwortlich; die Rechnung wird an irgendeinem Tage präsentiert in der Verstimmung des anderen Landes. Wir können durch Liebe und Wohlwollen leicht bestochen werden – vielleicht zu leicht –, aber durch Drohungen ganz gewiß nicht! Wir Deutsche fürchten Gott, aber sonst nichts in der Welt; und die Gottesfurcht ist es schon, die uns den Frieden lieben und pflegen läßt.«

Während des langanhaltenden Beifalls beglückwünschte der 88jährige Moltke den Kanzler. Den wohl stärksten Niederschlag der faszinierenden Wirkung dieser Rede aber finden wir in einem bisher unveröffentlichten Briefe des Bismarck-Gegners Stosch an Gustav Freytag:[41] »Lieber Freund! Heute schreibe ich nur, um mich auszusprechen über die gestrige Reichstagssitzung. Das war ein weltgeschichtlicher Akt, den unser großer Kanzler dort aufgeführt hat. Das warme Vaterlandsgefühl, was in dem Mann steckt, verbunden mit einem die ganze Weltlage umfassenden Scharfblick haben in der Rede vollen Ausdruck gefunden. Bewundernswürdig ist die Gabe, in dem naivsten Geplauder die gefährlichsten Dinge zu behandeln und in das für den Augenblick günstigste Licht zu stellen. Und wie liebenswürdig verschwindet er selbst mit Allem, was er gewollt und geschaffen bei der Darstellung der Politik und ihrer Thaten in den letzten 40 Jahren. Lieben kann ich den Kerl nicht, aber bewundern mit allen meinen geistigen Kräften.« Das war auch der Eindruck des kritischen Fontane. In seinem Tagebuch vermerkte er: »Politisch nichts wie Bismarcks große Rede vom 6. Februar, die von einem Pol zum andern klingt.«[42] Auch im Ausland fand die Rede stärksten Widerhall. Schweinitz berichtete aus Petersburg, sie habe »teils beruhigend, teils belehrend« gewirkt.[43]

Damit war der Hauptzweck erreicht. Die europäische Lage entspannte sich, die Krise war, auf Zeit wenigstens, beseitigt.[44] Worin das Geheimnis dieses Sieges lag, dem Moltke so ostentativen Ausdruck gegeben, wird niemand genau sagen können. Aber wie selbst kritisch eingestellte Zeitgenossen sein Wirken empfanden, mag ein Brief aus dieser Zeit verdeutlichen[45], den der Historiker Alfred Dove an den Bismarck-Gegner Gustav Freytag richtete: »Sie haben... durch Ihre hohen Verbindungen zu viel von seinen Schattenseiten und Menschlichkeiten gehört, was ja alles wahr sein mag, aber doch kein Gewicht hat für die historische Anschauung. Für mich kommt zu allem, was er getan und vollbracht hat, noch das eine unbeschreibliche Gefühl der lebendigen Gegenwart eines schöpferischen Genius hinzu, was ich ja auch dem Dichter oder anderen schaffenden Geistern gegenüber empfinde, nur daß es in diesem großen Stoff der Völkergeschichte sich doch noch ganz anders ausnimmt, eine Kraft von Gottes Gnaden herumarbeiten zu sehen. Wenn man auch tausendmal vorher weiß, was er sagen und tun wird, weil er nicht anders kann, so ist doch das wie allemal von neuem überwältigend. Wessen Rede mag man sonst noch lesen, es sei denn, weil sie als Substrat der seinigen von Interesse ist? Bei aller furchtbar einseitigen, zermalmend eisernen Natur seines Wesens ist es mir doch immer ein befreiender und erhebender Zug, an ihn zu denken. Man spürt ein Rauschen überm Haupt und ein Wehen an der Wange hin, so oft seine Gestalt den Gedanken vorüber geht; kurzum eben das Dasein des Genius in seiner mächtigsten Entfaltung...«

III

Bismarck in der inneren Politik

Das Verhältnis des neu entstehenden Reiches zu den Kirchen und besonders zur katholischen Kirche gestaltete sich anfangs ohne sonderliche Spannungen. Die Verkündigung des Dogmas von der Unfehlbarkeit des Papstes am 18. Juli 1870 bewirkte keine unmittelbare Veränderung, zumal Bismarck die neuen Lehren als eine innere Angelegenheit der katholischen Kirche ansah und die zahlreichen an ihn gerichteten Ansinnen ablehnte, dagegen Stellung zu nehmen. Noch im Frühjahr 1871 riet er Italien wiederholt zu gemäßigter Behandlung des Papstes, eine Empfehlung, die er gegenüber dem italienischen Gesandten in Berlin in die Wendung kleidete: »Der Papst trägt lange Kleider; behandelt ihn mit allen Rücksichten und Aufmerksamkeiten, die man dem schönen Geschlecht schuldet. Die öffentliche Meinung, sogar in den protestantischen Ländern wird einverstanden sein.«[1] Auch eine jüngere Quellenveröffentlichung über die Entstehungsgeschichte des Kulturkampfes[2] belegt eindrücklich, wie zurückhaltend und alles andere als kampfesfreudig Staat und Kirche zunächst waren. Indessen kann hier nicht auf Anlaß und Ursache, die verschiedenen Phasen des Kampfes, der mit dem Durchbruch liberaler Ideen über Deutschland hinaus sich auf fast ganz Mitteleuropa erstreckte[3], die höchst unterschiedlichen Motive einzelner Personen und Gruppen, sowie auf die schließliche Beilegung des Konfliks eingegangen werden[4]; entscheidend bleibt die Frage – und sie regt zu immer neuen Untersuchungen an[5] –, ob derartig schwere und aufwühlende Kampfperioden letztlich nicht anzusehen sind als »Bruchstücke eines breiten historischen Stromes, der sich durch unser ganzes Volksleben durch Jahrtausende hindurchzieht und dessen Wellenschlag ab und zu auftaucht, je nachdem einzelne Persönlichkeiten oder Angriffe dazu Gelegenheiten geben«. Dieses Urteil Bismarcks über den Kulturkampf, das er nach der Beilegung des Streites ausgesprochen hat[6], durchzog auch seine zahlreichen Stellungnahmen in den Kampfesjahren. Seine Ausführungen entbehrten, je härter der Kampf wurde, gewiß nicht einer polemisch-dramatischen Zuspitzung, und den häufig dabei verwendeten historischen Vergleichen wird man im Rückblick nur mit Einschränkung folgen können, zumal sie vielfach situationsbedingte Äußerungen waren, zweifellos anschaulich und wirkungsvoll für den Augenblick, aber dann doch verblassend, weil das Emotional-Kämpferische zu sehr vorherrscht. Bekannt und heute immer noch zitiert wird der Satz: »Nach Kanossa gehen wir nicht« – ein Wort übrigens, das den »Kladderadatsch« schon kurz darauf zu einem Spottgedicht anregte.[7] Ebenso wie eingangs bei der Rede von »Eisen und Blut« soll auch hier nach dem Zusammenhang gefragt werden, in dem dieses Wort gefallen ist.

Der Vatikan hatte Anfang Mai 1872 den Kardinal Prinz Gustav von Hohenlohe-Schillingsfürst als Gesandten abgelehnt. Dieser Vorfall löste in weiten Kreisen Empörung aus, die auch in der Reichstagssitzung vom 14. Mai 1872 sehr deutlich wurde. Rudolf v. Bennigsen sprach dabei die Hoffnung aus, daß der Posten bei der Kurie bald überflüssig werden möge.[8] Das freilich entsprach nicht den Absichten Bismarcks. Auch er gab seiner Mißbilligung über diesen Schritt des Vatikans Ausdruck, und diese fand ihren Höhepunkt in dem Ausruf: »Seien Sie außer Sorge: nach Kanossa gehen wir nicht – weder körperlich noch geistig!« Unmittelbar darauf folgte das »Aber«, mit dem Bismarck das Wünschenswerte einer Vatikanbotschaft begründete. Noch einmal unterstrich er sein lebhaftes Bedauern über diese Ablehnung. Er sei aber nicht berechtigt, so fuhr Bismarck fort, »dieses Bedauern in die Farbe einer Empfindlichkeit zu übersetzen, denn die Regierung schuldet unseren katholischen Mitbürgern, daß sie nicht müde werde, die Wege aufzusuchen, auf denen die Regelung der Grenze zwischen der geistlichen und der weltlichen Gewalt, der wir im Interesse unseres inneren Friedens absolut bedürfen, in der schonendsten und konfessionell am wenigsten verstimmenden Weise gefunden werden könne.« Daraufhin wurde das Budget für die Gesandtschaft gebilligt.

Bei dieser Rede erwies Bismarck sich wieder einmal als hervorragender Fechter auf parlamentarischem Boden. Der Gegner dieses Tages war Windthorst, den er fast vernichtend traf, besonders auch deshalb, weil der Führer der Zentrumspartei in das Zwielicht geriet, an der Absage des Vatikans nicht unbeteiligt gewesen zu sein. Die Auseinandersetzung mit Windthorst über das Verhältnis von Kirche und Staat nahm einen wohl von keiner Seite erwarteten Abschluß, der für Bismarck aber sehr charakteristisch ist: »Ich habe dem Herrn Vorredner als Minister in dieser Beziehung weiter nichts zu sagen; als evangelischer Christ aber habe ich ihm noch zu sagen: wenn er glaubt, daß die Trennung der evangelischen Kirche vom Staate für die evangelische Kirche tödlich sei, so muß ich ihm, was ich seiner ganzen Haltung nach voraussehen konnte, entgegnen, daß ihm zu meinem Bedauern der wahre Begriff des Evangeliums noch nicht aufgegangen ist!«

Hier handelt es sich keineswegs in erster Linie um einen rhetorischen

Hieb, der nach der Abfuhr, die Windthorst zuvor erhalten hatte, auch nicht mehr nötig gewesen wäre, sondern Bismarck fühlte sich als Christ herausgefordert, antwortete einfach, bestimmt und gab ebenso selbstverständlich wie unaufdringlich Einblick in seine religiös-kirchliche Grundüberzeugung. Merkwürdig, daß diese Stelle bei den vielen Untersuchungen über Bismarcks Glauben kaum Beachtung gefunden hat.[9]
Im Jahre 1873 wurden gesetzgeberische Maßnahmen eingeleitet, die eine Neuregelung des Verhältnisses von Kirche und Staat begründen sollten. Mit den Preußischen Maigesetzen wurden dem Staat mehr Rechte zuerkannt, während die kirchliche Disziplinar- und Strafgewalt Einschränkungen erfuhr. Daß es bei diesen Änderungen in erster Linie um politische Fragen und nicht um konfessionell-kirchliche ging, führte Bismarck wiederholt aus, besonders nachdrücklich in einer Rede vor dem Preußischen Herrenhaus:[10] ». . . es handelt sich nicht um den Kampf, wie unseren katholischen Mitbürgern eingeredet wird, einer evangelischen Dynastie gegen die katholische Kirche, es handelt sich nicht um den Kampf zwischen Glauben und Unglauben, es handelt sich um den uralten Machtstreit, der so alt ist wie das Menschengeschlecht, um den Machtstreit zwischen Königtum und Priestertum, den Machtstreit, der viel älter ist, als die Erscheinung unseres Erlösers in dieser Welt, den Machtstreit, in dem Agamemnon in Aulis mit seinen Sehern lag . . . den Machtstreit, der die deutsche Geschichte des Mittelalters bis zur Zersetzung des Deutschen Reiches erfüllt hat unter dem Namen der Kämpfe der Päpste mit den Kaisern, der im Mittelalter seinen Abschluß damit fand, daß der letzte Vertreter des erlauchten schwäbischen Kaiserstammes unter dem Beile eines französischen Eroberers auf dem Schafott starb, und daß dieser französische Eroberer im Bündnis mit dem damaligen Papste stand. Wir sind der analogen Lösung der Situation nahe gewesen, übersetzt immer in die Sitten unserer Zeit.«
Deutlich wird hier, von aller zeitbedingten Dramatik abgesehen, daß es die Staatsidee war, die den Kampf auf beiden Seiten in grundsätzliche Bereiche führte[11] und es auch deshalb so schwer machte, die so hart miteinander ringenden Gegner wieder auseinanderzubringen. Bismarck hatte nicht mit einem derart entschiedenen Widerstand gerechnet. Das Verhalten der Bischöfe bezeichnete er geradezu als »revolutionär«, wobei er noch hinzufügte, »das Wesen eines revolutionären Standpunktes bestehe immer darin, daß man das eigene Urteil, das eigene Belieben über das im Staat geltende Gesetz stelle«. Andererseits trafen die neuen gesetzgeberischen Maßnahmen das kirchliche Leben sehr hart, die katholische Seelsorge sah sich vor immer größere Schwierigkeiten gestellt, waren doch

1876 alle preußischen Bischöfe verhaftet oder ins Ausland geflohen und bis 1880 von 4600 Pfarrstellen 1000 unbesetzt. Der neue Papst Leo XIII., der 1878 dem unnachgiebigen Pius IX. folgte, zeigte sofort seine Bereitschaft zum Entgegenkommen und zum Kompromiß, vor allem in der Erkenntnis, daß der Kampf »die Kirche schädigte und dem Staat keineswegs nützte«. Auch dem Kanzler war sehr an einem Ausgleich gelegen.[11a] Die Kampfgesetze wurden in langwierigen Verhandlungen abgebaut; bestehen blieben der Kanzelparagraph, das Jesuitengesetz, die staatliche Schulaufsicht und vor allem die Zivilehe. Sie war 1874 in Preußen und 1875 in ganz Deutschland eingeführt worden und bildete, vor dem staatlichen Standesamt vollzogen, eine Rechtshandlung, die nicht nur unabhängig von der kirchlichen Einsegnung, sondern obligatorisch und allein rechtskräftig war. Sogenannte Mischehen waren damit auch ohne geistliche Zustimmung rechtsgültig. 1887 erklärte Leo XIII. den Kampf förmlich für beendet. Über das Ergebnis urteilte Bismarck: »Wahrten wir die Herrschaft des Staates über die Schule, so behielten wir aus dem Kulturkampf beim Frieden immer einen wertvollen Siegespreis im Vergleich zu den Zuständen vor Ausbruch des Kampfes.«[11b]

Neben der Neuordnung des Verhältnisses von Staat und Kirche bildeten Sozialreform und Sozialdemokratie das große Problem des neu gegründeten Reiches – auf die territorial-politische Revolution folgte sogleich die industrielle mit der sozialen Frage. Sie tat sich kund in einem gewaltigen Umschichtungsprozeß innerhalb der deutschen Bevölkerung. Während bis 1871 die Mehrzahl noch auf dem Lande wohnte, führte die unmittelbar nach der Reichsgründung sprunghaft einsetzende und durch die Konjunktur begünstigte Industrialisierung große Teile der Bevölkerung in die Städte, in denen sich die Industrie entwickelte und konzentrierte. Die Zahl der abhängigen Lohnarbeiter, die im Jahrzehnt zuvor noch gering war, schwoll mächtig an, und dieser »Vierte Stand« bildete fortan in Gesellschaft und Politik ein eigenes Gewicht, zumal er sich in Vereinen, Gewerkschaften und anderen Gruppierungen verhältnismäßig schnell zusammenschloß. Die soziale Frage stellte sich mit zunehmender Dringlichkeit, die infolge der starken Bevölkerungszunahme nur noch unterstrichen wurde. Die Sozialpolitik erhielt mit ihrer politischen Ausprägung eine Bedeutung, gegenüber der die Wirtschaftspolitik zurücktrat, so wichtig sie auch für die Reichsgründung und die Zeit danach gewesen ist.[12]

Daß dem Staat hier neue Aufgaben zuwuchsen, war Bismarck seit Beginn seiner Ministertätigkeit klar. Bereits im März 1863 hatte er sich für die

Errichtung von Altersversorgungsanstalten eingesetzt. Wenige Monate später kam es zu Gesprächen mit Ferdinand Lassalle, der kurz zuvor in Leipzig den »Allgemeinen deutschen Arbeiterverein« gegründet hatte. Dabei sprach sich Bismarck auch für das allgemeine Wahlrecht aus, das Lassalle, der im Gegensatz zu Karl Marx die Macht des Staates bejahte, nachdrücklich forderte. Der frühe Tod Lassalles sowie die kriegerische Auseinandersetzung mit Dänemark verhinderten, daß die sozialpolitischen Probleme einer prinzipiellen Lösung nähergebracht wurden.[13] Indessen fehlt es nicht an Zeugnissen dafür, daß Bismarck an den sozialpolitischen Fragen stark interessiert blieb. Im Winter 1863/64 plante er, staatlicherseits den schlesischen Webern zu helfen. Auf die Bedenken der Fachminister, daß der Staat nicht einer einzelnen Schicht helfen könne, ohne Ansprüche anderer wachzurufen, lautete die Antwort: »Und darum soll er niemand helfen? – Der Staat kann!« Mit Bismarcks Fürsprache durfte eine Deputation entlassener Weber aus den Kreisen Waldenburg und Reichenbach ihre Petition am 6. Mai 1864 beim Könige selbst vortragen; zur Empörung ihrer Fabrikherren fanden sie auch bei der Krone Unterstützung. Auf diesen Vorgang vorwurfsvoll angesprochen, erklärte Bismarck:[14] »Mit welchem Rechte hätte ich diesen Leuten den Weg zum Throne versperren sollen?... Die Könige von Preußen sind niemals Könige der Reichen vorzugsweise gewesen; schon Friedrich der Große als Kronprinz sagte: ›Quand je serai roi, je serai un vrai roi des gueux‹: ein König der ›Geusen‹. Er nahm sich den Schutz der Armut vor. Dieser Grundsatz ist von unseren Königen auch in der Folgezeit bestätigt worden. An ihrem Throne hat dasjenige stets Zuflucht und Gehör gefunden, welches entstand in Lagen, wo das geschriebene Gesetz in Widerspruch geriet mit dem natürlichen Menschenrecht. Unsere Könige haben die Emanzipation der Leibeigenen herbeigeführt, sie haben einen blühenden Bauernstand geschaffen; es ist möglich, daß es ihnen auch gelingen werde – das ernste Bestreben dazu ist vorhanden – zur Verbesserung der Lage der Arbeiter etwas beizutragen.« Wenige Tage vor dieser bedeutsamen Grundsatzerklärung hatte Hermann Wagener, engster Mitarbeiter Bismarcks auf diesem Gebiete, eine aufsehenerregende Rede gehalten, in der es hieß: »Nach 50 Jahren – ich schätze meinerseits die Zeit nicht so lange – wird kein Mensch mehr begreifen, wie es überhaupt möglich gewesen ist, daß ein Zustand hat so lange bestehen können, wo der Arbeiter aus dem Produkt der Arbeit lediglich seinen konkreten Preis bezogen hat. Meine Herren, solche Dinge sind ebenso wie die Leibeigenschaft und die Hörigkeit nur solange aufrecht zu erhalten, bis das Bewußtsein ihrer Verwerflichkeit in die Massen hineingekommen ist.«[15]

Berlin d 23. Oktober 1863

Ew. Wohlgeboren

würden mich sehr verbinden wenn Sie mich morgen Mittag um 12, oder wenn es Ihnen diese Stunde nicht günstig ist, morgen Abend um 8 mit Ihrem Besuch beehren.

Mit vorzüglicher Hochachtung

Ew. Wohlgeboren

ergebenster

v Bismarck

Brief Bismarcks an Lassalle, Berlin, 23. Oktober 1863.

DZA, Hist. Abt. II, Merseburg. Rep. 92 Zitelmann Nr. 8[1].

Ganz auf der Linie dieser neuen Wege zur Lösung des Problems lag auch Bismarcks 1866 dem Handelsminister von Itzenplitz gegebene Anregung, »geeignete Arbeitsstellen für die brotlosen Arbeiter zu eröffnen«. Und gegen dessen späteren Einwand, Eingriffe des Staates in die Lohn- und Preisregulierung bedeuteten einen Sieg des sozialistischen Prinzips, setzte Bismarck ihm auseinander[16], daß der Sozialismus ja den bestehenden Staat verneine; daher erscheine die staatliche Sozialpolitik als das einzige Mittel, »der sozialistischen Bewegung in ihrer gegenwärtigen Verirrung Halt zu gebieten und dieselbe insbesondere dadurch in heilsamere Wege zu leiten, daß man realisiert, was in den sozialistischen Forderungen als berechtigt erscheint und in dem Rahmen der gegenwärtigen Staats- und Gesellschaftsordnung verwirklicht werden kann«. Er betonte, daß beim rechten Eingreifen des Staates es noch möglich sei, »die Mehrzahl der Arbeiter mit der bestehenden Staatsordnung auszusöhnen und die Interessen von Arbeitern und Arbeitgebern wiederum in Harmonie zu bringen. Im übrigen sind aber die sozialistischen Theorien und Postulate bereits so tief und breit in die Massen eingedrungen, daß es als ein vergebliches Bemühen erscheint, dieselben ignorieren oder die Gefahren derselben durch Stillschweigen beschwören zu wollen.« Im Gegenteil, Bismarck wünschte eine Aussprache, »so öffentlich als möglich«, und gab dazu noch an: »Daß hierbei die brennendsten Fragen von Arbeitszeit und Arbeitslohn u. dgl. nicht ausgeschlossen werden dürfen, betrachte ich als selbstverständlich ...«

Diese verheißungsvollen Ansätze einer staatlichen Sozialpolitik fanden indes nur wenig Unterstützung in der Ministerialbürokratie, wo die Meinung vorherrschte, daß alles Notwendige auf diesem Gebiet geschehen sei. Zum Teil wurde auch passiver Widerstand geleistet – Itzenplitz ließ 17 Schreiben des Kanzlers unbeantwortet. Bismarck schrieb an Wagener: »Sie sind der Einzige in meiner Umgebung, mit dem ich rückhaltlos offen mich ausspreche, und wenn ich das nicht mehr kann, so ersticke ich an meiner Galle.«[17]

Vor allem aber hinderten die kriegerischen Ereignisse und die völlig neue außenpolitische Lage, den so klar erkannten sozialpolitischen Problemen intensiver nachzugehen. Es sollte eine schicksalhafte Belastung für das Reich werden, daß sich die nationale Existenzfrage mit den neuen sozialen Problemen überschnitt – eine Überschneidung, die es bei den westeuropäischen Staaten nicht gegeben hatte. In England und Frankreich war der Prozeß der politischen Einigung längst abgeschlossen, als die industrielle Revolution Staat und Gesellschaft vor neue sozialpolitische Fragen stellte. Oft klagte der Kanzler über Mangel an Zeit; so etwa 1875 gegenüber dem

Kathedersozialisten Gustav Schmoller, dem er sagte, »er selber sei eigentlich auch Kathedersozialist, habe nur noch keine Zeit dazu«. Der entscheidende Schritt erfolgte schließlich mit der denkwürdigen Kaiserlichen Botschaft vom 17. November 1881 an den Reichstag, die das neue Gesetzeswerk einleitete und deren wichtigste Sätze von Bismarck selbst stammen:

»Wir halten es für Unsere Kaiserliche Pflicht, dem Reichstage diese Aufgabe von neuem ans Herz zu legen, und würden wir mit um so größerer Befriedigung auf alle Erfolge, mit denen Gott unsere Regierung sichtlich gesegnet hat, zurückblicken, wenn es Uns gelänge, dereinst das Bewußtsein mitzunehmen, dem Vaterlande neue und dauernde Bürgschaften seines inneren Friedens und den Hilfsbedürftigen größere Sicherheit und Ergiebigkeit des Beistandes, auf den sie Anspruch haben, zu hinterlassen. In Unseren darauf gerichteten Bestrebungen sind Wir der Zustimmung aller verbündeten Regierungen gewiß und vertrauen auf die Unterstützung des Reichstags ohne Unterschied der Parteistellungen.«[18]

Die drei Versicherungsgesetze gegen Krankheit (1883), gegen Unfall (1884) sowie die Alters- und Invalidenversicherung (1889) sorgten dafür, daß der Arbeiter nicht mehr, wie vielfach zuvor, in eine menschenunwürdige Existenz abglitt. »Es liegt in diesem Gesetz«, so erklärte der Kanzler, »auch die Tendenz, das Gefühl menschlicher Würde, welches auch der ärmste Deutsche meinem Willen nach haben soll, wach zu erhalten, daß er nicht rechtlos als ein Almosenempfänger dasteht, sondern daß er ein peculium an sich trägt, über das niemand außer ihm verfügen kann.« Zugleich sollten Gesellschaft und Staat auf festere Grundlagen gestellt werden, und es war Bismarck, der dem Staat dieses neue Arbeitsfeld eröffnete: »Der Staat muß die Sache in die Hand nehmen. Nicht als Almosen, sondern als Recht auf Versorgung, wo der gute Wille zur Arbeit nicht mehr kann. Wozu soll nur der, welcher im Kriege oder als Beamter erwerbsunfähig geworden ist, Pension haben, und nicht auch der Soldat der Arbeit? Diese Sache wird sich durchdrücken. Sie hat ihre Zukunft. Es ist möglich, daß unsre Politik einmal zugrunde geht, wenn ich tot bin. Aber der Staatssozialismus paukt sich durch. Jeder, der diesen Gedanken wieder aufnimmt, wird ans Ruder kommen.«[19] Wenn Bismarck das Werk auch kritisch als »geheimrätlich-parlamentarischen Wechselbalg« bezeichnete, zumal seine weiterführenden Pläne nicht oder nur sehr langsam verwirklicht wurden, bleibt doch die Tatsache bestehen, daß Deutschland mit dieser Gesetzgebung an der Spitze aller Staaten stand. Die Sozialreform wurde Vorbild für andere Länder und gehört zweifellos zu den staatsmännischen Leistungen fortwirkender Art.[19a]

Demgegenüber wurde die Auseinandersetzung mit der Sozialdemokratie ein folgenschwerer Mißerfolg Bismarcks. Hatte er gehofft, mit der Sozialreform zugleich »die gesunden Elemente, welche den Kern und die Masse des Volkes bilden, wieder in Berührung mit der höchsten Gewalt zu bringen«, so erwies sich diese Vorstellung bald als politische Fehlrechnung. Mehr und mehr gewann die Partei an Boden, deren Grundlagen außerhalb des Staates lagen. Zwei kurz aufeinanderfolgende Attentate im Mai und Juni 1878 auf den alten Kaiser gaben Bismarck die Gelegenheit, das »Gesetz gegen die gemeingefährlichen Bestrebungen der Sozialdemokratie« (19. Oktober 1878) durchzubringen. Dieses »Sozialistengesetz« traf die Partei zunächst sehr, stärkte dann aber doch das politische Solidaritätsgefühl unter den Arbeitern. Der Gedanke des Klassenkampfes erwies sich als zugkräftig, es gelang nicht, die Arbeiterschaft aus dem regierungsfeindlichen sozialistischen Lager wegzuziehen und zu einem den Staat stützenden Bestandteil zu machen. Das hätte freilich eine politische Gleichberechtigung erfordert, zu der sich Bismarck, bei aller Anerkennung der sozialen, nicht entschließen konnte.[20]

Ebenso wie beim Kulturkampf spielte auch in den sozialpolitischen Auseinandersetzungen die Staatsidee wieder die entscheidende Rolle. Bismarcks Sozialpolitik war weder Ressortpolitik noch in erster Linie wirtschaftlich oder religiös bestimmt, mochte er auch gelegentlich vom »praktischen Christentum« sprechen. Sie ging von der im Staat geeinten und geformten Gemeinschaft aus, die nicht partikularen Interessengruppen ausgesetzt sein sollte, sondern den Rahmen des Staates durch einen wohlgegliederten sozialen Körper auszufüllen hatte. Unter diesen engen Wechselbeziehungen zwischen Staat und Gesellschaft verstand er seinen oft apostrophierten »Staatssozialismus«, und dazu gehörte wiederum ein Staat solcher Prägung, wie Bismarck ihn im Zuge der sozialpolitischen Reformen einmal formulierte: »Der Staat und seine Einrichtungen sind nur möglich, wenn sie als permanent identische Persönlichkeiten gedacht werden.«[21]

Was aber, wenn vom Gegenüber oder gar vom Gegner, wie im Falle der katholischen Kirche, des Zentrums und der Sozialdemokratie, diese Staatsidee nicht oder nur mit erheblichen Einschränkungen geteilt wurde? Zentrum und Sozialdemokratie standen, bei allen Gegensätzen untereinander, dem Nationalstaatsbegriff des 19. Jahrhunderts im Grunde ablehnend gegenüber, auf dem das neu geschaffene Reich beruhte. Die Krise der Staatsidee des Jahrhunderts durchzog auch diese schweren Auseinandersetzungen und trug letztlich mit dazu bei, daß Bismarcks Versuch, Staat und Kirche sowie Staat und Sozialismus zusammenzubringen, zum Scheitern verurteilt war. Ultra posse nemo obligatur... Von den Grenzen abgesehen, die im Kanzler persönlich lagen und gerade bei diesem Ringen oft recht deutlich in Erscheinung traten, zeigten sich doch auch *die* Grenzen, die selbst einem staatsmännischen Genie durch die überindividuellen Kräfte seines Zeitalters gesetzt sind. Für das neue Reich waren diese schweren Erschütterungen zugleich unübersehbare Symptome dafür, daß auf die äußere Staatsgründung die innere noch nicht gefolgt war.

Auch das Verhältnis zwischen dem Staat und den Parteien war und blieb ungelöst. Es konnte bei der Bismarckschen Regierungsweise nur schwer gelingen, die Parteien als einen wesentlichen politischen Bestandteil in das Gesamtgefüge einzuordnen. »Bismarck braucht und mißbraucht stets seine Parteigenossen. Sie sind ihm, was dem König allein die Minister sein sollten, Postpferde, mit denen er bis zur nächsten Station fährt«, so urteilte, zweifellos einseitig, Graf Pourtalès über den damaligen Bundestagsgesandten.[22] Dieses Urteil kann man bis zu einem gewissen Grade übertragen auf sein Verhältnis zu den Parteien. Er dachte zu gering von ihnen. Bei einer parlamentarischen Soirée im Jahre 1872 erklärte er, die Volksvertretung und die Presse hätten vor allem die Pflicht, die Schäden der Verwaltung aufzudecken. Mit der hohen Politik sollten sie sich weniger beschäftigen, denn in dieser seien die leitenden Fäden meist so verborgen, daß der Uneingeweihte kein genügendes Urteil gewinnen könne.[23] Während er 1867 bei einer Verfassungsdebatte hoffnungsvoll erklärt hatte:[24] »Setzen wir Deutschland, sozusagen, in den Sattel! Reiten wird es schon können«, schränkte er später diesen Satz, der längst zum geflügelten Wort geworden war, erheblich ein. In vertrautem Kreise äußerte er:[25] »Dies Volk kann nicht reiten«, und fügte hinzu: »Ich sehe sehr schwarz in Deutschlands Zukunft. Wenn die ›Forchow und Wirkenbeck‹[26] ans Ruder kommen und von oben her protegiert werden, so fällt alles wieder auseinander. Sie sind alle kleinlich und enge, keiner wirkt für das Ganze, jeder stoppt nur an seiner Fraktionsmatratze.«
Gelegentlich der parlamentarischen Auseinandersetzungen über das Unfallversicherungsgesetz ging Bismarck ausführlich auf die kritischen Stimmen ein[27], sachlich und hier und da nicht ohne Ironie, wenn er etwa von zwei Abgeordneten der Opposition sagte: »Ich erkenne sehr gern an, daß... beide sehr viel klüger sind als die gesamten Regierungen; aber wir sind nun einmal nicht klüger und müssen, solange wir an dieser Stelle stehen, so verbraucht werden, wie wir sind, in unserer Beschränktheit.« Daran schloß er »die einzige Bitte«: »Lassen Sie den Mangel an Bega-

bung, der den Regierungen im Vergleich zu den Abgeordneten v. Vollmar und Bamberger innewohnt, die Sache, die wir vertreten, nicht entgelten!«
Hier nun folgt ein bemerkenswerter Exkurs über die Frage, was wohl Freiheit sei. »Meiner Erfahrung nach versteht jeder unter ›Freiheit‹ nur die Freiheit für sich selbst und nicht die für andere, sowie die Verpflichtung der anderen, sich jeder Beschränkung der Freiheit des Empfindenden absolut zu enthalten. Kurz, sie verstehen unter ›Freiheit‹ eigentlich ›Herrschaft‹; unter ›Freiheit der Rede‹ verstehen sie ›Herrschaft der Redner‹, unter ›Freiheit der Presse‹ verstehen sie den vorherrschenden... Einfluß der Redaktionen und der Zeitungen. Ja selbst, meine Herren – ich spreche dabei nicht konfessionell – in allen Konfessionen findet es sehr häufig statt, daß unter ›Freiheit der Kirche‹ die Herrschaft der Priester verstanden wird – ich nehme unsere Konfession nicht aus, ich bin weit entfernt, dabei an den Kulturkampf oder an menschliche Schwächen überhaupt rühren zu wollen – ... sondern von der menschlichen Gewohnheit, die eben die Bedeutung der eigenen Person, die Herrschaft der einzelnen Person und ihren Einfluß über die Allgemeinheit stellt unter dem Vorwande, daß die Freiheit es fordere.« An einem historischen Beispiel versucht er dies zu verdeutlichen: »Wie scharf ist nicht in den Jahrhunderten des Verfalls des Deutschen Reichs immer die germanische Freiheit akzentuiert worden! Was war denn darunter zu verstehen? Die Freiheit der Fürsten vom Kaiser und die Herrschaft des Adels über die Leibeigenen! Sie wollten ihrerseits frei sein; das heißt ›frei sein‹ war bei ihnen und auch bei anderen mit dem Begriff ›herrschen‹ identisch, sie fühlten sich nicht frei, wenn sie nicht herrschten.« Mit diesen Betrachtungen hatte er zugleich die Ausgangsposition für den Angriff gegen den »Freisinn« geschaffen: »Deshalb hat mich dieses Wort überall, wo ich ›frei‹ vor einem anderen Adjektiv lese, argwöhnisch gemacht, auch das Wort ›freisinnig‹... Ich traue dem Worte nicht, aus dem Grunde, weil keiner die Freiheit für alle will, jeder will sie für sich, aber nur so frei, daß die anderen ihm zu gehorchen und zu folgen haben. Ich muß meinerseits gegen die Bezeichnung, die diese Fraktion gewählt hat, mich verwahren und werde sie amtlich nicht benutzen. Ich glaube nicht, daß eine Fraktion das Recht hat, sich ausschließlich eine Gesinnung zu vindizieren, an der wir alle den gleichen Anteil haben... Eine Partei könnte sich gerade so gut nennen die ›ehrliche Partei‹, was doch lediglich ein Vorwurf für die anderen wäre, daß sie nicht ehrlich sind.«
Hier wird mit scheinbarer Beiläufigkeit, fast spielerisch leicht, Fundamentales über das Problem der Freiheit zur Sprache gebracht, das zu ei-

nem erheblichen Teil von nahezu unverminderter Aktualität ist. Die Spannung und die Stoß- und Sprengkraft, die die Versuche der Verwirklichung dieses Ideals im konkreten, realen Lebensbereich der Gesellschaft, eines Staatswesens bedeuten, werden hier schlaglichtartig erhellt.

Daß er seine Stellung »nicht als konstitutioneller Minister in der üblichen Bedeutung des Wortes«, sondern als Diener und Vasall des Königs auffasse[28], hat er immer wieder hervorgehoben. Seine starke Stellung beruhte zu einem wesentlichen Teil auf diesem wohl einmaligen Verhältnis zwischen dem Monarchen und seinem Minister – ein Verhältnis freilich, das für die konstitutionelle Entwicklung nur wenig Raum ließ. Nach seinem Abgang kamen ihm Zweifel, die er auch selbstkritisch öffentlich äußerte: »Vielleicht habe ich selbst«, so sagte er 1892 in Jena, »unbewußt dazu beigetragen, den Einfluß des Parlaments auf sein jetziges Niveau herunterzudrücken, aber ich wünsche nicht, daß er auf die Dauer auf demselben bleibt.«[29] Wohl blieb Bismarck entschiedener Royalist, aber doch nicht ohne Einschränkung. Auch in dieser Hinsicht dachte er letzten Endes unorthodox. Und je fragwürdiger ihm die Herrschaftsweise des jungen Monarchen erschien, um so mehr war er geneigt, nach anderen Möglichkeiten Ausschau zu halten, denen er während der eigenen Kanzlerschaft nur geringe Bedeutung beigemessen hatte. Etwa zur gleichen Zeit, in der er sich für den zunehmenden Einfluß des Parlaments aussprach, schrieb er in das Konzept seiner Memoiren: »Auch die unumschränkte Autorität der alten preußischen Königsmacht war und ist nicht das letzte Wort meiner Überzeugung.« Dieser Satz macht deutlich, daß Bismarck weiter dachte und auch im erzwungenen Ruhestand nicht im Statischen verharrte. Welch ein starker Denkanstoß von ihm hier ausging, belegt ein Brief des Grafen Paul Yorck von Wartenburg, der an Wilhelm Dilthey schrieb:[29a] »Es kommt, wenn auch schüchtern, eben eine neue Zeit. Und in diesen Zusammenhang gehört Bismarcks Jenaer Rede, die in der That etwas Lutherisches hat. Und da glauben die Weltklugen klug zu urtheilen, wenn sie Bismarck als redeseligen greisen Reiseprediger bezeichnen! Wo der Mann Wind in seine Segel sammelt für eine parlamentarisch populare Erhebung! Möge der Enthusiasmus sich organisatorisch bilden, damit er Kraft äußere. Dem alten Manne gehört die Zukunft.«

In einem Gespräch mit Moritz Busch erklärte Bismarck einmal:[30] »Die Leute beurteilen mich in drei Beziehungen falsch: sie halten mich für gesünder, wohlhabender und einflußreicher, als ich in Wirklichkeit bin – besonders für einflußreicher.« Diese Worte fielen im Frühjahr 1877, nach einem schweren Zusammenstoß mit Stosch, der nach der Reichsgründung zum Staatsminister und Chef der Kaiserlichen Admiralität ernannt worden war. Beide, Bismarck und Stosch, reichten den Abschied ein. Der Kaiser aber lehnte die Gesuche ab. Weder war er bereit, sich von seinem Reichskanzler zu trennen – hier fiel wieder einmal das bekannte »Niemals« des Monarchen – noch von einem so verdienten General, der bei Hofe hohes Ansehen genoß; nicht zuletzt auch bei der Kaiserin Augusta und der Kronprinzessin Victoria, die wiederum Bismarck durchaus nicht gewogen waren und das in Formen zu erkennen gaben, die auch damals schon verwunderten. So hatte die Kaiserin einmal bemerkt, Frau v. Bismarck, die keinen amtlichen Rang habe, sitze zu hoch an der kaiserlichen Tafel. Schlagfertig erwiderte Bismarck: »Meine Frau sitzt selbstverständlich neben mir. Mich kann die Kaiserin hinsetzen, wo sie will, denn wo ich sitze, ist immer oben!«

Bekannten Bismarck-Gegnern, wie etwa dem mit Stosch befreundeten Freiherrn von Roggenbach, lieh die Kaiserin willig ihr Ohr, ließ sich Denkschriften anfertigen, die sie dem Kaiser weitergab. Diese Nebeneinflüsse innerhalb und außerhalb des Hofes erschwerten die Arbeit des Kanzlers oft sehr, und es überrascht nicht, wenn er unter Freunden seinem Zorne Ausdruck verlieh: »Bringen Sie mir Augusta, Camphausen und Lasker nebst Anhang um, so kann ich das Amt weiterführen.«[31] Die so häufig wiederkehrenden Reibungen bei Hofe, im Parlament, mit Ministerien oder hochgestellten Persönlichkeiten lagen nicht so sehr an der Kämpfernatur des Kanzlers, sondern daran, daß er um Einfluß und Macht immer wieder ringen mußte. Trotz aller Erfolge und des großen Ansehens, das er weitgehend genoß, verfügte er doch nicht über außerordentliche Vollmachten. Irgendwelche Vergleiche mit autokratischen oder gar diktatorischen Führern, die dem Rückblickenden gelegentlich kommen könnten, sind auch deshalb verfehlt, weil sie die vielen Macht- und Einflußmöglichkeiten übersehen, die sich in der preußischen Beamten-, Militär- und Hoftradition entwickelt hatten, sowie die, die nach 1871 von den »Verbündeten Regierungen« innerhalb Deutschlands auf die Entscheidungen in Berlin einwirkten. Schon in seiner Frankfurter Gesandtenzeit hatte er geäußert: »Ja, wenn man so über das Ganze disponieren könnte!«[32] Solche uneingeschränkte Machtvollkommenheit ist ihm zu keiner Zeit zuteil geworden.

Die aufreibenden Kämpfe blieben in Verbindung mit der zunehmenden Arbeitslast nicht ohne Rückwirkung auf Bismarcks Gesundheitszustand. Zwar konnte sich der Kanzler zurückziehen, öfter auch längeren Urlaub nehmen, wie jetzt nach dem abgelehnten Abschiedsgesuch, aber selbst die

Fürsorge seiner Frau konnte den zunehmenden Kräfteverfall nicht eindämmen. Dazu führte freilich auch eine ungewöhnliche und alles andere als gesunde Lebensweise. Er schlief oft bis zum Mittag und machte die Nacht zum Tage. Beim Essen und Trinken legte er sich in fortgeschrittenem Alter keine sonderliche Mäßigung auf, so daß er es schließlich auf 247 Pfund brachte. »Auf den üppigen Komfort habe ich nie viel gegeben«, erklärte er einem Besucher[33], »mein bester Komfort war meine Küche, auf die habe ich immer ein gutes Stück gehalten und ebenso auf einen wohlbestellten Keller. Wenn man viel geistig arbeitet, muß man wieder Ersatz schaffen für den aufgebrauchten Spiritus.« Diese unbekümmerte Lebensweise, die auch manchem Gast auffiel, führte zu schweren gesundheitlichen Störungen, die trotz wiederholter Kuren nicht nachließen. Eine Besserung trat erst ein, als Ernst Schweninger 1883 die Behandlung übernahm, für einen geregelten Tagesablauf sorgte und das Essen in bekömmliche Bahnen lenkte. Bismarck fühlte sich wieder wohl, bis infolge eigenen Verschuldens ein Rückschlag eintrat. Darüber schreibt Schweninger:[34] »War es nun die Erinnerung an die zwei Pfund der von ›Muttern‹ gespendeten Schlackwurst nebst Spickgans und an deren vorzügliche Wirkung gegen kaltes Fieber, oder war es die wieder erwachende Lebensenergie und der sich kräftig regende Appetit, – genug: mein Kranker, der immer eine ausgesprochene Vorliebe für schöne Buttermilch gehabt hatte und eine gute Quelle dafür wußte, ließ sich während meiner Abwesenheit eine Dreimännerportion von diesem Genußmittel kommen und bewältigte sie mit ganz entschiedenem Behagen. Weniger behaglich waren die Folgen ...«

Schweninger griff nun energisch ein mit dem Erfolg, daß ein »relatives Gesundheitsgefühl«, wie Bismarck es nannte, erreicht wurde. Allerdings grollte er gelegentlich dem »schwarzen Tyrannen« und beklagte sich über das in seinen Augen geringe Maß an Speise und Trank, das ihm sein Leibarzt bewilligte: »Ich darf nichts essen als morgens ein Beefsteak und nachmittags Hammelkotelett, – und am nächsten Tage dasselbe, aber in umgekehrter Reihenfolge.«[35] Diese Angaben zeigen, daß die Portionen doch noch beträchtlich blieben.[36] Immerhin, die alte Spannkraft und Energie kehrten wieder und blieben ihm bis an sein Lebensende erhalten.

Der Hauptgrund aber für den angegriffenen Gesundheitszustand lag in der inneren Einstellung zu seiner Aufgabe und der zunehmenden Verantwortung, an der Bismarck sehr schwer trug. Vor dem Reichstag hat er sich darüber einmal ganz offen ausgesprochen: es sei ja im ganzen nicht die Arbeit, die den Menschen körperlich aufreibe, sondern das ununterbrochene Gefühl der Verantwortlichkeit für große Dinge und für Interessen, die einem wie die eigenen am Herzen lägen, die aber zugleich doch die Interessen von 25 oder 40 Millionen seien. Wörtlich fuhr er fort: »Wenn man geringe und weniger würdige Dinge mit hohen vergleichen kann, so möchte ich sagen: ein verantwortlicher Staatsmann an der Spitze eines Staates ist in der Lage wie jemand, der etwa an der Börse ununterbrochen solche Geschäfte macht, die weit über sein Vermögen gehen, deren Verlust er nicht decken kann, wenn er sie verliert, und bei denen außer dem direkten und materiellen Verlust eigene Ehre und Ruf, die Wohlfahrt des ganzen Landes auf dem Spiele stehen. Das Gefühl, fortwährend handeln zu sollen in einer Weise, oder die Handlungen anderer billigen oder mißbilligen zu sollen unter Umständen, wo man sich sagen muß, die Billigung oder Mißbilligung kann der Ausgangspunkt, der Kristallisationspunkt einer Entwicklung sein, deren weitere oder letzte Folgen niemand mehr beherrscht – wen dies Gefühl der fortwährenden, angespannten Verantwortlichkeit nicht angreift, der hat eben kein Pflichtgefühl und kein Herz für sein Land. Wer dies hat, den wird es bis zu einem gewissen Maße packen und verbrauchen.«[37]

IV

Das Dreikaiserjahr 1888 – Bismarcks Entlassung

Am 9. März 1888 starb 91jährig der alte Kaiser. Bismarck war aufs tiefste bewegt, als er vor den Reichstag trat und des toten Monarchen gedachte. Oft und sehr eindrucksvoll hat er über den Kaiser geschrieben, zuletzt noch in »Erinnerung und Gedanke«. Die großmütige Gesinnung Wilhelms I. fand besonderen Ausdruck bei der Auseinandersetzung 1879 um den Zweibundvertrag mit Österreich, den der Kaiser trotz des »Ohrfeigenbriefes« mit Rücksicht auf Rußland nicht wollte. Die Argumente Bismarcks ließ er nicht gelten, so daß dieser vor Verzweiflung darüber, wie er anders die politische Lage meistern solle, den Rücktritt anbot. Der Kaiser, nach wie vor nicht überzeugt von der sachlichen Notwendigkeit, gab nach, als der Kanzler auch von Moltke, dem Kronprinzen und dem preußischen Staatsministerium unterstützt wurde, mit den Worten: »Bismarck ist notwendiger als ich.« Bei dem Entlassungsgesuch zwei Jahre zuvor hatte der Kaiser zornig entgegnet: »Soll ich mich in meinen alten Tagen blamieren? Es ist eine Untreue, wenn Sie mich verlassen.« Und Bismarck charakterisierte das Verhältnis zwischen Kaiser und Kanzler weiter: »Auch unter solchen Gefühlen stand er in seiner eigenen königlichen Einschätzung und in seinem Gerechtigkeitssinn zu hoch, um jemals dem Gefühl einer Saulischen Eifersucht gegen mich zugänglich zu werden. Er hatte das königliche Gefühl, daß er es nicht nur vertrug, sondern sich gehoben fühlte durch den Gedanken, einen angesehenen und mächtigen Diener zu haben. Er war zu vornehm für das Gefühl eines Edelmannes, der keinen reichen und unabhängigen Bauern im Dorfe vertragen kann.« Stärkere Differenzen kamen in den späteren Jahren nicht mehr auf, vielmehr vertiefte sich das ungewöhnlich starke Vertrauens- und Treueverhältnis, das auf Wechselseitigkeit beruhte. »Solche Beziehungen, wie ich sie zum Kaiser Wilhelm hatte, sind nicht ausschließlich staatsrechtlicher oder lehnsrechtlicher Natur; sie sind persönlich, und sie wollen von dem Herrn sowohl wie von dem Diener, wenn sie wirksam sein sollen, erworben sein.« Im Juli 1885 schrieb der Kanzler:[1] »Meinem alten Herrn kann ich nicht gegen Seinen Willen und in Ungnaden aus dem Dienste laufen; das ist mir klar geworden, als ich ihn mit Nobilings Schrotschuß liegen sah.« Und nach Bismarcks letztem Willen steht auf dem Grabstein unter seinem Namen: »Ein treuer deutscher Diener Kaiser Wilhelms I.«

Ein Vertrauensverhältnis, wenn auch ganz anderer Art, bestand ebenfalls zwischen Kaiser Friedrich und Bismarck. Mochten ihre politischen Grundauffassungen in der Vergangenheit oft erheblich voneinander abgewichen sein, so hatte Bismarck wiederholt in so entscheidenden Augenblicken wie dem eben genannten die Unterstützung des Kronprinzen erfahren. Die Beziehungen zwischen dem alten Kanzler aber und dem 28jährigen Wilhelm II., der nach nur 99tägiger Herrschaft seines todkranken Vaters am 15. Juni 1888 die Thronfolge antrat, sollten unerwartet schnell zur Krise und zur Entlassung Bismarcks führen. Der junge Prinz hatte dem Kanzler starke Sympathien bekundet, und Bismarck hatte ihn zeitweise im Auswärtigen Amt beschäftigt, bewußt auch in der Absicht, ihn »dem beschränkten Kreise des Potsdamer Regimentsdienstes zu entziehen«. Dagegen hatte der Vater in einem Brief[2] an Bismarck Protest eingelegt in der Meinung: »Angesichts der mangelnden Reife sowie der Unerfahrenheit meines ältesten Sohnes, verbunden mit seinem Hang zur Überhebung wie zur Überschätzung, muß ich es geradezu für *gefährlich* bezeichnen, ihn jetzt schon mit auswärtigen Fragen in Berührung zu bringen.« Die Richtigkeit dieses scharfen väterlichen Urteils sollte Bismarck bald bestätigt bekommen.

Ende 1887 übersandte Prinz Wilhelm ein Schriftstück[3], das er »im Hinblick auf die nicht unmögliche Eventualität eines baldigen oder überraschenden Hinscheidens« des Kaisers und seines Vaters verfaßt habe, mit der Absicht, diese Proklamation bei jeder preußischen Gesandtschaft in Deutschland versiegelt zu hinterlegen und beim Regierungsantritte sogleich dem betreffenden Fürsten durch die Gesandten auszuhändigen. Mit nicht geringem Entsetzen über solch ein Vorhaben antwortete Bismarck[4], formvollendet, aber doch in einer so geschliffenen Diktion, daß sie einer Verurteilung sehr nahekam. Hieß es darin doch: »... Ich kann Ew. [Königlichen Hoheit] auf diese Briefe nicht anders als eigenhändig antworten, und meine Hand leistet mir den Schreibedienst nicht mehr so leicht wie früher. Außerdem müßte ich, um gerade diese Briefe in einer befriedigenden Art zu beantworten, ein historisch-politisches Werk schreiben...« Nach dieser Einführung fährt er fort: »Die Anlage des Schreibens... beehre ich mich Ew. hierbei unterthänigst wieder vorzulegen, und möchte ehrerbietig anheimgeben, sie ohne Aufschub zu verbrennen. ... Schon das einzige existierende Exemplar, welches ich hier sorgfältig unter Verschluß gehalten habe, kann in unrechte Hände fallen. Auch wenn schließlich von den Dokumenten der beabsichtigte Gebrauch gemacht würde, so würde die dann kund werdende Thatsache, daß sie *vor* dem Ableben regierender Herren redigiert und bereit gehalten wären, keinen guten Eindruck machen.« Es fehlt in diesem Schreiben nicht an einer freundlichen Wendung, aber die mahnende Sorge herrscht unbedingt vor. Der junge Prinz war verstimmt, hatte er doch zu diesem Plane wie noch zu einem anderen statt des erhofften Beifalls Belehrung und Ablehnung erfahren.

Indes waren es nicht nur Gegensätze, die ihren Grund in der persönlichen Empfindlichkeit des neuen Herrschers hatten, auch nicht nur solche, die mit dem Generationsgegensatz erklärt wären, sondern sehr ernste innenpolitische Probleme spielten bei der Kaiser-Kanzler-Krise mit hinein. Über die Kampfpolitik des Sozialistengesetzes[5] und die Frage nach einer neuen Arbeiterschutzgesetzgebung, die der Kaiser, sich als ›roi des gueux‹ fühlend, nachdrücklich vertrat, die der Kanzler aber nicht als geeignetes Mittel sah, den sozialistischen Umsturztendenzen vorzubeugen, kam es bei der Kronratssitzung am 24. Januar 1890 zum irreparablen Bruch.[6] Mochte es in den folgenden Wochen so scheinen, daß die sachlichen Gegensätze an Gewicht verlören, so erfuhren die persönlichen Differenzen eine derartige Zuspitzung, daß der Machtkampf ganz offenbar wurde. Dabei griff auch Bismarck zu Mitteln, die ungewöhnlich und gewiß nicht loyal waren. Andererseits verkehrte der Kaiser, unter Umgehung des Kanzlers und ohne ihn zu orientieren, dienstlich mit den einzelnen Ministern, was Bismarck veranlaßte, an eine Kabinettsordre Friedrich Wilhelms IV. zu erinnern. Zur Wahrung einer einheitlichen Politik stellte sie den Verkehr der einzelnen Minister mit dem Monarchen insofern unter die Kontrolle des Ministerpräsidenten, als dieser bei wichtigen Fragen prinzipieller Art unterrichtet werden mußte. Der Kaiser verlangte die Zurücknahme dieser Ordre, Bismarck lehnte ab. Am 18. März reichte Bismarck, nach wiederholter Aufforderung des Kaisers, sein Entlassungsgesuch ein, dessen Veröffentlichung nicht gestattet wurde. Zum Verständnis des Inhalts dieses historischen Dokumentes ist noch zu bemerken, daß der Kaiser, erregt durch Berichte des deutschen Konsuls in Kiew über russische Truppenverschiebungen, Sofortmaßnahmen gegen Rußland forderte, während zur gleichen Zeit Graf Schuwalow als bevollmächtigter russischer Unterhändler zu Bismarck kam, um wegen der Verlängerung des Rückversicherungsvertrages zu verhandeln. Das Entlassungsgesuch, das vor allem auf die Meinungsverschiedenheiten über die Kabinettsordre eingeht, enthält auch noch die Ablehnung der kaiserlichen Weisung gegenüber Rußland mit dem schneidenden Satze: »Ich würde damit alle die für das Deutsche Reich wichtigen Erfolge in Frage stellen, welche unsre auswärtige Politik seit Jahrzehnten im Sinne der beiden hochseligen Vorgänger Euerer Majestät in unsren Beziehungen zu Ruß-

land unter ungünstigen Verhältnissen erlangt hat und deren über Erwarten große Bedeutung für die Gegenwart und Zukunft Graf Schuwalow mir nach seiner Rückkehr von Petersburg soeben bestätigt hat.« Im Angriff sah Bismarck die beste Verteidigung. Mit dieser Staatsschrift, die das Gesuch seinem ganzen Gewicht nach war, zog er den Trennungsstrich zwischen sich und dem jungen Monarchen. Ihm bürdete er in den letzten Sätzen die ganze Verantwortung dieses Schrittes auf: »Ich würde die Bitte um Entlassung aus meinen Ämtern schon vor Jahr und Tag Euerer Majestät unterbreitet haben, wenn ich nicht den Eindruck gehabt hätte, daß es Euerer Majestät erwünscht wäre, die Erfahrungen und Fähigkeiten eines treuen Dieners Ihrer Vorfahren zu benutzen. Nachdem ich sicher bin, daß Euere Majestät derselben nicht bedürfen, darf ich aus dem öffentlichen Leben zurücktreten, ohne zu befürchten, daß mein Entschluß von der öffentlichen Meinung als unzeitig verurtheilt werde.«
Nicht nur das Entlassungsgesuch, jede einzelne Phase dieses Dramas bewies die ungebrochene geistige Stärke Bismarcks. Als der Kaiser versuchte, ihn zu bestimmen, er möge auf den Grafen Herbert einwirken, im Auswärtigen Amt zu verbleiben, lehnte Bismarck ab: »Mein Sohn ist mündig.« Und als der Monarch ihm beim Abschied erklärte, nur die Sorge für seine Gesundheit habe ihn bewogen, die Entlassung zu billigen, erwiderte Bismarck, seine Gesundheit sei in den letzten Jahren selten so gut gewesen. Der persönliche Abgrund zwischen Kaiser und Kanzler konnte nicht tiefer sein, er war unüberbrückbar.
Nicht die Tatsache der Entlassung war das Ungeheuerliche, sondern die Vorzeichen, unter denen sie erfolgte: Von der persönlichen Kränkung des Kanzlers und der Unaufrichtigkeit des Monarchen gegenüber Außenstehenden, wozu auch die scheinheiligen Telegramme und Briefe an hochstehende Persönlichkeiten gehörten, die das Bedauern über die vollzogene Trennung schwülstig hervorhoben[7], bis zur bewußten Irreführung der Öffentlichkeit, ja selbst der engeren Umgebung. Bezeichnend dafür war die Art, wie Wilhelm II. den entscheidenden Wechsel den Kommandierenden Generälen mitteilte. Er hatte sie zur Beratung einer neuen Heeresvorlage nach Berlin befohlen. Die Mehrzahl von ihnen war völlig überrascht, als der Kaiser am Spätnachmittag des 18. März einleitend die unmittelbar bevorstehende Entlassung Bismarcks ankündigte. Dabei fehlte es nicht an schweren sachlichen Entstellungen, verbunden mit persönlichen Verunglimpfungen, wenn er etwa behauptete: »Schuwalow kommt eben aus Petersburg mit einem ganzen Sack von Wünschen an, die gegen Österreich gerichtet sind. Das kann nur eine Folge von Anbändelungen des Reichskanzlers sein.« Unter Anspielung auf die Differenzen

wegen der Arbeiterschutzgesetzgebung meinte er: »Er verweigert mir die Heeresfolge und will nicht nachgeben. Ich kann aber solche Minister nicht brauchen; dieselben müssen mir vielmehr gehorchen!« Denselben Ton, dieselbe Argumentation verwendete er noch einmal, als er auf Bismarcks Ablehnung, die Ordre von 1852 abzuschaffen, einging: »Der Reichskanzler will also nicht *Ordre* pariren! Er muß also fort!« Unmöglicher konnte sich der »beschränkte Kreis des Potsdamer Regimentsdienstes« nicht manifestieren. Mit diesem naßforschen Ton gegenüber den höchsten Offizieren aber hatte sich der junge Kaiser erheblich vergriffen, wie die Aufzeichnungen Paul Bronsart v. Schellendorffs belegen.[8] Und Moltke gab nach der Sitzung der allgemeinen Betroffenheit Ausdruck mit den Worten: »Das ist ein sehr bedauerlicher Vorgang. Der junge Herr wird uns noch manches zu raten aufgeben.« In der Tat: Daß ein Monarch einen General zum Reichskanzler ernannte und zugleich *den* Reichskanzler entließ und zum Generalobersten der Kavallerie mit Feldmarschallsrang machte, war ein Vorgang, den es bis dahin in der preußisch-deutschen Geschichte nicht gegeben hatte. Die menschliche sowie die politische Instinktlosigkeit, die so oft noch in der wilhelminischen Zeit erschrecken sollte, offenbarte sich hier in schicksalsschwerer Stunde.

»Wenn nur in der auswärtigen Politik jetzt vorsichtig auf Bismarcks Wegen weiter gegangen wird!« Diesen sorgenvollen Wunsch äußerte Fürst Hohenlohe nur vier Tage nach Bismarcks Abgang.[9] Und nachdem er weitere Informationen von verschiedenen Seiten erhalten hatte, bezeichnete er einen Monat später schon genau die neuralgische Stelle des neuen außenpolitischen Kurses: »Der Kaiser will mit Österreich gehen, selbst auf die Gefahr hin, mit Rußland und Frankreich in einen Krieg verwickelt zu werden. Daraus erkläre ich mir die Äußerungen Bismarcks, der sagte, der Kaiser treibe Politik in der Weise Friedrich Wilhelms IV. Das ist der schwarze Punkt in der Zukunft.«[10]

Der Sturz Bismarcks machte sich sogleich auf dem Gebiete der Außenpolitik verhängnisvoll bemerkbar. Sein Nachfolger Caprivi hatte ihm freimütig bekannt: »Ein Mann wie Sie kann mit fünf Bällen gleichzeitig spielen, während andere Leute gut tun, sich auf einen oder zwei Bälle zu beschränken.«[11] Ähnlich hieß es in einer Aufzeichnung des Grafen von Berchem[12], Unterstaatssekretär im Auswärtigen Amt: »Eine so komplizierte Politik [wie die des Rückversicherungsvertrages neben dem Dreibund], deren Gelingen ohnedies jederzeit fraglich gewesen ist, vermögen wir nicht weiter zu führen nach dem Ausscheiden eines Staatsmannes, der bei seiner Tätigkeit auf dreißigjährige Erfolge und einen geradezu magnetisierenden Einfluß im Auslande sich stützen konnte.« Die neuen

Verantwortlichen – unter ihnen vor allem auch Holstein – lehnten die Erneuerung des Rückversicherungsvertrages ab, ebenfalls einen zweiten Versuch, den man von Petersburg aus wenige Monate darauf unternahm. So wurde Rußland ohne Not aus einer Bindung entlassen, die während ihrer Dauer ein russisch-französisches Bündnis verhindert, Österreich zur Zurückhaltung gezwungen und Deutschlands Bündniswert gegenüber Österreich und England gesteigert hatte. Mit dieser Weichenstellung war ein entscheidender Stein aus Bismarcks Bündnissystem herausgebrochen, was nicht nur eine Lockerung, sondern den Anfang einer Auflösung des Ganzen bedeutete.[13] Mit auffallender Schnelligkeit näherten sich Rußland und Frankreich; beim Besuch eines französischen Geschwaders in Kronstadt konnte der russische Außenminister Giers im Juli 1891 erklären: »Die Lage ist verändert. Von einer deutschen Vorherrschaft ist nicht mehr die Rede.«
Die jahrzehntelange Tätigkeit Bismarcks an führender Stelle hatte im In- und Ausland den Unterschied überdeckt, der zwischen dem sachlichen Faktor der realen, gegebenen Macht Deutschlands, seinem spezifischen Gewicht also, bestand und dem persönlichen Faktor, der in dem ungeheuren Prestige lag, das Bismarck sich erworben hatte. Nicht zufällig verwies Berchem unmittelbar nach Bismarcks Abgang auf dessen »geradezu magnetisierenden Einfluß im Auslande«. Fiel *dieser* Faktor nun fort, mußte notwendigerweise das Gesamtgewicht Deutschlands zurückgehen. Auch dafür waren die französisch-russischen Annäherungen und die Bemerkung Giers' sprechende Zeichen.

»Das Himmelsgewölbe wäre uns nicht erhaben genug, um einen Mann darunter zu stellen, der uns solche Dienste geleistet hätte«, so kommentierte der Franzose Paul de Cassagnac die Nachricht von der Entlassung Bismarcks.[14] Ähnliches meinte Herbette, der französische Botschafter in Berlin, wenn er sarkastisch gegenüber einem deutschen Diplomaten äußerte: »Il paraît que vous avez trop de génies en Allemagne, – prêtez-nous celui-ci!«[15] Die Stimmen des Auslandes waren, von Ausnahmen abgesehen, ernst und betroffen, zum Teil bestürzt, und die Unsicherheit, was nun wohl kommen werde, teilte sich sofort mit. Im ›Punch‹, der führenden satirischen Zeitschrift Englands, erschien die berühmt gewordene Karikatur von John Tenniel mit dem Untertext: Dropping the pilot.
Der Lotse geht von Bord – diese Meinung war in Deutschland 1890 nicht vorherrschend. Gewiß fehlte es auch hier, über die bereits angeführten hinaus, nicht an betroffenen Stimmen. Aber die Entlassung wurde, wie das wohl oft beim Ausscheiden einer starken Persönlichkeit der Fall ist,

vielfach und zunächst wenigstens als eine Erleichterung empfunden, besonders von denen, die mit Bismarck erhebliche Auseinandersetzungen gehabt hatten. So war Stosch, wie Hohenlohe schrieb[16], »froh wie ein Schneekönig, daß er jetzt offen reden konnte und daß der große Mann nicht mehr zu fürchten ist. Dies behagliche Gefühl«, fügte Hohenlohe hinzu, »ist hier vorherrschend«. Der deutsche Botschafter in Paris, Graf Münster – Bismarck hatte wiederholt Ursache gehabt, ihn zu kritisieren –, der die Krise in Berlin miterlebt hatte, meinte wenige Wochen später:[17] »Meine Eindrücke in Berlin waren über alle Erwartung gute, und nach meiner Überzeugung war es die höchste Zeit, daß das Haus Bismarck abtrat. Das Haus Hohenzollern wird jetzt zeigen können, und wird es zeigen, daß es ohne dem besser geht als bisher.«[17a]
Solch einen Wechsel auf die Zukunft auszustellen, war anderen Gegnern des Gestürzten allerdings nicht möglich. Selbst ein Gustav Freytag schrieb skeptisch und ahnungsvoll schon während der Kanzlerkrise:[18] »Irre ich mich, wenn mir vorkommt, als ob schon jetzt, bevor Bismarck seinen Sitz geräumt hat, die Vorboten einer führerlosen, schwierigen Zukunft durch die Seelen fliegen?« Eine eindrucksvolle Antwort auf diese Frage gab Hohenlohe, nur knapp drei Monate nach Bismarcks Entlassung. Über einen Aufenthalt in Berlin im Juni 1890 schrieb er in sein Tagebuch:[19] »Zwei Dinge sind mir in den drei Tagen, die ich jetzt hier zugebracht habe, aufgefallen: erstens, daß niemand Zeit hat und alle in größerer Hetze sind als früher, zweitens, daß die Individuen geschwollen sind. Jeder einzelne fühlt sich. Während früher unter dem vorwiegenden Einflusse des Fürsten Bismarck die Individuen eingeschrumpft und gedrückt waren, sind sie jetzt alle aufgegangen wie Schwämme, die man ins Wasser gelegt hat. Das hat seine Vorzüge, aber auch seine Gefahren. Der einheitliche Wille fehlt.«
Solche Stimmen innerer Besorgnis waren nicht vereinzelt; allerdings kamen sie meistens von den *Alters*genossen des gestürzten Kanzlers. Die nachfolgende Generation, zu der eben auch der Kaiser gehörte, sah mit ihm in Bismarck einen »Granitfindling«, der in die neue Zeit und ihre Aufgaben nicht mehr paßte. Heinrich von Sybel hatte wenige Tage nach der Reichsgründung begeistert einem Freunde geschrieben:[20] »Wodurch hat man die Gnade Gottes verdient, so große und mächtige Dinge erleben zu dürfen? Und wie wird man nachher leben? Was zwanzig Jahre der Inhalt alles Wünschens und Strebens gewesen, das ist nun in so unendlich herrlicher Weise erfüllt! Woher soll man in meinen Lebensjahren noch einen neuen Inhalt für das weitere Leben nehmen?« Diese Überzeugung, den Gipfel des eigenen wie des politischen Lebens der Nation erklommen

zu haben, galt für die folgende Generation längst nicht mehr. Welch elementarer Wandel sich unterdessen vollzogen hatte, der unaufhaltsam immer weitere Kreise erfaßte, beleuchten schlaglichtartig einige Gedanken aus Max Webers Antrittsvorlesung, die er 1895 in Freiburg hielt und in der er geradezu programmatisch verkündete:[21] »Wir müssen begreifen, daß die Einigung Deutschlands nur ein Jugendstreich war, den die Nation auf ihre alten Tage beging und seiner Kostspieligkeit halber besser unterlassen hätte, wenn sie der Abschluß und nicht der Ausgangspunkt einer deutschen Weltmachtpolitik sein sollte.«

Auch Tirpitz hielt das 1870 erworbene Prestige für aufgebraucht und meinte noch im Rückblick:[22] »Es offenbarte sich ein gewisses Bedürfnis der Nation nach einem Ziel, nach einer vaterländischen Sammlungsparole. Das Volk war nicht saturiert.« Ähnlich äußerte sich Paul Rohrbach, ein bekannter politischer Publizist aus dem Baltikum:[23] »Sedan und die Kaiserproklamation von Versailles waren zwei große Momente in der deutschen Geschichte, aber ihr höchster Wert für uns bestand doch nicht darin, daß sie die Einheit und das Reich geschaffen hatten, sondern darin, daß die Einigung uns gerade noch rechtzeitig den Zugang zum Wettbewerb der Weltvölker um die Gestaltung des Weltschicksals eröffnet hat.« In einer früheren Veröffentlichung[24] schrieb er, Bismarck sei »am äußersten Rand seines Lebens« nicht mehr in der Lage gewesen, »diejenigen Zeichen zu deuten, die eine allmähliche Vorbereitung für die Erweiterung der politischen Ziele Deutschlands über die europäischen Rücksichten und Verhältnisse hinaus auf den Schauplatz der großen überseeischen Welt forderten«. Deshalb habe er es nicht mehr vermocht, »das größere Deutschland, das Deutschland, das einem Weltvolk unter den Weltvölkern gehören sollte, in den Sattel zu setzen«. Zur etwa gleichen Zeit sprach Friedrich Naumann von künftigen »großen Griffen in die Weltgeschichte«, in der Überzeugung, daß »in einem Weltreich ein unaufhaltsamer Trieb zur Ausdehnung« lebe und daß nie »eine Nation sich selbst mitten in ihrer Geschichte ein freiwilliges Haltesignal blasen« könne.[25] Deutlicher konnte die Abkehr von der Bismarckschen Konzeption des Saturiertseins nicht formuliert werden.

Indessen sind es nicht nur Stimmen von Exponenten der nun auch in Deutschland stärker werdenden imperialistischen Ideen, die eine so entscheidende politische Wendung als notwendig forderten und voranzutreiben suchten, sondern viele Stimmen aus anderen Lagern empfanden ebenfalls, daß die Zeit Bismarcks abgelaufen sei. Charakteristisch dafür ist etwa der Eindruck Harry Graf Keßlers, der als 23jähriger mit einer Studentenabordnung Bismarck 1891 in Kissingen besuchte. Menschlich hatte der Kanzler ihn »bezaubert«. Die widersprechenden Empfindungen aber faßte Keßler so zusammen:[26] »Er bot uns jungen Deutschen als Lebenszweck ein politisches Rentnerdasein, die Verteidigung und den Genuß des Erworbenen; unser Schaffensdrang ging leer aus. Am meisten überraschte sein totales Übersehen der Wandlungen des deutschen Menschen seit 1848 und 1870; ja, der menschlichen Auswirkungen seines eigenen Lebenswerkes... Er war, wie schmerzlich in die Augen sprang, kein Anfang, sondern ein Ende, ein grandioser Schlußakkord – ein Erfüller, kein Verkünder! Doch ein Erfüller mit dem Temperament und der Unduldsamkeit eines Propheten! Das täuschte Freund und Feind.«

Gegenüber dieser und einigen anderen Stellungnahmen aus späterer Sicht könnte man einwenden, daß sie nur bedingt den Eindruck und die Auffassung kritischer Kreise zur Entlassung wiedergeben und daß die teilweise sehr entschieden formulierten Urteile sich eher im Rückblick als in der damaligen Gegenwart gebildet haben. Deshalb sei noch ein charakteristisches und bisher unveröffentlichtes Zeugnis vom Tage selbst hier angeführt, das aus der Feder des deutschen Militärattachés in Wien, Adolf von Deines, stammt. Er stand mit seinem dienstlichen Vorgesetzten, Graf Waldersee, der nicht unwesentlich zum Sturze Bismarcks beigetragen hatte, in enger Verbindung und schrieb am 20. März 1890 an seinen Vater:[27] »Soeben theilt mir ein Telegramm von Reuß mit, daß Caprivi Reichskanzler geworden ist. Die Wahl wird allgemein überraschen, ist aber nicht schlecht und vielleicht die bestmöglichste... Daß der Kaiser den Kanzler würde gehen lassen, stand längst fest, Waldersee hat mir vor etwa 4 Wochen schon geschrieben, daß es so nicht weitergehen könne; der Kanzler war nie eine fügsame Natur, der Kaiser hat sie auch nicht, wenn es also nicht zusammen ging, mußte der Kanzler gehen, eine andere Wahl bleibt nicht. Daß es *so* kommen mußte, ist zu bedauern...

Die wahre Ursache liegt tiefer, als die Welt glaubt; die Bismarcks sind und waren nie wählerisch in der Wahl ihrer Mittel, um ein Ziel zu erreichen, sondern rücksichtslos.« In diesem Zusammenhang nahm Deines Anstoß daran, daß Bismarck in den vorangegangenen Auseinandersetzungen mit dem Kaiser sich der Presse bedient hatte, und ging dann auf die innenpolitische Seite bei der Kaiser-Kanzler-Krise ein: »Die Arbeiterschutz-Conferenz gab den letzten Anstoß der Trennung, der Kanzler war gegen die kaiserliche Auffassung; das würden ihm nur Wenige verdacht haben; er hat aber auch in dieser Frage alle Minen springen lassen, um den Herrn zu besiegen; letzterer *glaubte* jedenfalls, daß von dieser Seite *gegen* ihn gewirkt werde. So war Mißtrauen auf der einen, Bitterkeit und Kränkung auf der andern [Seite]...«

Was andere Zeitgenossen ebenfalls bedenklich stimmte, übersah auch Deines nicht: »*Schwer* bleibt für das Auswärtige der Verlust immer, sehr schwer.« Aber dann ließ der Militärattaché, der in ständigem Umgang mit Diplomaten war, eine Kritik folgen, die an etwas Grundsätzliches rührte. In der Meinung, daß die Botschafter in Zukunft eine viel selbständigere und wichtigere Stellung erhalten würden und die alten dazu durchaus geeignet seien, fügte er hinzu: »Aber es fehlt den Diplomaten völlig an jedem Nachwuchs, den heranzubilden Bismarck nicht verstand. Er hat überhaupt weniger erziehlich, als herrschend, weniger anregend als einschüchternd gewirkt.« Und daran schloß Deines noch den Satz: »In der innern Politik hat der große Mann doch wohl zweifellos Fiasco gemacht und hinterläßt kein angenehmes Erbe.«

Dieses »Fiasco« ist der wesentliche Inhalt des Briefes, den Johannes Miquel im Endstadium der Kanzlerkrise an Waldersee richtete. Er gibt in knapper Form ein eindringliches Bild der innenpolitischen Lage wieder, wie sie sich seit der Reichsgründung aus der Sicht des langjährigen Kommunalpolitikers und Parlamentariers[28] entwickelt hat, und nennt die Ursachen und die Probleme einer teils fragwürdigen, teils verfehlten Innenpolitik. Kulturkampf, Sozialistengesetz, die unterschiedslose Bekämpfung des Freisinns, die zudem die Bildung einer Reformpartei verhindert habe, wie sie Miquel für die Zukunft vorschwebt, insgesamt zu wenig Versöhnlichkeit, zu viel Gewaltsamkeit sind nach dieser negativen Lagebeurteilung die entscheidenden Faktoren einer gefährlichen Stagnation.

Während in Bismarcks Entlassungsgesuch die innenpolitischen Fragen unerörtert bleiben, ist in Miquels Schreiben umgekehrt keine Rede von der Außenpolitik. Beide Dokumente lassen die jeweilige Einseitigkeit deutlich werden. Zusammengenommen ergänzen sie sich zu einem umfassenden Bilde der kritischen Lage Deutschlands im März 1890. Die Aussagekraft der Miquelschen Stellungnahme steht, gerade auch in ihrer schneidenden Schärfe, der Bismarckschen nicht nach.

Waldersee übergab den Brief am 10. März 1890 dem Großherzog von Baden, Friedrich I.[29], der ihn tags darauf »mit wärmstem Dank« zurückschickte und hinzufügte:[30] »Seine [Miquels] Auffassung der gegenwärtigen Lage ist so außerordentlich interessant und das Stimmungsbild ist so treffend geschildert, daß ich nur wünschen möchte, der Kaiser nehme Kenntnis davon.« Miquels Konsequenzen seien »vielleicht zu ideal gezogen«, aber der Weg, den er bezeichne, um mit dem neuen Reichstag arbeiten zu können, sei »reich an schätzbaren Ratschlägen.« Der Kaiser werde »teilweise ganz neue Gesichtspunkte kennenlernen... nicht wahr?!« Waldersee übersandte nun dem Kaiser eine Abschrift des Briefes, der hier erstmalig nach dem Original im Wortlaut veröffentlicht wird.[31] Die Kenntnisnahme durch den Kaiser erfolgte höchstwahrscheinlich am 12. März.[32] Der Inhalt und die Bestimmtheit des Tones dürften nicht unerheblich dazu beigetragen haben, den Kaiser zum baldigen Bruch mit dem Kanzler zu bestärken. Die letzte dramatische Auseinandersetzung erfolgte nur drei Tage später, am 15. März. Noch am selben Tage suchte der Kaiser Waldersee auf, schilderte ihm seinen Zusammenstoß mit Bismarck und verabschiedete sich dann, wie Waldersee festhielt, mit dem Ausruf »Weidmannsheil!«[33] »Ich blieb die Antwort ›Weidmannsheil‹ nicht schuldig.«[34] Noch am gleichen Tage telegraphierte Waldersee an Miquel: »Princeps obiit.«[35] Das war die Vorankündigung der am 20. März veröffentlichten Entlassung Bismarcks. Einen Monat später schrieb Waldersee in sein Tagebuch: »Der Großherzog hat unbedingt ein großes Verdienst um Bismarcks Sturz.«[36]

Es war wohl auch in Bismarck selbst etwas, das ihn bedenklich stimmte gegenüber den neuen Kräften und Strömungen, die sich überall vordrängten und Zeichen einer anderen Zeit ankündigten. Das Gefühl, daß etwas Neues im Anrücken war, das keine organische Fortsetzung des bisher Gewordenen werden würde, teilte er mit vielen anderen der nun abtretenden Reichsgründungsgeneration. Bei der Besichtigung des neuen Hamburger Hafens im Jahre 1889 soll er, beeindruckt von den gewaltigen und damals modernsten Anlagen, gesagt haben: »Eine andere Welt, eine neue Welt.«[37]

So nimmt es nicht wunder, wenn ausländische Beobachter aus Berlin meldeten[38]: »Unglaublich, wie glatt hier dies weltgeschichtliche Moment abläuft. Der Eindruck allenthalben im Ausland ist weit gewaltiger als hier« – ein Erstaunen übrigens, das man auch bei Wilhelm Busch finden kann.[39] Selbst die Kreise, die Bismarck mit persönlicher Sympathie begegneten, empfanden seinen Abgang als Erleichterung, wenn nicht als Notwendigkeit, zumal nur wenige Eingeweihte sich ein klares Bild von den außenpolitischen Zusammenhängen machen konnten. Und innenpolitisch hatte der junge Kaiser es verstanden, sich in das günstige Licht des Fortschrittlichen zu setzen, so daß auch Fontane glaubte, die Größe Bismarcks liege hinter ihm, »und viele, viele Fragen werden jetzt besser, ehrlicher, klarer behandelt werden als vorher«.[40] Ohne größere Krise, ohne spürbare Erschütterung in Deutschland hatte sich der Abgang vollzogen. »Die Welt«, meinte Wilhelm Busch in diesem Zusammenhang, »ist wie Brei. Zieht man den Löffel heraus, und wär's der größte, gleich klappt die Geschichte wieder zusammen, als wenn gar nichts passiert wäre.«

[illegible]

[illegible] Der Ahnherr [illegible]

[illegible]

[illegible] Grenzen [illegible]

V

Letzte Jahre

Wenn Bismarck sich nun nach Friedrichsruh zurückzog, so blieb er doch eine politische Kraft, mit der gerechnet werden mußte.[1] Mit Bedacht freilich lehnte er ein ihm angetragenes Reichstagsmandat ab: »Würde ich reden, wie ich müßte, und Kritik üben an dem, was bisher geschehen oder unterlassen ist, so würde ich die Lage nur verschlimmern, denn ich würde nicht handeln können, und an eine Wiederübernahme der Geschäfte kann ich weder unter dem gegenwärtigen Regiment noch bei meinem hohen Alter überhaupt denken.«[2] Eine bessere Möglichkeit, sich zu äußern, sah er in der Presse, und bald war allgemein bekannt, daß bestimmte Artikel von ihm inspiriert waren. Die ›Hamburger Nachrichten‹ stellten sich ihm sofort zur Verfügung, und deren rühriger politischer Redakteur stellte auch bald auf Bismarcks Wunsch Verbindung mit anderen angesehenen Organen her, unter ihnen mehrere süddeutsche Zeitungen und die Wiener ›Neue Freie Presse‹[3]. Gelegentlich kam der Fürst in den Verdacht der Urheberschaft, wo es nicht der Fall war. Dennoch lehnte er ab, die Artikel mit Namen zu zeichnen, mit der Begründung, es sähe so aus, »als setzte ich mich in direkten Widerspruch mit der Regierung und dem Kaiser, das hielte ich für anmaßend und nicht richtig. Aber meine Ansicht auszusprechen, wenn ich finde, daß sie Dummheiten machen, das lasse ich mir nicht nehmen, und verböte es mir der Kaiser selbst, ich täte es doch.« Dies erklärte er der Baronin Spitzemberg, einer engen Freundin des Hauses Bismarck, die im März 1891 in der Hoffnung nach Friedrichsruh gekommen war, zur Aussöhnung zwischen dem Fürsten und dem Kaiser beitragen zu können. Die Antwort, die er der hochgeschätzten Vertrauten gibt, gewährt tiefen Einblick in seine damalige Gemütsverfassung: »Nein«, sagte der Fürst, »das ist aus und vorbei; stellen Sie sich vor, wie sich das gestalten würde, wenn ich in Berlin lebte! Wie sollte ich mich stellen zu all' denen, die mich so schamlos verlassen haben, als sie glaubten, ich gelte nichts mehr. Wie würde ich bei der Erbärmlichkeit der Menschen meinen Freunden schaden! Von jedem, mit dem ich spräche, der in meinem Hause verkehrte, hieße es: ›der konspiriert mit Bismarck!‹ Der Kaiser hat mich wie einen Bedienten weggejagt; ich habe zeitlebens einen Edelmann in mir gespürt, den man nicht ungestraft beleidigt; dem Kaiser gegenüber kann ich keine Genugtuung fordern, so bleibe ich eben ferne, und von all' denen, die glauben, ich suche wieder ans Ruder zu kommen, weiß keiner, wie gleichgültig mir jetzt Hof- und Fürstengunst sind. Die Schurkerei ist ein einträgliches Handwerk und wird in schamlosester Weise in Berlin selbst von denen geübt, die unabhängig von Stand und Stellung sind. Was soll ich dazu sagen, wenn ein Lumpenhund... einen großen Umweg auf der Straße macht, um Herbert nicht zu begegnen? All' diesen Leuten gegenüber habe ich nur das Gefühl des Götz von Berlichingen am Fenster in Möckmühl; selbst den Kaiser nehme ich nicht aus bei solcher Wertschätzung, ich fühle nichts mehr für ihn. Bei der Boykottierung – ich kann es nicht anders nennen – die über mich verhängt ist, ist nur der Gedanke und die Furcht maßgebend, ich könnte mich zwischen ihn, den Kaiser, und die Sonne stellen. Er konnte mich ordentlich und in Ehren wegschikken, ehrlich sagen, ich will's allein machen. Aber monatelang ist alles schon abgemacht gewesen, während er mir noch schöntat. Wie hätte sonst Caprivi, der doch ein verständiger Mann ist, es so ängstlich vermieden, mit mir über irgendwelche Geschäfte zu reden, was doch sonst jeder tut, der auch nur einen Pachthof übernimmt, wenn er nicht dazu Befehl von oben hätte?«[4] Im weiteren Verlauf des Gesprächs urteilt er über Wilhelm II.: »Das furchtbar Gefährliche im Charakter des Kaisers ist, daß er dauernd keinem, momentan jedem Einflusse zugänglich ist und alles sofort zur Tat werden läßt, somit jede Stetigkeit aufhört.«

Gegenüber seinem Anwalt hatte sich Bismarck im Dezember 1890 über die Selbstherrlichkeit Wilhelms II. mit dem alten Spruch ausgelassen: »Wer etwas weiß und weiß, daß er es weiß, kann Großes leisten; wer etwas weiß und nicht weiß, daß er es weiß, kann Gutes leisten; wer nichts weiß und weiß, daß er nichts weiß, wird wenig schaden; aber schlimm ist es, wenn jemand nichts weiß und nicht weiß, daß er nichts weiß«.[5] Aus dem gefährlichen Löwen konnte keine zahme Hauskatze werden; das änderten weder der erzwungene Ruhestand noch die herrlichen Wälder um Friedrichsruh. Seine ungebrochene Vitalität spricht aus den Memoiren, die er unter dem Titel »Erinnerung und Gedanke« in den ersten beiden Jahren verfaßte.[6] Diese Arbeit und mancher anregende Besucher brachten ihn zum Erzählen. Mit großartiger Anschaulichkeit und durchdringender kritischer Schärfe sprach und schrieb er über Ereignisse und Persönlichkeiten aus Vergangenheit und Gegenwart. Es lag gewiß nicht nur an der Vergangenheit, sondern auch in den politischen Gewitterwolken der damaligen Gegenwart, wenn er seine Erfahrungen und Einsichten etwa über Krieg und Frieden so zusammenfaßte: »Ich habe während meiner Amtsführung zu drei Kriegen gerathen, dem dänischen, dem böhmischen und dem französischen, aber mir auch jedesmal vorher klar gemacht, ob der Krieg, wenn er siegreich wäre, einen Kampfpreis bringen würde, werth der Opfer, die jeder Krieg fordert und die heute so viel schwerer sind als in dem vorigen Jahrhundert. Wenn ich mir hätte sagen müssen, daß wir nach einem dieser Kriege in Verlegenheit sein würden, uns wünschenswerthe Friedensbedingungen auszudenken, so würde ich mich, so lange wir nicht materiell angegriffen waren, schwerlich von der Nothwendigkeit solcher Opfer überzeugt haben. Internationale Streitigkeiten, die nur durch den Volkskrieg erledigt werden können, habe ich niemals aus dem Gesichtspunkte des Göttinger Comments und der Privatmensuren-Ehre aufgefaßt, sondern stets nur in Abwägung ihrer Rückwirkung auf den Anspruch des deutschen Volkes, in Gleichberechtigung mit den andern großen Mächten Europas ein autonomes politisches Leben zu führen, wie es auf der Basis der uns eigenthümlichen nationalen Leistungsfähigkeit möglich ist.«

Auch in den zahlreichen überlieferten Gesprächen überraschen immer wieder Formkraft und gedankliche Verdichtung. »Die Eitelkeit ist eine Hypothek, die auf den Fähigkeiten eines Menschen ruht; man muß sie erst wegnehmen, um zu sehen, wieviel wirkliches inneres Kapital vorhanden ist.«[7] Stets war seine Frau um ihn, meist auch Schweninger. In dieser Zeit entstanden zahlreiche Bilder und Skizzen von Lenbach, Allers und anderen. Eine besondere Liebe hatte er für seine Hunde Sultan und Tyras. Den Staatssekretär aber, der auf Veranlassung des Kaisers ihm nach dem Tode eines Lieblingshundes statt eines gleichwertigen ein räudiges Tier gekauft hatte, bedachte er mit recht boshaften Bemerkungen. Hier in Friedrichsruh besuchte ihn der chinesische Vizekönig Li-Hung-Tschang[8], und hier auch war es, wo er in seiner letzten Ansprache erklärte: »Von allen Erinnerungen, die mich mit meiner Vergangenheit verknüpfen, sind mir die Friedensschlüsse die angenehmsten.«[9]

Mit größter Aufmerksamkeit verfolgte er die Politik des »Neuen Kurses« und unterzog sie oft einer Kritik, die der Regierung erhebliche Schwierigkeiten bereitete. Die nur allzu begründete Sorge um Deutschland ließ ihn nicht zur Ruhe kommen. Zwar hatte der Kaiser in der Entlassungsurkunde der Zuversicht Ausdruck gegeben, Bismarcks Rat möge ihm und dem Vaterlande auch in Zukunft nicht fehlen. Nie aber hat Wilhelm II. den Fürsten mehr um Rat gebeten. Auch dieser Wunsch war Phrase, und die Herrschaft der Phrase hat Bismarck treffend als die Signatur dieser Jahre entlarvt.

Zu Beginn des Jahres 1891 schrieb Fontane an Heyse[10], das Berliner Leben sei seit Wochen etwas schläfrig, ja es ließe sich von Langeweile sprechen, »wäre nicht der alte Löwe in Friedrichsruh, der dann und wann durch die Wüste brüllt... Darin ist sich Bismarck in und außer dem Amte gleich geblieben, daß, ›was er auch packt, er packt's interessant‹. Hast Du vielleicht gelesen, daß er neulich gesagt hat: ›der Kaiser wolle fernliegende Dinge beständig in der *Luftlinie* erreichen, das ginge aber nicht, und der Weg unten sei mühsam und voller Hecken und Gräben‹.« Fontane folgert: »Er ist der glänzendste Bildersprecher und hat selbst vor Shakespeare die Einfachheit und vollkommenste Anschaulichkeit voraus.«

Der Fürst wirkte weiter – allein durch seine Existenz. Er zog an und stieß ab. Seine Popularität war wohl nie so stark wie nach der Entlassung. Und je deutlicher wurde, wie sprunghaft, unberechenbar und taktlos »das persönliche Regiment« Wilhelms II. war, um so mehr gewann Bismarck an Sympathien. Im Juni 1892, als er zur Hochzeit seines Sohnes nach Wien fuhr, erreichten die Spannungen zwischen ihm und der Regierung einen unerwarteten Höhepunkt. Der Kaiser veranlaßte, daß eine vom österreichischen Monarchen bereits gewährte Audienz Bismarcks rückgängig gemacht wurde, indem er Kaiser Franz Joseph darum bat, den »ungehorsamen Untertan« nicht zu empfangen. Gleichzeitig verbot Caprivi dem deutschen Botschafter in Wien, an der Hochzeit teilzunehmen.[11] Das Bekanntwerden dieser amtlichen Schritte[12] löste in Österreich und in ganz Deutschland einen Sturm der Empörung aus. Bismarcks Rückfahrt gestaltete sich zu einem Triumphzug. Auf jeder Station huldigte ihm die Bevölkerung, und überall dort gab er eine kurze Erwiderung oder hielt gelegentlich auch, wie auf dem Marktplatz in Jena, eine größere Rede[13] vor Tausenden von Menschen. Dabei kam er auf aktuelle innenpolitische Fragen zu sprechen, um zum Schluß unter Hinweis auf das bekannteste Götz-Zitat seinen eigenen Standort erneut klar zu umreißen: »Man kann ein treuer Anhänger seiner Dynastie, seines Königs und Kaisers sein, ohne von der Weisheit aller Maßregeln seiner Kommissare, wie es im Götz heißt, überzeugt zu sein. Ich bin letzteres nicht und werde auch in Zukunft diese meine Überzeugung keineswegs zurückhalten.«

Diese und alle späteren Demonstrationen für den Fürsten waren zugleich Ausdruck tiefer Mißstimmung gegen den Kaiser. Für eine derart schikanöse Behandlung hatte das Volk kein Verständnis. »Die Getreuen von Jever«, eine zwanglos-gesellige Runde in dem ostfriesischen Städtchen, die seit der Reichsgründung dem Fürsten alljährlich zum Geburtstag eine Kiste mit 101 Kiebitzeiern übersandten, schrieben 1891 dazu:[14]

»Wi blivt de Ollen immer trö,
Willt to Di hollen lat und frö;
Legst Du dat Stür ok ut de Hand,
Blivst ewig düer dem Vaderland.«

Bis zum Tode des Fürsten hielten die Treue- und Dankbarkeitsbekundungen an, die zahlreiche Abordnungen aus den verschiedensten deutschen Landschaften, von Studenten, Berufsorganisationen und Vereinen darbrachten. Und viele andere dankten ihm spontan auf sehr persönliche Weise. Arthur v. Brauer, ein enger Mitarbeiter Bismarcks, berichtet von einem Rheinhessen, der regelmäßig eine Kiste selbstgezogenen Obstes nach Friedrichsruh schickte und ihm das eines Tages begründete:[15] »Ja sehen Sie, lieber Herr«, begann er in seinem gemütlichen Rheinhessisch, »ich bin schon als Bub' ›niwergange‹ nach Amerika. Das war Anfang der fünfziger Jahre. Da sind wir als Deutsche nur so ›rumgeschowe‹ worden und haben kein Ansehen gehabt. Duck dich, du bist nur ein Deutscher, hat's immer geheißen. Und so hat man ein elendes, unansehnliches Leben drüben geführt. Aber da kam 1866 und 1870. Und jetzt auf einmal war alles anders. Jetzt waren wir die großen Kerle, und alles hat Respekt gehabt, wenn man gesagt hat, man wär' ein Deutscher. Von da an ist mirs auch erst gut gegangen mit meinen Geschäften. Ich hab' mir ein kleines Vermögen gemacht drüben und leb' jetzt wieder daheim in guten Verhältnissen. Und da hab' ich mir halt gedenkt: dein Geld, dein Wohlstand, dein Ansehn als Deutscher, das verdankst du doch alles nur dem Bismarck. Da hab' ich ihm halt auch meine Dankbarkeit zeigen wollen.«
Heimatliebe, Verbundenheit mit der Altmark und ein besonderes Stammes- und Familienbewußtsein bewahrte er sich bis an sein Lebensende. Eine knappe Stegreifrede, bisher unbeachtet, enthält außerdem zugleich Charakteristisches für das Geschichtsbild des späten Bismarck, der sich als Sachse fühlt. »Sachsen ist hier, wo man plattdeutsch spricht.«[15a] Nicht zufällig trug er den Namen Otto, der letztlich auf den ersten Sachsenkaiser gleichen Namens zurückging. All dies schwingt mit bei den Ausführungen des 79jährigen, der nun aus dem Sachsenwald angereist kam, um nach Schönhausen zu fahren, und beim Zwischenaufenthalt auf dem Bahnhof in Stendal vor einer großen Menschenmenge erklärte:[15b] »Wir können zufrieden sein mit unserer Heimat, denn hier in der Altmark wurde das Samenkorn gepflanzt, aus dem der herrliche Baum des Deutschen Reiches, dessen wir uns alle erfreuen, entsprossen ist. Die Altmark war das erste Gebiet, an das sich die übrigen nach und nach angegliedert haben. Zunächst das benachbarte Havelland, dann die Priegnitz, die Mittelmark, die damals Neumark genannt wurde, und später die jetzige Neumark... Das Land hat sich seitdem vergrößert, zuerst nach Osten hin, Ostpreußen kam hinzu, dann flutete die Welle zurück: Rheinland, Schlesien. Aber der Grundstamm blieben doch die Sachsen. Von diesem flachen Lande hier... ist die Kraft und der Anstoß zur Bildung des brandenburgi-

schen Staates und Preußens und schließlich zur Wiedergeburt des Deutschen Reiches ausgegangen.« Mit dieser freundlichen Geste huldigte er dem damaligen Genius loci von Stendal, »der Hauptstadt der altmärkischen Heimat, aus der auch meine Familie stammt.«[15c]

Einen tiefen Einschnitt in Bismarcks Leben bedeutete der Tod seiner Frau. Mit ihr war er 48 Jahre glücklich verheiratet gewesen, und von der engen Verbundenheit spricht auch der Briefwechsel zwischen den beiden. Sehr temperamentvoll und nicht gerade beschwichtigend hatte sie an seinen Kämpfen teilgenommen. Nicht minder war sie auch um sein geistiges Wohlbefinden stets sehr besorgt. So hatte sie ihm noch zu Weihnachten 1885 eine ganze Reihe Klassiker von Goethe bis Heine und Hauff geschenkt, und als ein Vertrauter des Hauses erstaunt nach dem Grunde dieser Anschaffung fragte mit dem Bemerken, sie seien doch längst in der eigenen Bücherei vorhanden, erwiderte sie:[16] »Freilich, aber Otto hat zuweilen plötzlich das Bedürfnis nach einem dieser ›ollen Dichter‹ und ist dann sehr ungehalten, wenn das Buch nicht zur Hand ist. So muß ich dann neben der großen dienstlichen noch eine ungeheure Masse von Büchern der Literatur und Geschichte Jahr aus Jahr ein von hier nach Friedrichsruh und von dort nach Varzin und Kissingen schleppen lassen. Da lege ich nun seit kurzem an jedem dieser Orte eine Stammbibliothek an und habe damit auch gleich ein passendes Geschenk für meinen Mann, dem gar nicht leicht zu schenken ist.«

»Wenn ich noch im Dienst wäre«, äußerte Bismarck einen Tag nach dem Tode seiner Frau, »würde ich jetzt stramm arbeiten; das wäre die beste Hilfe; aber den Trost haben sie mir genommen.«[17] Wie stark er den Verlust empfand, bezeugt ein Brief an seine Schwester, den er drei Wochen später schrieb.[18] Darin heißt es: »Was mir blieb, war Johanna, der Verkehr mit ihr, die tägliche Frage ihres Behagens, die Bethätigung der Dankbarkeit, mit der ich auf 48 Jahre zurückblicke. Und heut alles öde und leer; das Gefühl ist ungerecht, aber I can not help it. Ich schelte mich undankbar gegen so viel Liebe und Anerkennung, wie mir im Volke über Verdienst geworden ist; ich habe mich 4 Jahre hindurch darüber gefreut, weil *sie* sich auch freute, wenn auch mit Zorn gegen meine Gegner, hoch und niedrig. Heut aber ist auch diese Kohle in mir verglimmt, hoffentlich nicht für immer, falls mir Gott noch Leben beschert, aber die 3 Wochen, die gestern verlaufen waren, haben über das Gefühl der Verödung noch kein Gras wachsen lassen. Verzeih, mein Schwesterherz, daß ich mich ausklage; *aus* noch lange nicht. Ich bin noch müder geworden...«

Als der Kaiser im Jahre darauf des Todes gedachte, antwortete Bismarck:

»... Wenn man fast ein halbes Jahrhundert lang in so glücklicher Ehe gelebt hat, wie die meinige war, so empfindet man, im Danke gegen Gott für das vergangene Glück, die Vereinsamung des Überlebenden als Einleitung zum eigenen Abscheiden und als eine Mindrung des Bedürfnisses weiter zu leben.«[19]

Einen verspäteten Vergeltungsakt sollte Bismarck noch zur Vollendung seines 80. Lebensjahres erfahren. Der Reichstag, die von ihm geschaffene Institution, lehnte mit knapper Mehrheit eine Glückwunschadresse an ihn ab; ebenfalls, mit größerer Mehrheit, die Berliner Stadtverordnetenversammlung. Für diese Mehrheit erschien daraufhin im »Kladderadatsch« ein Gedicht[20] unter der Überschrift »Die Erbärmlichen« und mit folgendem Text:

So ist es wirklich denn geschehen,
Was schlechterdings unmöglich schien,
Krähwinkel und Abdera sehen
Sich übertroffen von Berlin.
O Großtat, ruhmvoll zu vermelden:
Beschränkter Köpfe Haß und Neid
Versagt den Gruß dem greisen Helden,
Dem Schöpfer deutscher Herrlichkeit.

Zum Ehrenbürger hat erkoren
Ihn einst die Weltstadt an der Spree,
Doch ihre Gunst hat er verloren,
Herab sank er von stolzer Höh.
Was er getan, das ist vergessen,
Mit seinem Ruhm ist's auch vorbei;
Ein Zentimetermaß zum Messen
Des großen Manns dient der Partei.

Oh, wie sie recht tun, da zu hehlen,
Wo man den großen Deutschen ehrt!
Wie haben diese Krämerseelen
So wohl erkannt den eignen Wert!
Ob in die Acht sie den erklären,
Der Deutschland Macht und Glanz verlieh'n,
Das raubt ihm nichts von seinen Ehren,
Doch Schande bringt es über sie.

Schad' aber wär's, wenn ihre Namen
Verschwänden in der Zeiten Lauf,
Man bring' sie unter Glas und Rahmen
Und hänge sie im Rathaus auf,
Damit auch noch Urenkel lesen,
Wenn manches sich verändert hat,
Was für Kamele einst gewesen,
Die Väter unserer größten Stadt.

Sicherlich trifft diese spontane Reaktion nicht den Kern der Ablehnung. Aber ebenso sicher ist, daß die ablehnenden Parteien – es waren die, die Bismarck oft als »Reichsfeinde« apostrophiert hatte – einen sehr unpassenden Augenblick wählten, altem Groll und alten Ressentiments Luft zu machen. Diese Glückwunschadresse war eigentlich nur ein Akt selbstverständlicher Höflichkeit, der mit der Frage einer Bejahung oder Ablehnung der Regierungspolitik Bismarcks nichts zu tun hatte. Er rührte aber an Wunden, die noch nicht geheilt waren, die ihre tiefere Ursache in den erörterten Problemen des Kulturkampfes und im Abseitsstehen des »Vierten Standes« vom bestehenden Staate hatten. Obgleich der Streit im ganzen unerheblich und folgenlos war, ist er doch von symptomatischer Bedeutung für die widerstreitenden Empfindungen im damaligen Deutschland gegenüber dem Reichsgründer und seinem Werk.

Der Kaiser hatte dem Fürsten telegraphisch seine »tiefste Entrüstung« über diese Vorgänge mitgeteilt. Wollte er nicht ganz isoliert dastehen, wie beim Wiener Skandal, mußte ihm an einem Ausgleich mit Bismarck sehr gelegen sein. Aber die »Versöhnung«, die im Januar 1894 in Berlin erfolgte, war nur äußerlich, und die Art, wie Wilhelm II. dem Fürsten begegnete, konnte auf ihn wie alle anderen, die davon erfuhren, nur abstoßend wirken. Als der Kaiser im folgenden Monat zum Gegenbesuch nach Friedrichsruh kam, vermied er jedes politische Gespräch. Die ›Hamburger Nachrichten‹ berichteten:[21] »Der Kaiser hatte die Gnade, den Fürsten Bismarck über die wichtige Frage der Gewichtsverminderung der feldmarschmäßig bepackten Infanteriesoldaten näher zu informieren durch Vorstellung von zwei Grenadieren, von denen der eine die alte Uniform und das alte Gepäck trug, der andere die beabsichtigten Verbesserungen beider. Aus der Prüfung im Detail ergab sich, daß die neue Einrichtung den unschätzbaren Vorteil haben würde, das zu tragende Gewicht bedeutend zu erleichtern. Jeder Soldat und jeder Arzt wird leicht ermessen, welche große Verbesserung in dieser Maßnahme liegen würde. Ein weiteres Ergebnis in dieser Richtung wird durch die Änderung im Tragen des

Tornisters und der äußeren Belastung desselben bezweckt, und dasselbe System der Entlastung der Blutbewegung verfolgt die Änderung des Kragens, der zum Umklappen und Aufschlagen eingerichtet und mit einer Vorrichtung versehen ist, welche unter dem Kinne den Zusammenschluß des aufgeklappten Kragens möglich macht.«

Diese genaue Wiedergabe – und welcher politisch Interessierte hätte damals den Hohn und die schneidende Ironie nicht gespürt? – änderte nichts daran, daß die Ehrung, die der Kaiser dem Fürsten zum 1. April 1895 zuteil werden ließ, abermals rein militärischer Art war. Der Kaiser führte selbst Infanterie-, Kavallerie- und Artillerie-Einheiten mit Regimentsmusik auf einen Platz, der nahe dem Schloß Friedrichsruh gelegen war, und ließ die Truppen in offenem Viereck Paradeaufstellung nehmen. Dann hielt er auf den alten Kanzler eine Rede, die unter dem Motto stand: »Der heutige Tag gehört der Armee«. Nach den Hurras überreichte er Bismarck einen goldenen Ehrenpallasch mit dem Bildnis des Kaisers, das mit Brillanten und Edelsteinen umgeben war. Bismarcks Antwort lautete: »Euer Majestät wollen gestatten, Ihnen meinen untertänigsten Dank zu Füßen zu legen. Meine militärische Stellung Euer Majestät gegenüber gestattet mir nicht, Euer Majestät meine Gefühle weiter auszusprechen. Ich danke Euer Majestät.«[22] Tags darauf schilderte er dem Prinzen v. Hohenlohe diese Ehrung und bemerkte, »er habe, während der Kaiser im Küraß hoch zu Roß vor ihm hielt und zu ihm redete, immer einen Regentropfen betrachten müssen, der langsam an dem blanken Küraß herunterlief«. Die Lächerlichkeit, Hohlheit und Taktlosigkeit eines solchen Auftrittes empfand man doch sehr, und es wurde gewitzelt: »Das ist ungefähr so, wie wenn S. M. zum 80. Geburtstag des alten Blumenthal gesagt hätte: Ich feiere heute nicht den Feldherrn, sondern den Amtsvorsteher von Quellendorf [sein Gut]!«[23]

Gegenüber dieser Theaterschau, die überdies den Gefeierten in eine passive Rolle drängte, waren doch die Ehrungen und Zeichen der Verbundenheit von anderer Seite so, daß der Jubilar sich wirklich angesprochen fühlte, ja selber redend agierte. Der 1. April 1895 gab Bismarck Gelegenheit, Rückschau zu halten, »an dem Tage, den die Natur zur Abrechnung über meine Vergangenheit mir geschenkt hat«. In einer Ansprache an die Vertreter der Lehrkörper der Universitäten und Technischen Hochschulen des Deutschen Reichs sagte er:[24] »Die meisten Leute waren 1871 der Meinung, daß keine fünf Jahre bis zur Erneuerung des Krieges verrinnen würden; es ist – wenn ich auf irgend etwas stolz bin, so ist es dies – gelungen, den Frieden seit den fünfundzwanzig Jahren zu erhalten, und es ist keine Aussicht, daß er in kurzer Zeit gestört werde... Daß mir, ich kann

nicht sagen: der ungeteilte, aber doch ein hohes Maß von Beifall meiner Landsleute zuteil wird, rührt namentlich daher, daß weder mein alter Herr noch seine Ratgeber sich durch die Erfolge, die Gott uns verliehen hat, haben weiterführen lassen, als ein Bedürfnis für die deutsche Entwicklung war.«
Es lag nahe, daß er wegen jener Ablehnung von Glückwunschadressen sich auch mit denen auseinandersetzte, die dazu die Mehrheit gebildet hatten und die er früher als »Reichsfeinde« bezeichnet hatte. Den Protest gegen den Namen hielt er nicht für berechtigt, nachdem er, wie er bemerkte, fünfundzwanzig Jahre gegen diese Fraktionen im Reichsinteresse habe fechten müssen. »Aber«, so präzisierte er nun, »ich gebe gern zu, daß er nicht theoretisch, sondern nur in Anwendung ad hoc zu nehmen ist, sie lieben *dieses* Reich nicht. Die katholische Kirche kennt ein Reich, in dem sie eine hervorragende Stellung einnehmen würde, was sie wohl akzeptieren würde. Ich habe mit dem Bischof Ketteler anno 1870 in dem Sinne zu verhandeln gehabt. Die Sozialdemokratie würde einem Reiche nicht abgeneigt sein, in dem die geschicktesten Redner und Agitatoren eine herrschende Stellung nicht bloß im Staate, sondern auch in der Familie und im Hause einnähmen; die Polen würden sich mit einem Reiche befreunden können, das auf das Weichselgebiet verzichtet und Posen und Danzig herausgibt; also Reichsfeinde theoretisch und absolut prinzipiell sind die Herren nicht, aber das Reich, wie wir es haben, paßt ihnen nicht.«
In der unmittelbar darauf gehaltenen Ansprache an die Studenten – weit über 5000 waren erschienen – hob Bismarck eindringlich die Erhaltung des Friedens als Ziel der deutschen Politik nach 1871 hervor:[25] »Wir Deutschen hatten keinen Grund mehr, Krieg zu führen; was wir brauchten, hatten wir; darüber hinaus zu fechten, aus Eroberungsbedürfnis, für die Annexion von Ländern, deren wir zu unserer Genugtuung nicht bedurften, ist mir als Ruchlosigkeit erschienen... Ich bin also, nachdem wir in unserem Hause uns so ausgebaut und ausgedehnt hatten, wie wir es zu bedürfen glaubten, immer ein Mann des Friedens gewesen und habe selbst kleine Opfer nicht gescheut: der Mächtige kann unter Umständen nachgiebig sein.« Und dabei verwies er auf die Auseinandersetzungen wegen der Karolinen und Samoas. Im übrigen sei es in der Politik viel leichter, sich zu sagen, was man vermeiden, als sich zu sagen, was man tun muß. Darüber könne niemand eine sichere Voraussicht haben. »Denn die Politik ist eine Aufgabe, mit der eigentlich nur die Schiffahrt in unbekannten Meeren eine Ähnlichkeit hat. Man weiß nicht, wie das Wetter, wie die Strömungen sein werden, welche Stürme man erlebt. In der Poli-

Links oben: Bismarck als »Weichensteller« auf dem Berliner Kongreß (zu S. 107 ff.). Karikatur im »Punch« vom 4. Mai 1878.

Rechts oben: »Kaltes Blut und warm angezogen« (zu S. 113). Karikatur im »Kladderadatsch« 1883.

Unten: Der Berliner Kongreß 1878 (zu S. 109). Stehend vor dem Tisch von links nach rechts: Waddington (Frankreich), Beaconsfield (Großbritannien), Andrassy (Österreich-Ungarn), Bismarck, Schuwalow (Rußland), Mehmed Ali Pascha (Türkei). – Stehend hinter dem Tisch von links nach rechts: Hohenlohe, Corti (Italien), Herbert Bismarck (verdeckt hinter Schuwalow), Salisbury (Großbritannien), Karatheodory (Türkei). – Sitzend vor dem Tisch: (linke Seite) Gortschakow (Rußland) und (rechte Seite) Bülow. Gemälde von Anton von Werner.

A WISE WARNING

(Founded on the first part of an old Fable, the Sequel of which Mr. Punch trusts may never apply.)

»My son, observe the middle path to fly.
And fear to sink too low, or rise too high.
Here the sun melts, there vapours damp your force,
Between the two extremes direct your course.

»Nor on the bear, nor on bootes gaze,
Nor on sword-arm'd orions dangerous rays:
But follow me, thy guide, with watchful sight,
And as I steer, direct thy cautious flight.«

Ovid, »Metamorphoses«, Book VIII, Fable III.

Eine weise Warnung. Daedalus (Bismarck) warnt Ikarus (Wilhelm II.) vor dem Höhenflug und den sengenden Strahlen der Sonne »Caesarismus« (zu Seite 151)

Karikatur aus dem Londoner »Punch« vom 6. Oktober 1888

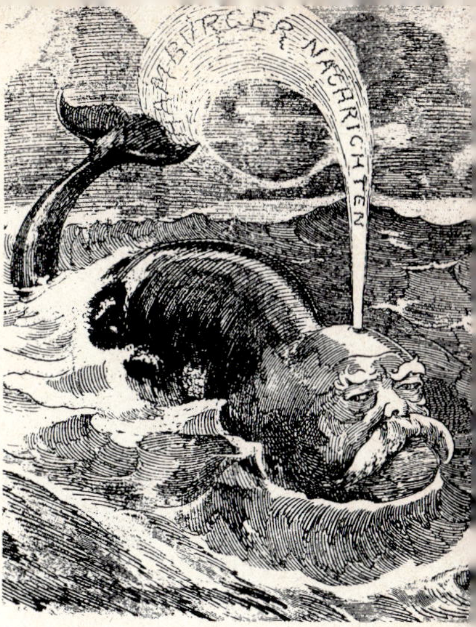

Links oben: »Der Lotse geht von Bord« (zu S. 148). Karikatur im »Punch« vom 29. März 1890.

Rechts oben: »There He Blows!« (zu S. 158). Karikatur im »Punch« vom 23. Juli 1892.

Links unten: Johanna v. Bismarck, geb. v. Puttkamer (zu S. 160). Zeichnung von C. W. Allers, 1893.

Rechts unten: Bismarck in Varzin (zu S. 178). Zeichnung von C. W. Allers, 5. Oktober 1892.

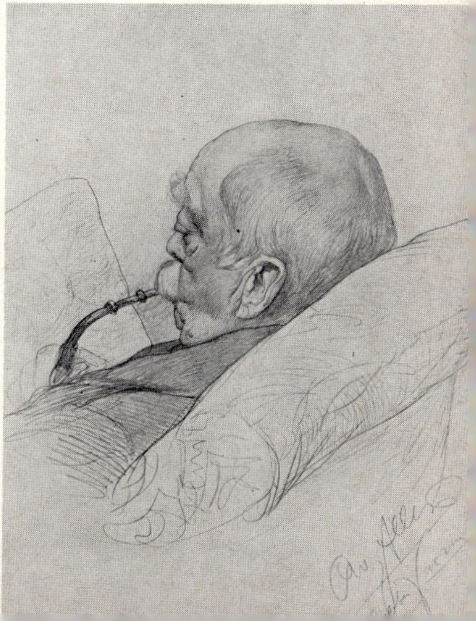

Der alte Bismarck (zu S. 171). Gemälde von Franz von Lenbach.

tik kommt noch dazu, daß man wesentlich von den Entschließungen anderer mit abhängig ist, auf die man gerechnet hat, und die nachher nicht eintreffen, daß man nie vollkommen selbständig handeln kann. Und wenn die Freunde, auf deren Unterstützung man angewiesen ist, ihre Ansicht ändern, wofür man nicht gutsagen kann, so ist der ganze Plan mißlungen. Also positive Unternehmungen in der Politik sind außerordentlich schwer, und wenn sie gelingen, so soll man Gott danken, daß er seinen Segen dazu gegeben hat, und nicht herummäkeln an Kleinigkeiten... Denn der Mensch kann den Strom der Zeit nicht schaffen und nicht lenken, er kann nur darauf hinfahren und steuern, mit mehr oder weniger Erfahrung und Geschick, kann Schiffbruch leiden und stranden und auch zu guten Häfen kommen.«

Nach diesen Ausführungen prinzipieller Art wird in den folgenden Gedanken die konservative Grundeinstellung seiner Außenpolitik nach 1871 wieder deutlich: »Wenn wir nun zu guten Häfen gekommen sind, wie ich aus dem... überwiegenden Urteil meiner Landsleute entnehme – denn deren Befriedigung ist doch alles, was wir zu erstreben haben – so wollen wir zufrieden sein und pflegen und erhalten, was wir gewonnen haben, in Kaiser und Reich, so wie es ist, nicht so, wie es einzelne wünschen könnten, mit anderen Einrichtungen, mit etwas mehr Zutat von dem, was jedem gerade am nächsten am Herzen liegt, sowohl in konfessioneller wie in sozialer Beziehung, sondern wir wollen sorgfältig festhalten, was wir haben, auch in der Sorge, es wieder zu verlieren, wenn wir es nicht zu schätzen wissen.« Man spürt die Besorgnis um das Erreichte, wenn er schließlich die Studenten bittet: »Geben Sie sich dem deutschen Bedürfnis der Kritik nicht allzu sehr hin, akzeptieren Sie, was uns Gott gegeben hat und was wir mühsam unter dem bedrohenden – Angriff kann ich nicht sagen – aber Gewehranschlag des übrigen Europa ins Trockene gebracht haben. Es war nicht so ganz leicht... Daß dabei nicht alles erreicht werden konnte, was jeder wünschte, ist natürlich, und ich spreche davon nur, um die Nachsicht derer in Anspruch zu nehmen, die ganz berechtigt sind, mehr zu erwarten, vielleicht auch mehr zu erstreben; aber nur nicht zu früh und nur nicht zu rasch. Halten wir vor allen Dingen zunächst fest, was wir haben.« Er war der Überzeugung, daß die politischen Entwicklungen so langsam wie die geologischen gehen. »Die Schichten legen sich übereinander und erzeugen neue Bänke und Gebirge.« Diese Rede blieb nicht ohne Eindruck auf die jungen Zuhörer.[26]

Am Abend des 1. April brachten schließlich noch mehr als fünftausend Hamburger dem Fürsten einen Fackelzug. Bei dieser Gelegenheit kam er auf das Kolonialsystem zu sprechen[27], wie es ihm vorschwebte: »Ich halte den überseeischen Hamburger Kaufmann für einen ungleich zuverlässigeren, bequemeren und geschickteren Vertreter nicht bloß nach unten, sondern auch oft nach oben, als – ich will keinen harten Ausdruck gebrauchen – die amtlichen Vertreter. Dieselben Gedanken habe ich immer schon mit Bezug auf unsere afrikanischen Beziehungen gehabt. Ich habe gehofft, daß sich dort eine kaufmännische Regierung ausbilden würde – nun, ich will nicht auf den Irrweg der Kritik dessen, was geschehen ist, kommen – aber ich hoffe sicher, wir werden auch in Afrika noch einmal zu einem System kommen, wie dasjenige, das England in Ostindien so groß gemacht hat. Da herrscht und regiert nur der Kaufmann, der besser weiß, als das am Aktenschrank und hinter dem Aktentisch möglich ist, was unseren Beziehungen zu den überseeischen Stämmen frommt.« Hier wird wieder einmal deutlich, in welch begrenzter und behutsamer Weise Bismarck sich eine Hoheitsausübung in den Kolonien vorstellte, die unter größter Zurückhaltung des rein Staatlichen vornehmlich vom Kaufmännischen bestimmt sein sollte. Das hatte mit dem stark aufblühenden Imperialismus nichts zu tun. Der Hinweis auf das englische System ging in die Vergangenheit, und es war die Frage, ob so etwas in der damaligen Gegenwart noch möglich war, in der ganz andere Kräfte führten, ganz andere Ideen zum Durchbruch kamen.

Die Frage nach dem rechten Maß, nach dem »Bedürfnis für die deutsche Entwicklung« sollte schon in den folgenden Wochen besonders aktuell werden, als Wilhelm II. und seine Ratgeber sich zu stärkerer politischer Aktivität im Fernen Osten entschlossen, die in der Intervention von Schimonoseki am 23. April 1895 eigentümlichen und überraschenden Ausdruck fand. Gemeinsam mit Rußland und Frankreich ging Deutschland diplomatisch gegen Japan vor, zugunsten des geschlagenen Chinas. Japan gab dem Druck der drei Mächte nach und verzichtete am 5. Mai auf die territorialen Ansprüche auf dem Festlande. Der sogenannte ostasiatische Dreibund – Rußland, Frankreich, Deutschland –, von dem man sich in Berlin günstige Auswirkungen beim eigenen Ausgreifen im Fernen Osten versprochen hatte sowie positive Rückwirkungen auf die europäische Mächtekonstellation, löste sich fast so schnell auf, wie er sich gebildet hatte. Japans Verstimmung gegen Deutschland, mit dem es in freundschaftlichen Beziehungen gestanden hatte, wirkte noch bis zum Kriegsausbruch 1914 nach: Es verwendete zur Kriegserklärung den gleichen Text, den es am 23. April 1895 von Deutschland bekommen hatte.

Bismarck nahm zur Intervention in den »Hamburger Nachrichten« am 7. und 23. Mai 1895 Stellung[28], indem er wiederholt nach den deutschen Interessen fragte und dabei feststellte: »Schon das Schwarze Meer hat für

uns ein geringes Interesse, aber das koreanische doch noch viel weniger.« Die Aktion bezeichnete er als einen »Sprung ins Dunkle« und meinte abschließend: »Unter dem alten Kurs wäre die Beteiligung an der Einmischung gegen Japan wahrscheinlich überhaupt nicht erfolgt...«
Die Beziehungen zwischen Wilhelm II. und Bismarck unterlagen noch außerordentlichen Schwankungen, die hier aber unerörtert bleiben können. Verwiesen sei nur auf die Reden, die der Kaiser zum 100. Geburtstag seines Großvaters hielt, dabei Bismarck überhaupt nicht erwähnte oder am 26. Februar 1897 von den braven, tüchtigen Ratgebern sprach, die die Ehre hatten, die Gedanken Wilhelms I. ausführen zu dürfen und alle »Handlanger« seines erhabenen Willens gewesen seien. Auch diese Rede erregte ungeheures Aufsehen. Voller Empörung schrieb Fontane:[29] »...Und *der* soll Werkzeug gewesen sein oder Handlanger oder gar Pygmäe! Wie kann man die Geschichte *so* fälschen wollen. Es ist der sprichwörtliche Undank der Hohenzollern, der einen hier anstarrt. Glücklicherweise schreibt die Weltgeschichte mit festem Griffel weiter. Aber hieße ich Arnim oder Bülow, ich könnte so was nicht vergessen.«
Über den letzten Besuch des Kaisers liegen mehrere Schilderungen vor. Hier sei die wiedergegeben, die den Fürsten in seinem letzten Lebensjahr am eindrucksvollsten vor Augen führt. Sie stammt von Tirpitz, der im Gefolge des Monarchen mit nach Friedrichsruh gekommen war:[30] »Bismarck empfing den Kaiser im Rollstuhl an der bescheidenen Eingangstüre des Landhauses. Wir gingen gleich zu Tisch, Bismarck setzte sich mit fremder Unterstützung, war aber, nachdem er saß, wieder ganz frisch. Ich hatte den Platz schräg gegenüber dem Fürsten, neben dem der Kaiser saß, zu meiner Seite der spätere Generaloberst v. Moltke. Der Fürst versuchte, politische Gespräche anzuspinnen, über unser Verhältnis zu Frankreich usw. Zu meinem größten Bedauern ging der Kaiser auf diese Gespräche nicht ein, sondern es wurde die an der kaiserlichen Tafel häufige Anekdötchenunterhaltung geführt. Immer wenn Bismarck von Politik anfing, vermied es der Kaiser, darauf zu achten. Moltke flüsterte mir zu: ›Es ist furchtbar‹; wir fühlten den Mangel an Ehrfurcht vor einem solchen Manne. Da sprach Bismarck aus irgendeinem Zusammenhang heraus ein Wort, das sich uns in seiner prophetischen Schwere eingrub: ›Majestät, solange Sie dies Offizierskorps haben, können Sie sich freilich alles erlauben; sollte das nicht mehr der Fall sein, so ist es ganz anders.‹ An der scheinbaren Nonchalance, mit welcher das herauskam, als ob nichts darin läge, zeigte sich eine großartige Geistesgegenwart; daran konnte man den Meister erkennen.[31]
Als wir aufbrachen, begleitete der Fürst den Kaiser im Rollstuhl bis an

die Türe, und dann nahmen wir einzeln Abschied. Bismarck verabschiedete sich freundlich von Bülow, von Miquel und anderen. Vor mir kam der Kabinettschef v. Lucanus daran, der 1890 bei Bismarcks Entlassung mitgewirkt hatte. Er versuchte dem Fürsten die Hand zu geben und einen Bückling zu machen. Da entwickelte sich ein merkwürdiges Schauspiel, das von gewaltigem Eindruck war. Der Fürst saß da wie eine Statue, kein Muskel rührte sich, er sah ein Loch in die Luft, und vor ihm zappelte Lucanus. Der Fürst drückte an sich nichts aus, es lag keine Abneigung in seinen Zügen, aber er war unbewegliche Maske, bis Lucanus begriff und sich entfernte. Dann kam ich, und nach mir mein treuer Kapitän v. Heeringen. Der war so hingerissen (er war ein temperamentvoller Herr), daß er sich hinunterbückte und dem Fürsten die Hand küßte. Ich freute mich darüber; ich hatte auch versucht, dem Fürsten etwas zu fühlen zu geben, soweit man es kann, aber die Handlung des Herrn v. Heeringen war stärker. Da nahm der Fürst Heeringens Kopf und küßte ihn auf die Stirn. – Das ist meine letzte Erinnerung an Bismarck.«
Am 30. Juli 1898 ist der alte Kanzler in Friedrichsruh gestorben. Anders als Moltke, der schnell und still verschieden war, hatte Bismarck einen schweren Todeskampf. Bis in seine Fieberträume verfolgte ihn die Unruhe und Sorge um Deutschland. Ein Jahr nach der Reichsgründung hatte er geäußert: »Mein Schlaf ist keine Erholung, ich träume weiter, was ich wachend denke, wenn ich überhaupt einschlafe. Neulich sah ich die Karte von Deutschland vor mir, darin tauchte ein fauler Fleck nach dem anderen auf und blätterte sich ab.«[32] Ein Gesprächsteilnehmer in Friedrichsruh bemerkte einmal über Bismarck:[33] »Nie hab' ich an einem Menschen einen so erstaunlichen und leichten Wechsel vom zugreifenden Nahblick des Tatmenschen und vom tiefen, geisterhaften Fernblick des vorausschauenden Weisen gesehen.« Unter dem Eindruck der Politik, wie sie unter Wilhelm II. getrieben wurde, äußerte der Fürst: »Zwanzig Jahre nach dem Tode Friedrichs des Großen war Jena; zwanzig Jahre nach meinem Abgang wird wieder der Niederbruch kommen, wenn so weiter regiert wird.«[34] Ebenso wie die Vorhersage über den Krieg mit Frankreich eintraf, die er 1868 gegenüber Carl Schurz geäußert hatte[35], sollte auch dieser Fernblick Zukünftiges richtig erkannt haben.

Der Kaiser, gerade auf der Nordlandreise, eilte bei der Todesnachricht sofort nach Friedrichsruh und telegraphierte an Herbert von Bismarck: »Ich werde seiner Hülle in Berlin im Dom an der Seite Meiner Vorfahren die letzte Stätte bereiten.« Unter Hinweis auf die letztwillige Verfügung des Verstorbenen lehnte der Sohn ab.[36] Und die Plätze, die bei der Trauerfeier in der Berliner Kaiser-Wilhelm-Gedächtniskirche für die Familie von Bismarck vorgesehen waren, blieben leer. Das eindrucksvollste Gedicht aber, das in diesen Tagen entstand, stammt von Theodor Fontane:

Wo Bismarck liegen soll

Nicht in Dom oder Fürstengruft,
Er ruh' in Gottes freier Luft
Draußen auf Berg und Halde,
Noch besser: tief, tief im Walde;
Widukind lädt ihn zu sich ein:
»Ein Sachse war er, drum ist er *mein*,
Im *Sachsenwald* soll er begraben sein.«

Der Leib zerfällt, der Stein zerfällt,
Aber der Sachsenwald, der hält;
Und kommen nach dreitausend Jahren
Fremde hier des Weges gefahren
Und sehen, geborgen vorm Licht der Sonnen,
Den Waldgrund in Efeu tief eingesponnen
Und staunen der Schönheit und jauchzen froh,
So gebietet einer: »Lärmt nicht so! –
Hier unten liegt Bismarck irgendwo.«

Die hier vorgelegte Biographie könnte leicht ergänzt, verbreitert und vertieft werden, durch ähnliche oder auch wieder ganz andere, aber eben doch charakteristische Stellen von Bismarck selbst. Das Gewebe um das, was und wer er eigentlich war, würde sich erheblich verdichten, aus mancher Einzelbemerkung könnten neue Bezugspunkte gewonnen werden zur Gesamterscheinung, dem Geist seiner Zeit, sowie ihren vielfältigen und nicht selten gegeneinander laufenden Strömungen.[1] Indessen ist all dies im Ansatz hier versucht worden, und die gebotenen Zugänge zu Bismarck, seinem Zeitalter und wichtigen Einzelfragen mögen zugleich Anregung zu selbständigem, kritischem Weiterdenken und -lesen bilden.[2] Der Umstand, daß kritische Köpfe seiner Zeit oft ihr Urteil über ihn wechselten und ihn ebensowenig »auf einen Nenner« zu bringen vermochten wie die nachfolgenden Generationen[3], läßt es angeraten erscheinen, abschließend noch auf das Problem des mißverstandenen Bismarck einzugehen. Daß er mit den Etiketten »Junker«, »Stockpreuße«, »Eiserner Kanzler in Kürassierstiefeln« nicht andeutungsweise erfaßt ist, dürfte deutlich geworden sein. Die Frage des englischen Malers Richmond, ob er wirklich der eiserne Kanzler sei, hat er verneint und dazu bemerkt: »Meine Härte ist angelernt. Ich bin ganz Nerven, so sehr, daß Selbstbeherrschung immer das *eine* Bemühen meines Lebens gewesen ist und noch ist.«[4] Diese und ähnliche Bemerkungen führen in eine Richtung, der man auch von psychiatrischer und neurologischer Seite besondere Aufmerksamkeit gewidmet hat. Auf Grund sorgfältigen Quellenstudiums und nach Prüfung vieler anderer Urteile schrieb Ernst Kretschmer über Bismarck:[5] »Er war das verwickelte und doch folgerichtige Resultat eines Erbgangs, in dem sich die einfache, ungebrochene Kraft der väterlichen Landjunker- und Soldatenfamilie und die beginnenden nervösen Entartungssymptome eines hochbegabten Gelehrtengeschlechts von Mutterseite her in den unmöglichsten Kontrasten vermischen. Ohne diese nervösen Spannungen und bizarren Charaktergegensätze in seinem Innern wäre er ein derber tüchtiger Landjunker geblieben, wie seit Jahrhunderten fast alle seine Väter. Erst die Nervosität und die psychopathische Unausgeglichenheit der mütterlichen Familie hat in diesen kräftigen Stamm die Triebkraft zu großen Taten gebracht, die niemals gesunder Zufriedenheit, sondern nur der inneren Rastlosigkeit und Unruhe entspringt. Genie wird nur, wer es muß, wer durch die Spannung seines Innern zu immer neuen Leistungen getrieben wird...

So ist das wirkliche Bild Bismarcks: Die Reckengestalt eines Hünen mit dem Gehirn eines Neurasthenikers, der dickköpfigste Landjunker und aufgeklärteste Weltbürger in einem Atemzug, eine unbegreifliche Mischung von Eleganz, Grobheit, Zivilisation und Gemütstiefe, von kräftigem Behagen und verstimmter Überreiztheit, ein verwöhnter Schöngeist mit ungebrochenen Bauerninstinkten, ein Genie, dessen Willenskraft gestachelt ist von seiner Nervenschwäche.«

Den historischen Bismarck zu erfassen macht im Grunde die gleichen Schwierigkeiten wie etwa den historischen Luther, der weder »protestantisch« noch »evangelisch« und gewiß auch nicht »lutherisch« war. Nur sorgfältigste Prüfung ist in beiden Fällen gefeit vor allzu schnellen »schlüssigen« und »sicheren« Urteilen. Der Versuch – und man begegnet ihm immer wieder –, Bismarck unter einem einzigen Gesichtswinkel zu betrachten und zu deuten, ist ebenso abwegig wie der Versuch, eine Gebirgslandschaft von einem Punkte aus einsehen zu wollen; er muß notwendigerweise an der Spannweite, Tiefe und Höhe des Genies scheitern. Selbst Eyck erklärt unumwunden: »Größeren Reichtum hat die Natur nur selten in einer Person vereinigt.«[6] Vielleicht kann man diesen Reichtum so umschreiben, wie es Goethe im Wilhelm Meister einmal getan hat: »Es sind nur wenige, die den Sinn haben und zugleich zur Tat fähig sind. Der Sinn erweitert, aber lähmt; die Tat belebt, aber beschränkt.« Die belebende ›Tat‹ und der sich erweiternde ›Sinn‹ machen wohl das Besondere bei Bismarck aus, sie bleiben in ihm eine Zweiheit, und indem sie nicht zur Einheit werden, enthalten sie das ebenso fruchtbare wie disharmonische Spannungsmoment, das sein Ingenium kennzeichnet. Indessen kann auch dies nur ein Näherungsversuch sein; es dürfte wohl kaum gelingen, eine so vielschichtige und reich veranlagte Persönlichkeit je eindeutig zu erfassen.

An Mißdeutungen über Bismarck hat es nicht gefehlt, eigentlich setzen sie sofort mit seinem politischen Auftreten ein, und früh schon hat er sich mit ihnen auseinandergesetzt. So etwa, als ihm ein Freund den Vorwurf machte, er treibe eine unchristliche Politik.[7] Postwendend antwortete er:[8] »Es ist mir herzlich leid, wenn ich gläubigen Christen Ärgerniß gebe, aber gewiß bin ich, daß das in meinem Berufe nicht ausbleiben kann... Als Staatsmann bin ich nicht einmal *hinreichend* rücksichtslos, meinem Gefühl nach eher feig, und das, weil es nicht leicht ist, in den Fragen, die an mich treten, immer *die* Klarheit zu gewinnen, auf deren Boden das Gottvertrauen wächst. Wer mich einen gewissenlosen Politiker schilt, tut mir Unrecht und soll sich sein Gewissen auf *diesem* Kampfplatze erst selbst einmal versuchen.« Und der letzte Satz dieser den eigenen Standort so demütig wie bestimmt fixierenden Erwiderung lautete: »Wenn ich unter der Vollzahl der Sünder, die des Ruhmes vor Gott mangeln, hoffe, daß Seine Gnade auch mir in den Gefahren und Zweifeln meines Berufs den Stab demüthigen Glaubens nicht nehmen werde, an dem ich meinen Weg zu finden suche, so soll mich dieses Vertrauen weder harthörig gegen tadelnde Freundesworte noch zornig gegen liebloses und hoffährtiges Urtheil machen.«

Entkräftet ein so ernsthaftes Argumentieren bis zu einem gewissen Grade schon die Behauptung, er sei ein Opportunist, ein skrupelloser Politiker gewesen, so besteht andererseits kein Zweifel, daß manche genial-einfache Formulierung zu Mißverständnissen in den genannten Richtungen führen konnte. »Wenn ich mit Grundsätzen durchs Leben gehen soll, so komme ich mir vor, als wenn ich durch einen engen Waldweg gehen sollte und müßte eine lange Stange im Munde halten.« Gewiß liegt hierin die Ablehnung eines abstrakten, vorschreibenden Prinzips; vorgeschrieben – und das ist Bismarcksche Realität und der Kern dieses Bildes – ist der Weg durch die Enge, und sie bestimmt und begrenzt die Bewegungs- und Wahlfreiheit. Keinem Prinzip verschrieben, kommt ihm der Auftrag aus der Realität – er selbst spricht von »gottgegebenen Realitäten«.[9]

Man hört oft, Bismarck sei ein »Realpolitiker« gewesen, er habe »Realpolitik« getrieben. Auch das ist zu flach gegriffen und läßt, wie schon die Wortwahl verrät, ein tieferes Eindringen in die Problematik der Persönlichkeit und der sie umgebenden Welt vermissen. Diese Bezeichnung ist zudem unscharf und unklar, da sie je nach dem politisch-weltanschaulichen Standort des Beurteilenden positiv, neutral oder negativ anwendbar ist. Wie oft wird »Realpolitik« mit Grundsatzlosigkeit, Opportunismus und Macchiavellismus gleichgesetzt, man könnte sie auch mit der Richtigkeit des Augenblicks umschreiben. Bezeichnenderweise findet man diesen durch Treitschke sehr populär gewordenen Begriff[10] bei Bismarck nicht, und nur einmal spricht er von einem »Realpolitiker«. Seine Auffassung von der Politik, dem Staat, der Welt und der Gesittung hat er nur bei Gelegenheit und bruchstückweise ausgesprochen. Diese Bemerkungen, meist in einem ganz bestimmten Zusammenhang, zu einem bestimmten Zweck gesagt oder an eine bestimmte Person gerichtet, können nicht in ein Schema gefaßt werden, das ihn als »Realpolitiker« erscheinen läßt. Es fehlt solcher Zeichnung die Tiefendimension Bismarckscher Sicht. Von den Imponderabilien in der Politik ist bei ihm oft die Rede; er macht darauf aufmerksam, »daß nichts in der Welt dauernd ist, weder die Friedensschlüsse noch die Gesetze; sie kommen und gehen, sie wechseln: tempora mutantur et nos mutamur in illis. Wie lange der Frieden oder der Ansatz zum Frieden, die Annäherung an den Frieden... dauert und währt, wenn sie gelingt, das kann ja niemand vorausberechnen. Wir tun eben unsere Schuldigkeit in der Gegenwart, rebus sic stantibus, und das was wir Günstiges und Zufriedenstellendes für das Land erlangen können, das nehmen wir an: – ob es dauert, das steht bei Gott.«[11] Das waren keine Töne von Altersresignation, sondern die Grundüberzeugung eines sich in Verantwortung vor Gott fühlenden Christen. Fast dreißig Jahre lagen zurück, als er sich während der italienischen Krise in einem Brief an seine Frau ganz ähnlich geäußert hatte.[12]

Wenn er in ein Gedenkbuch des deutsch-französischen Krieges als Wahlspruch schreibt: »Fert unda nec regitur«, so wird deutlich, daß das Getragensein ein gewichtiges Moment seiner Auffassung von Realität ausmacht. »Der Mensch kann den Strom der Zeit nicht schaffen, er kann nur auf ihm fahren und steuern.« Oder: »Es bildet die geschichtliche Entwicklung unseres Landes einen zu gewaltigen und zu breiten Strom, als daß ein einzelner und selbst der Herrscher des Landes ihn vorher bestimmen kann. Die ganze Weltgeschichte läßt sich überhaupt nicht machen«, heißt es an anderer Stelle.[13] Anfang Dezember 1884 fragte er im Reichstag: »Ist einer unter Ihnen – ich bin es ganz gewiß nicht –, der 1863 die Situation vorausgesehen hat, in der wir 1870 waren, die Ereignisse, die inzwischen eintraten, der Jahre 1864, 1866? Hat das einer vorausgesehen? Ich führe das nur an, um Ihnen zu beweisen, wie wenig man in der Politik auf die Zukunft, die man augenblicklich übersieht und die kaum über vierundzwanzig Stunden reicht, rechnen darf.«[14]

In diesen Zusammenhang gehört nicht zuletzt das Gespräch, das er in hohem Alter mit der Frau seines Sohnes Wilhelm führte. Auf der Chaiselongue liegend und nach der Zeitungslektüre sagte er: »Kind, Politik ist keine Wissenschaft.« Darauf sie: »Politik ist wohl mehr Gefühlssache, wenn Du auch nie sentimentale Politik gemacht hast.« – Schweigen. Bismarck macht einige Züge aus seiner langen Pfeife. Dann: »Politik ist, daß man Gottes Schritt durch die Weltgeschichte hört, dann zuspringt und versucht, einen Zipfel seines Mantels zu fassen.«[15]

Wenn der spätere Hofprediger Adolf Stoecker nach der Kaiserproklamation von Versailles erklärte: »Das heilige evangelische Reich deutscher Nation vollendet sich... in dem Sinn erkennen wir die Spur Gottes von 1517 bis 1871«, so mochte diese Linie von Luther zu Bismarck der Auffassung gewisser Kreise, etwa im nationalliberalen Bürgertum, entsprechen. Der Reichsgründung aber unterschob Stoecker einen Sinn, der dem Reichsgründer durchaus ferngelegen hat. Es ist kein Zufall, daß Bismarck später und in anderem Zusammenhang den jungen Prinzen Wilhelm vor

ihm warnte: »Ich habe nichts gegen Stoecker; er hat für mich nur den einen Fehler als Politiker, daß er Priester ist, und als Priester, daß er Politik treibt.« Bismarcks Ablehnung gipfelte in dem Satz: »Er steht an der Spitze von Elementen, die mit den Traditionen Friedrichs d. Gr. in schroffem Widerspruch stehen, und auf die eine Regierung des Deutschen Reiches sich nicht würde stützen können.«[16]
Auch die angeführten Stellungnahmen von Sybel aus dem Jahre 1871 und von Weber 1895 gehören zum Thema des mißverstandenen Staatsmannes. Bismarck wäre der letzte gewesen, der in der Reichsgründung etwas Fertiges, Endgültiges gesehen hätte. Und wenn Weber mit starken Worten die Ausdehnung Deutschlands forderte, so verkannte er ebenso wie die anderen Propagandisten der »Weltpolitik« völlig die Ungunst der kontinentalen Mittellage. Das Sendungsbewußtsein schließlich, von dem Weber wie Rohrbach und Naumann so durchdrungen waren, fehlte Bismarck vollständig; eine Ideologie oder eine »Missionsidee« hatte er ebensowenig wie das von ihm geschaffene Reich. Eben dies aber wurde im Zeitalter des Imperialismus als Mangel empfunden, als Lücke, in die einzudringen neuen Kräften auch deshalb bald gelang, weil die Erhaltung des Erworbenen, wie Keßler bezeugt[17], weder die Phantasie noch den Unternehmungsschwung der nachwachsenden Generation befriedigen konnte. Sie wollte sich lösen von der »Hypothek der Bewegungslosigkeit«[18], mit der Bismarcks außenpolitische Konzeption des Saturiertseins behaftet war. Zweifellos hatte diese Politik der Enthaltsamkeit, des Beharrens auf dem status quo entscheidend zur Friedenssicherung Deutschlands und Europas beigetragen, und dies seit 1871. Aber dringlicher stellte sich, je stärker die Wogen des Imperialismus nun herandrängten, die Frage, ob diese Politik noch länger durchführbar wäre. War ihre »Saison« nicht abgelaufen? Stand sie nicht eigentlich in gewissem Widerspruch zu Bismarcks eigener Auffassung, nach der die internationale Politik ein »flüssiges Element« ist, »das unter Umständen zeitweilig fest wird, aber bei Veränderungen der Atmosphäre in seinen ursprünglichen Aggregatzustand zurückfällt...«?
Die Älteren, zumal auch ehemalige Bismarckgegner, verneinten es und lehnten, ganz in Übereinstimmung mit ihm, das 1895 beginnende starke politische Hervortreten Deutschlands im Fernen Osten ab. Verzweifelt schrieb Roggenbach: »Fast möchte man den seligen Bismarck zurückwünschen...«.[19] Einige Jahre später, 1900, notierte der nach China entsandte Feldmarschall Graf Waldersee in sein Tagebuch:[20] »Wir sollen Weltpolitik treiben. Wenn ich nur wüßte, was das sein soll; zunächst doch nur ein Schlagwort...«. Die Ernüchterung dieses Mannes ging so weit,

daß er im Jahre darauf, 1901, aus seiner fernöstlichen Perspektive meinte:[21] »Der Welt fehlt ein Bismarck; wäre er noch am Leben, die hiesigen Dinge hätten ein anderes Aussehen.«

Demgegenüber fühlten sich die Jüngeren unausgefüllt und wollten, teilweise von Epigonengefühl bedrückt, den Taten der Väter und Großväter gleichwertige Leistungen zur Seite stellen. Diesem subjektiven Wollen aber stand die objektive Undurchführbarkeit entgegen, die Bismarck etwa mit der Bemerkung über *seine* »Karte von Afrika«[22] bereits scharf umrissen hatte. Die Reichsgründung konnte nicht stärker mißverstanden werden, wenn sie nun als Vorstufe zur Weltmachtbildung aufgefaßt wurde. Das stets so wache Krisenbewußtsein Bismarcks fehlte bei denen, die in nationalistischem und imperialistischem Rausche meinten, der Welt »das letzte Wort« sagen zu können und mit Wilhelm II. »herrlichen Zeiten« entgegengehen wollten. Welch eine Verblendung – welch unpreußische Auffassung! »Wir sind nicht auf dieser Welt, um glücklich zu sein und zu genießen«, hieß es bei Bismarck, »sondern um unsre Schuldigkeit zu tun.« Und ein anderes Mal: »Wir sind nicht hier in diesem Leben zur Behaglichkeit, sondern schulden uns und unsre Kräfte dem Dienste des Landes.« Das war auch die Pflichtauffassung Friedrichs des Großen. Mit Recht durfte Bismarck von sich sagen: Patriae in serviendo consumor. Und in dieser Haltung verkörperte er ebenso wie Wilhelm I., Moltke und Roon den »alten Kurs«. Der Kurswechsel unter Wilhelm II. aber bedeutete nicht nur einen Umschwung, sondern einen Bruch mit dem Vorangegangenen. Ein Umschwung zum Imperialismus vollzog sich zwar auch in den anderen führenden europäischen und außereuropäischen Staaten, nur mußte er im Land der bedrohten Mitte ungleich folgenreicher und gefährlicher werden.

So konnte es auch geschehen, daß das Wort: »Wir Deutsche fürchten Gott, aber sonst nichts in der Welt...« so gründlich mißverstanden wurde. Es war, wie wir sahen, aus der *Abwehr*, dem Zwang der Verteidigung gegen die schwere Bedrohung der offenen Grenze im Osten gesprochen. Und daß diesem Satz nichts Aggressiv-Herausforderndes anhaftete, bewies die unmittelbar folgende Friedensbeteuerung: »und die Gottesfurcht ist es schon, die uns den Frieden lieben und pflegen läßt.« Mit diesem festen und zugleich friedlichen Auftreten gegenüber den kriegerischen Strömungen in Rußland hatte Bismarck 1888 die internationale Krise in Europa gebannt. Der Zweck der Rede und gerade auch dieses Satzes war damit erfüllt. Daß sein Wort volkstümlich wurde, überraschte ihn sehr, und als er es am 1. April 1888 in zahlreiche Geburtstagsgeschenke gestickt, gewebt und graviert sah, ja sogar an Krawatten, meinte er im

Familienkreise: »Hadd ik dat Wurt man nich seggt.«[23] Wenn der junge Kaiser aber nur zwei Jahre später schon dieses Wort ohne den entscheidenden zweiten Teil des Satzes zum »guten Grundsatz« ummünzte, so war diese neue Münze nicht nur durch den alten Kanzler ungedeckt, sondern auch inhaltlich des friedliebend-bestimmten Wertes beraubt. Bismarck kam 1891 noch einmal darauf zurück und warnte öffentlich vor der Mißdeutung dieses Wortes.[24] Und andere taten es auch.[25] Aber vergebens. Es geriet in die Niederungen des so gefährlich sich entwickelnden Nationalismus und erhielt gerade durch den Kaiser den Ton des auftrumpfenden Protzens mit der eigenen Macht; ein Ton, der im Inland bei Nationalisten und Philistern wohl Sympathie erweckte, im Ausland aber als Drohung aufgefaßt wurde. Bedauerlicherweise ist heute noch im In- und Ausland diese verkürzte, sinnverwandelnde Form die geläufige[26] und bildet damit einen Stein des Anstoßes gegen Bismarck und nicht selten auch gegen »die Deutschen«.

Die Fehldeutungen Bismarcks in der Epoche des Imperialismus wollen, wie dargestellt, aus der Bewußtseinslage jener Zeit und den Maßstäben einer neuen Entwicklung verstanden werden. Ohne sie damit abzuschwächen, muß doch davor gewarnt werden, von jener Generation damals die Erkenntnisse zu erwarten, die mit dem Jahre 1918 gekennzeichnet sind. Im ersten Jahrzehnt der Regierung Wilhelms II. konnte wohl kaum jemand ahnen, wo der »Neue Kurs« mit »Volldampf voraus« einmal enden werde. Die prophetische Sicht Bismarcks blieb Ausnahme, und das Kapital seiner Politik war bei seinem Tode noch nicht verwirtschaftet.

Und schon gar nicht hatten die Zeitgenossen Anschauung und Erfahrung einer Diktatur, deren »Führer« sich mit der Gründung des »Großdeutschen Reiches« nicht nur als Fortsetzer, sondern als potenzierter Bismarck freventlich wähnte; der nicht verstand, was es bedeutete, daß Bismarck nach größten Erfolgen erklärt hatte: Deutschland ist saturiert. Ein »Heim ins Reich« der Grenzlanddeutschen hat Bismarck, bei aller Sympathie für sie, aus politischen Gründen stets abgelehnt; »Volkstumspolitik« war ihm fremd.

Vollends die Vernichtung von Nachbarstaaten und die Ausrottung fremder Völker lag außerhalb seiner Denkweise. Wie er Frankreich als notwendiges Gewicht innerhalb des europäischen Staatensystems ansah[27], so nicht minder auch Österreich-Ungarn. 1884 erklärte er: »Wenn Österreich verschwände, was könnte man an seine Stelle setzen? Österreich ist unersetzlich. Diese Erwägung hat mich 1866 geleitet. Gewiß hielt ich den Krieg von 1866 für notwendig,... aber nach dem Sieg wollte ich Österreich nicht zerstören.«[28] Noch grundsätzlicher formulierte er diese Erkenntnis wenige Jahre später und verband sie mit einer Prognose, deren damalige Aktualität auch heute noch nicht der Vergangenheit angehört: »Was sollte an die Stelle Europas gesetzt werden, welche der österreichische Staat von Tirol bis zur Bukowina bisher ausfüllt? Neue Bildungen auf dieser Fläche können nur dauernd revolutionärer Natur sein.« Diese konservative Politik verfolgte er auch trotz des dauernden russischen Drucks. In einem Erlaß vom Juni 1889 hieß es:[29] »Unsere ganzen Verstimmungen mit Rußland beruhen nicht auf direkten russisch-deutschen Schwierigkeiten, sondern lediglich auf der Tatsache, daß wir bereit sind, Österreich gegen russische Vergewaltigungen zu schützen, weil der Fortbestand Österreichs, als einer starken und unabhängigen Großmacht, für das europäische Gleichgewicht unentbehrlich ist.«

Daß er umgekehrt auch nicht an eine Niederringung Rußlands dachte, verdeutlichte seine selbst in kritischer Stunde so entschiedene Ablehnung des Präventivkrieggedankens. Als ihm im April 1888 berichtet wurde, man erwäge diese Gedanken weiter, »um die russische Macht zu zertrümmern«[30], bemerkte er am Rande: »Das ist so leicht nicht! Ein Sieg über Rußland ist keine Zertrümmerung, sondern nur die Herstellung eines revanchebedürftigen Nachbarn auch im Osten.« Im darauf folgenden Erlaß[31] betonte Bismarck: »Selbst der günstigste Ausgang des Krieges würde niemals die Zersetzung der Hauptmacht Rußlands zur Folge haben... Dieses unzerstörbare Reich russischer Nation, stark durch sein Klima, seine Wüsten und seine Bedürfnislosigkeit, wie durch den Vorteil, nur *eine* schutzbedürftige Grenze zu haben, würde *nach* seiner Niederlage unser geborener und revanchebedürftiger Gegner bleiben, genau wie das heutige Frankreich es im Westen ist... Das Zertrümmern einer Nationalität ist drei starken Großmächten schon in betreff der viel schwächeren polnischen in 100 Jahren nicht gelungen. Die Vitalität der russischen wird nicht minder zähe sein...« Dementsprechend lautete seine Empfehlung: »Wir werden meines Erachtens immer am besten tun, sie wie eine elementarisch vorhandene Gefahr zu behandeln, gegen die wir Schutzdeiche unterhalten, die wir aber nicht aus der Welt schaffen können.« Die Bedeutung, die Bismarck dieser Stellungnahme beimaß, wird noch unterstrichen durch einen Schriftwechsel, den er über diese Fragen gleichzeitig mit dem Kronprinzen, dem späteren Kaiser Wilhelm II., führte.[32]

Stellt man neben diese Bismarcksche Konzeption die Politik Hitlers mit der Aufteilung Polens und der bewußten Dezimierung seiner Bevölkerung, den Plänen für die Aufteilung Frankreichs, dem Angriffskrieg gegen Rußland und der auch dort so abwegigen und oft ungeheuerlichen und unmenschlichen Besatzungspolitik, so wird wieder einmal der Unsinn jener eingangs erwähnten, angeblich historischen Linie offenbar, die von Bismarck zu Hitler führe. Wenn, wie angeführt, Disraeli gegen die deutsche Reichsgründung schwerste Bedenken dahingehend geäußert hatte, daß England dabei zu Schaden kommen werde[33], so erwiesen diese sich in der Folgezeit als nicht begründet. Mochte auch das neue Reich von verschiedenen Seiten innerlich nur mit Widerwillen ertragen werden, so bildete es seit 1871 doch die Grundlage eines Friedens, der in Europa die ungewöhnlich lange Zeit von 43 Jahren anhielt.

Was dabei für die deutsche Politik richtungweisend bleiben sollte, legte er noch in seinen Erinnerungen nieder: »Deutschland ist vielleicht die einzige große Macht in Europa, welche durch keine Ziele, die nur durch siegreiche Kriege zu erreichen wären, in Versuchung geführt wird. Unser Interesse ist, den Frieden zu erhalten, während unsere kontinentalen Nachbarn ohne Ausnahme Wünsche haben, geheime oder amtlich bekannte, die nur durch Krieg zu erfüllen sind. Dementsprechend müssen wir unsere Politik einrichten, das heißt den Krieg nach Möglichkeit hindern oder einschränken, uns in dem europäischen Kartenspiele die Hinterhand wahren und uns durch keine Ungeduld, keine Gefälligkeit auf Kosten des Landes, keine *Eitelkeit* oder befreundete Provokation vor der Zeit aus dem abwartenden Stadium in das handelnde drängen lassen; wenn nicht«, so fügte er warnend und ahnend hinzu, »plectuntur Achivi.«

Bereits 1883 schrieb die englische Zeitung ›Pall Mall Gazette‹ zum Jahrestag der Schlacht bei Sedan: »Eine Suprematie, wie sie Deutschland genießt, fast ohne Vorgang an sich, ist noch einziger in der Art, wie sie ausgeübt wird. Weder England nach Waterloo, noch Frankreich nach Solferino, noch Kaiser Nikolaus nach Niederwerfung des ungarischen Aufstandes übten einen ähnlichen Einfluß aus. Die meisten Männer, die in den Traditionen der Lehre vom europäischen Gleichgewicht aufgewachsen sind, würden es für unmöglich erklärt haben, daß eine so ungeheure Autorität in die Hände einer einzelnen Regierung gelegt werden konnte, ohne ernsten Nachteil für den Frieden, die Unabhängigkeit und das allgemeine Wohlergehen Europas. Jedoch, nach dreizehnjähriger Erfahrung der neuen Lage kann kein unparteiischer Beobachter in Frage stellen, daß das deutsche Übergewicht im ganzen das gesundeste Element in der europäischen Lage gewesen ist. Die deutsche Politik hat gelegentlich Irrtümer begangen, denn Deutsche sind sterblich wie andere Menschen, aber im ganzen hat Europa das Vorhandensein dieser großen friedlichen Kraft in seinem Zentrum zum Vorteil gereicht, und wenn es gewiß

wäre, daß dieselbe in Zukunft mit der halben Weisheit und Zurückhaltung wie bisher gehandhabt werden würde, so würden nur wenige Männer außerhalb des engen Kreises französischer Politiker nicht geneigt sein, esto perpetua! zu sagen. Eine so ungeheure Macht ist selten so gut angewendet worden.«[34]
Bismarcks außenpolitische Leistung ist der gelungene Versuch, eine Art latenter deutscher Hegemonie geschaffen zu haben, die für die anderen europäischen Staaten sich als durchaus erträglich und förderlich erwiesen hatte. Wenn er als Ziel der deutschen Politik nach der Reichsgründung erklärte, die Welt durch den ehrlichen und friedlichen Gebrauch der neugewonnenen Schwerkraft zu überzeugen, »daß eine deutsche Hegemonie in Europa nützlicher und unparteiischer, auch unschädlicher für die Freiheit andrer wirkt als eine französische, russische oder englische«, so ist ihm das in schwerem, aber erfolgreichem Ringen um das Vertrauen der anderen Staaten gelungen.
In der gewitterschwülen politischen Atmosphäre am Ende des Jahres 1912 stieß der Staatssekretär von Kiderlen-Waechter auf einen Artikel über »Hindernisse auf dem Wege deutscher auswärtiger Politik«, der seine »volle Zustimmung« fand.[35] In sein Tagebuch schrieb er: »Immer die alte Phrase: ›Uns fehlt Bismarck!‹ Richtig verstanden: Ja! Die Autorität eines Bismarck fehlt – ›nicht um eine schneidige Politik durchzuführen, sondern um die von ihm festgelegten Grundsätze der Mäßigung und Vorsicht einer unvorsichtig gewordenen öffentlichen Meinung gegenüber zu vertreten und zur Geltung zu bringen‹«.[36]
Salisbury, der Kollege und Nachfolger Disraelis, bezeichnete die Entlassung des deutschen Kanzlers als »an enormous calamity, of which the effects will be felt in every part of Europe«.[37] Das war die nachträgliche englische Anerkennung der latenten deutschen Hegemonie unter Bismarck. Es bedarf keiner weiteren Ausführungen, daß das, was Hitler, vor allem in den Jahren seit 1938, außenpolitisch gewollt und erreicht hat, nicht nur in schärfstem Gegensatz dazu stand, sondern sich auf einer Ebene grenzenlosen Machtstrebens bewegte, die mit dem, was man unter »Politik« versteht, nichts mehr zu tun hatte. So blieb dem »Führer« der Gegenbeweis Bismarckscher Politik vorbehalten, daß es kaum etwas Schlimmeres in Europa geben könne als eine deutsche Hegemonie mit nationalsozialistischem Vorzeichen.
Zu denen aber, die in Fortentwicklung Bismarckscher Einsichten verantwortungsbewußte Politik trieben, gehörte Gustav Stresemann. Es ist bezeichnend, daß er in kritischer Stunde sich bei der Abwehr von Heißspornen ausdrücklich auf Bismarck berief und erklärte:[38] »Ein Außenmini-

ster, der aus der Gemütshitze heraus alles wieder in Ordnung bringen wollte, würde uns in Konflikte mit allen Mächten bringen. Es wäre gut, einmal ein Buch über den mißverstandenen Bismarck zu schreiben, in dem dargestellt wird, wie er in der Fülle der Macht der Vorsichtigste im Gebrauch der Macht gewesen ist, wie er sich 1866 und 1870 denen gegenüber durchgesetzt hat, die nicht genug bekommen konnten. Er wollte Europa den Frieden erhalten. Das wäre ein besseres Bild von ihm als das, das die Legende von ihm sich macht, wenn sie ihn als den Mann mit den Kürassierstiefeln darstellt.«

Waren es bei Kiderlen-Waechter und bei Stresemann die Herausforderungen eines übersteigerten Nationalismus und Chauvinismus, die sie willens und in der Lage waren in ihren Ämtern zu zügeln, wurde dies ganz anders, als Vertreter dieser von bornierter Kurzsichtigkeit gezeichneten Geisteshaltung 1933 die Regierung in Deutschland übernahmen. Es ist eine Episode von symptomatischer Art, wenn am 23. März 1933, zwei Tage nach dem »Tag von Potsdam«, der Historiker Siegfried A. Kaehler einem Studenten die Reproduktion eines Bismarckbildes von Lenbach schenkte und auf die Rückseite schrieb: »Zur Herzstärkung in einer Zeit diametraler Bismarckferne.«[39] Nicht minder bemerkenswert ist, daß man sich, unter dem Eindruck der ersten bedenklichen Entwicklungen nach der Machtübernahme in Deutschland, auch im kritischen Ausland an Bismarck erinnerte. So schrieb Roosevelt Ende 1933, er hoffe, »daß die deutsche Nüchternheit und Besonnenheit alten Schlages, die zur Zeit Bismarcks existierte, als ich in Deutschland zur Schule ging, sich wieder durchsetzen werde.«[40]

Die Besinnung auf Bismarcks Werk und Wollen ist fortan kennzeichnend für eine zunehmend bewußter werdende Haltung gegenüber dem Nationalsozialismus. Wenn Kaehler stellvertretend steht für eine ganze Reihe anderer namhafter Universitätsprofessoren, die den Sinn für Kritik und für Maßstäbe wachhielten und der Jugend weiterzugeben suchten, so galt das nicht minder vom Bereich der Höheren Schulen. Oder wie anders ist die Haltung jenes Studienrates zu orten, der, als wenige Jahre später der »Stahlpakt« zwischen Deutschland und Italien als »auf ewig« abgeschlossen verkündet wurde, seine Abiturienten mit dem Aufsatzthema konfrontierte: »Liegt ein Widerspruch in Bismarcks Worten, Verträge gelten nur mit der ›clausula rebus sic stantibus‹ und dem heutigen deutsch-italienischen Bündnis, das ewig bestehen soll?«[41]

Es ist bei Bismarck vornehmlich die Außenpolitik, die zu immer neuen Vergleichen herausforderte. Nach dem Anschluß Österreichs äußerte Hans Dieckhoff, einer der dienstältesten Diplomaten im Auswärtigen

Amt, gegenüber Ribbentrop, Bismarck würde jetzt innehalten und sich um eine Konsolidierung des Erreichten bemühen. Der Außenminister entgegnete nur, daß er »keine Ahnung von der dynamischen Gewalt des Nationalsozialismus« habe.[42]

Den entschiedensten Ausdruck einer oppositionellen Gegenüberstellung aber finden wir wohl bei Ulrich von Hassell, einem der führenden Verschwörer gegen Hitler. Vielleicht war es nicht ganz zufällig, daß er kurz vor dem Attentat am 20. Juli 1944 noch in Friedrichsruh weilte, vom 1. bis 3. Juli. Er, der ebenso wie Stresemann »in den Geschäften«, zumal in denen der Außenpolitik, gestanden hatte – und nur diesen billigte Bismarck ein wirkliches Urteilsvermögen in diesem Bereiche zu –, legte seine frisch gewonnenen Eindrücke in einer Tagebuchaufzeichnung am 10. Juli 1944 nieder.[43] »Alles trat... zurück hinter der Erinnerung an den Großen, im Haus, im Mausoleum, im kleinen Museum. Kaum zu ertragen, ich war dauernd nahe an Tränen beim Gedanken an das zerstörte Werk. Deutschland, in Europas Mitte gelegen, ist das Herz Europas. Europa kann nicht ›leben‹ ohne ein gesundes, kräftiges Herz. Ich habe mich in den letzten Jahren viel mit Bismarck beschäftigt, und er wächst als Außenpolitiker dauernd bei mir. Es ist bedauerlich, welch falsches Bild wir selbst in der Welt von ihm erzeugt haben, als dem Gewaltpolitiker mit Kürassierstiefeln, in der kindlichen Freude darüber, daß jemand Deutschland endlich wieder zur Geltung brachte. Er hat es verstanden, in einziger Weise in der Welt Vertrauen zu erwecken, genau umgekehrt wie heute. In Wahrheit waren die höchste Diplomatie und das Maßhalten seine große Gabe. Ein Bild [von Karl Wagner], das Bismarck gewaltig und gewaltsam neben dem zusammengesunkenen Thiers und Favre darstellt, ist ein rechtes Beispiel der törichten Auffassung, die wir selbst verbreitet haben... Ich riet Bismarck,[44] das Bild wegzunehmen.«

Es scheint, wie gerade diese Stellungnahmen bekunden, daß Krisenzeiten und schwere Erschütterungen besonders dazu beitragen, den Zugang zu dem Politiker und Staatsmann mit dem stets wachen Krisenbewußtsein zu öffnen und das Verständnis für den eigentlichen Bismarck zu wecken. Insofern steht uns heute Bismarck wohl sehr viel näher als der Generation, die ihm unmittelbar folgte. Der Zeitgeist von Wilhelminismus und Imperalismus war, wie wir sahen, im Hochgefühl des Fortschritts nur zu schnell geneigt, den Staatsmann als überholt und altmodisch abzutun. Anders nach dem Ersten Weltkrieg, der die Ideologie der »Weltpolitik« weggeblasen hatte. Daß Politik die Kunst des Möglichen ist und, darin ähnlich der Strategie, oft nur ein System der Aushilfen sein kann, wurde leitenden Politikern der Weimarer Republik immer wieder bewußt, zumal dann, wenn sie auf die enggezogenen Grenzen des Spielraums stießen, der sich für die deutsche Politik seit 1919 ergab. Die Berufung eines Stresemann oder Hassell – und man könnte noch andere Namen nennen – auf Bismarck gründete auf Erkenntnissen, die in der Folgezeit wiederum keinerlei Zugang bei den führenden Nationalsozialisten fanden. Sie mißbrauchten den Namen Bismarck als Aushängeschild für eine Machtgier, die erklärtermaßen auf die Beherrschung Europas, ja der Welt aus war. Allen voran Hitler, dem der Sinn für Maß und Mäßigung abging. Der Vorzug des zeitlichen Abstandes und die Erfahrungen von zwei welterschütternden Katastrophen haben den Blick für Bismarck wesentlich geschärft, für Licht und Schatten seines Wirkens und nicht zuletzt auch dafür, sein letztes Werk so zu lesen, wie Bismarck es verstand, wenn er »Erinnerung und Gedanke« mit der Widmung versah: »Den Söhnen und Enkeln zum Verständnis der Vergangenheit und zur Lehre für die Zukunft.«

Brief von Johannes Miquel an Graf Alfred von Waldersee, 6. März 1890*
Original, eigenhändig

Ew Exzellenz
wollen gütigst entschuldigen, wenn ich im Anschluß an die letzten Gespräche in B[erlin] mir gestatte, einige Bemerkungen über die gegenwärtige politische Lage und die in den Wahlen hervorgetretene Volksstimmung auch schriftlich zu wiederholen und näher auszuführen. Lediglich die Sorge um unseren Kaiser und das Vaterland treibt mich dazu.

Aus einer großen Menge von Berichten zuverlässiger Männer aus allen Theilen Deutschland[s] muß ich leider entnehmen, daß eine starke politische** und sociale Unzufriedenheit in weiten Volkskreisen und nicht bloß in den verhetzten socialdemokratischen Massen thatsächlich vorhanden ist. Sie ist nicht in Nothständen, höchstens beim *kleinen* Bauern begründet, sondern ein Produkt sehr verschiedener Umstände, namentlich auch der bisher geführten exklusiven und theilweise gewaltthätigen Politik.

Wir kranken noch immer an dem Culturkampf und der Art seiner Führung und seinen verbitternden Folgen.

Wir kranken an der unnöthig schroffen und verletzenden Behandlung der *gesammten* Freisinnigen Parthei ohne Unterscheidung der *Demagogen* unter denselben und des gemäßigteren Theiles derselben, wodurch die gesammte als Reichsfeinde behandelte Parthei immer mehr nach links u[nd] in die Demagogie getrieben ist. Wir kranken an dem Stocken aller Reformen in Preußen in Folge der ihnen durch den Fürsten B[ismarck] bereiteten Hindernisse.

Wir verloren in den Massen der deutschgesinnten Wähler das Prestige des Fürsten B[ismarck], das lange Zeit Alles gutheißen ließ. Wir kranken nach meiner innersten Überzeugung auch am Socialisten-Gesetz, das unfähig war, eine solche gewaltige, immer bewußter werdende Arbeiter-Bewegung niederzuhalten,
zu vielen polizeilichen, das Ansehen der Regierung schädigenden Mißgriffen führte,

* DZA, Hist. Abt. II, Merseburg, Nachlaß Waldersee, Rep. 92, Bl. Nr. 37.
** Bei *Herzfeld*, Miquel II, 183, irrtümlich »parteipolitische«.

das Selbstgefühl der Arbeiter tief verletzte, die allmähliche Bildung einer Reformparthei verhinderte,
eine gemeinsame Fahne aller regierungsfeindlicher Partheien bildete, und auf die Arbeiter eine ähnliche Wirkung übte, als die Kulturkampfgesetze, d. h. die Führerschaft den Extremsten zuwies und die unter dem Ausnahmegesetz stehenden außerhalb alles staatlichen Bewußtseins stellte.
Zu allen diesen Dingen und anderen, welche zu erwähnen nicht nothwendig ist, kommen allerdings unvermeidliche Maaßnahmen, die großen Militairausgaben und die Branntweinsteuer, wie die Kornzölle.
Wir haben zu sehr alles mit Gewaltsamkeit machen wollen, während das deutsche Volk viel leichter mit Versöhnlichkeit und Wohlwollen zu regieren ist und dafür seinem Fürsten stets Liebe und Dankbarkeit entgegenbringt.
Was muß also in der jetzigen Lage u[nd] gegenüber diesem Reichstage geschehen u[nd] unterlassen werden? Will man überhaupt die bisherige exklusive Politik ändern, so kann dies nur mit *Vorsicht* geschehen, muß jeder Schein eines Druckes, unter dem man handelt, vermieden und die *allmählig* deutlicher hervortretende Politik muß als aus dem freien Entschluß und der Überzeugung Sr. Majestät des *Kaisers* hervorgegangen Jedermann offensichtlich werden.
Wir haben die höchsterfreuliche Wirkung des persönlichen Eintretens des Kaisers in der Arbeiterfrage schon gesehen. Wenn die Radikalen dabei besonders den Gegensatz gegen den Kanzler betonen, so schadet dies nichts.
Von diesen Gesichtspunkten komme ich zu der festen Ansicht, daß vorerst Se. Majestät diesen Reichstag behandeln möchte, wie jeden andern, daß man äußerlich keine Verstimmung und Gegensätzlichkeit zeigen und den weiteren Verlauf erwarten sollte.
Sodann muß man jedenfalls in der ersten Zeit keine Vorlagen von Bedeutung machen, welche der Ablehnung sicher sind, da man sonst den Schaden hat, ohne Vortheil daraus ziehen zu können.
Hierhin rechne ich das *Soc.*[ialisten] *Gesetz*, welches, wenn man es überhaupt wünscht, von diesem Reichstag *gegenwärtig* wenigstens nicht zu erlangen ist. Ebenso würde ich es für wichtig halten, *große* militairische Anforderungen, soweit dies möglich ist, zu *vertagen.*
Man kann mit Erfolg nicht auflösen für die nächste Zeit und würde dadurch in höchst bedenkliche Bahnen gedrängt werden.
Dagegen sollten die Arbeiter Schutzgesetze *ohne Abschwächung* dem Reichstag vor und während der Conferenz vorgelegt werden. Sie werden angenommen werden, vielleicht gegen die Socialisten. Ebenso andere

nicht politische Gesetze (Warrantges., Currentenkassenges. Nov. u. dergl.). Bei Initiativ Anträgen aus dem Hause werden die Gegensätze bald aufeinander platzen – um so *kühler* kann sich die Reg.[ierung] verhalten. Die Sprecher der Reg.[ierung] sollten, wenn nöthig, fest, aber nie verletzend und verbitternd sein u[nd] sehr kräftig höchstens in der Abwehr. Ein solches Verfahren wird einen guten Eindruck erreichen und die schon jetzt so günstige Stimmung vollends auf die Seite des Kaisers bringen. Kommen dazu endlich auch Reformen in Preußen, durchgeführt unter der Autorität des Kaisers, vermeidet man die ewigen persönlichen Nadelstiche z. B.

Bei Bestätigungen *gemäßigter* Freisinnigen, denen das nöthige Staatsgefühl nicht mangelt, – u[nd] es giebt derer Viele noch immer –, behandelt man auch die Personen im Centrum richtig, giebt man in den kirchlichen Fragen in nicht gefährlichen Dingen z. B. in der Aufhebung des Expatriirungs-Gesetzes nach – so kann der Erfolg nicht ausbleiben u[nd] gelingt es wohl allmählig die jetzige feindselige Coalition zu lockern u[nd] gar zu sprengen.

Die große Aufgabe der Gegenwart ist: ohne Vorurtheil und Befangenheit durch die Kämpfe der Vergangenheit alle staatserhaltenden Elemente zu *sammeln* und sich dadurch auf den möglicher Weise unvermeidlichen Kampf gegen die oft mißkannte, fast immer noch unterschätzte soc.[ial] demokr.[atische] Bewegung vorzubereiten.

Wird das Soc.[ialisten] Ges[etz] nicht erneuert, so muß der Justizminister die Staatsanw.[älte] anweisen, das gemeine Recht, das immer noch viel Handhaben bietet, um so entschiedener zu benutzen, was früher vielfach versäumt ist. Ebenso muß gegen offene Auflehnung überall energisch eingeschritten werden. Zeigt sich dann, daß das gem.[eine] Recht nicht ausreicht, so wird man wohl mit Zustimmung der »öffentlichen Meinung« d. h. des ängstlich gewordenen Bürgersmannes eine Ergänzung desselben erlangen.

Ich hätte noch viel zu schreiben – aber ich sehe, was ich schon jetzt angerichtet habe u[nd] wie sehr ich die Geduld Ew. Exzellenz mißbrauchte, namentlich auch durch meine hier leider nicht durch Abschreiber zu ersetzende Handschrift. Man kann über die Zweckmäßigkeit einzelner Maaßnahmen zweifelhaft sein – nicht wohl aber darüber, daß die Summe der heutigen politischen Weisheit darin besteht:

alle an der heutigen Staats- und Rechts-Ordnung ideell und materiell interessierten Elemente, soweit irgendmöglich, zu sammeln u[nd] so Wenige als möglich auszuschließen von der Gemeinschaft,

die Mittelklassen, als die meistbedrohten in Stadt und Land zu stärken,

die berechtigten Forderungen der arbeitenden Klassen Schritt vor Schritt zu befriedigen und dabei sie selbst *mitwirken* zu lassen,
und dabei und in der energischen Aufrechthaltung der Ordnung selbst die Führung zu übernehmen – alles unter der Autorität und der Leitung der K.[aiserlich] h.[öchsten] Gewalt. Man muß immer daran denken, daß die soc.[iale] Frage nicht allein eine Magenfrage sondern auch die Ehrenfrage einer aufstrebenden Klasse ist u[nd] daß man derselben das polit.[ische] Stimmrecht gegeben und folglich ihr um so weniger die *Verwaltung* ihrer eigenen Angelegenheiten vorenthalten kann.
Nun endlich genug und nur die Bitte noch, mir meinen weitgehenden Freimuth nicht zu verübeln, selbst dann nicht, wenn wir nicht übereinstimmen oder ich gar lauter bekannte Sachen gesagt haben sollte.

Inzwischen habe ich die Ehre zu verharren
mit bekannten verehrungsvollen Gesinnungen
Ew. Exzellenz ganz ergebenster

Miquel.

Frankfurt a/M.
den 6. März [1890.]
Sollte der Kaiser sich entschließen, das Soc.[ialisten] Gesetz *nicht* vorzulegen, so würde es von *sehr großem* Gewicht sein, wenn dies als aus der *Allerh.*[öchsten] Entschließung hervorgegangen in die Presse [käme].

Abkürzungen

AfK	Archiv für Kulturgeschichte
AfS	Archiv für Sozialgeschichte. Jahrbuch der Friedrich-Ebert-Stiftung
BM	Berliner Monatshefte
CEH	Central European History
FBPG	Forschungen zur Brandenburgischen und Preußischen Geschichte
GFBl	Gustav-Freytag-Blätter
GGA	Göttinger Gelehrte Anzeigen
GP	Die Große Politik der Europäischen Kabinette 1871 bis 1914. Sammlung der Diplomatischen Akten des Auswärtigen Amtes
GWU	Geschichte in Wissenschaft und Unterricht
HJb	Historisches Jahrbuch
HZ	Historische Zeitschrift
JMH	Journal of Modern History
Nass. Ann.	Nassauische Annalen
NZZ	Neue Zürcher Zeitung
TLS	Times Literary Supplement
WaG	Welt als Geschichte
WwR	Wehrwissenschaftliche Rundschau
ZBLG	Zeitschrift für Bayerische Landesgeschichte
ZGO	Zeitschrift für die Geschichte des Oberrheins
ZRGG	Zeitschrift für Religions- und Geistesgeschichte

Anmerkungen

Erster Teil

Einführung

[1] Erich *Eyck*, Bismarck. Leben und Werk. Bd. III. Erlenbach/Zürich 1944, S. 638.

[2] Otto von Bismarck. Gedanken und Erinnerungen. Mit einer Einführung von Theodor Heuß. Berlin 1951, S. 18.

[3] Zitiert nach Siegfried A. *Kaehler*, Studien zur deutschen Geschichte des 19. und 20. Jahrhunderts. Göttingen 1961, S. 169.

[4] Zitiert nach Ludwig *Reiners*, Stilkunst. München 1953, S. 222.

[5] Wilhelm *Hausenstein*, Impressionen und Analysen. Letzte Aufzeichnungen. München 1969, S. 96. – Eintragung vom 1. 12. 1955.

[6] Vgl. dazu Friedrich *Gundolf*, Bismarcks Gedanken und Erinnerungen als Sprachdenkmal. In: Europäische Revue 7 (1931). Wiederabgedruckt in der Broschüre Otto von Bismarck, Mensch und Staat. Aus den Briefen, Reden und Schriften (Hg. Gert Buchheit). München 1956 (List-Bücher, 74). Außerdem Gerhard *Masur*, Bismarcks Sprache. In: HZ 147 (1933), 70–88.

[7] Nach einem Gespräch am 13. Januar 1895 in Friedrichsruh. Zitiert nach *Bismarck*, Gesammelte Werke (GW) 9, 406 u. 408. – Wenn nicht anders angegeben, wird im folgenden nach den Gesammelten Werken, der sogenannten Friedrichsruher Ausgabe, zitiert.

[8] Gespräch am 14. 3. 1893. – GW 9, 314–323. Zitat: 323.

I Herkunft – Anfänge

[1] Arnold Oskar *Meyer*, Bismarck, der Mensch und der Staatsmann. Leipzig 1944, S. 9.

[2] Ungeachtet dieser auch geographisch ebenso einprägsamen wie genauen Schilderung blieb es bekannten Wissenschaftlern der neuesten Bismarckforschung vorbehalten, Schönhausen zu verlegen. Ernst *Engelberg*, Berlin-Ost, spricht von »Schönhausen an der Elbe« (Otto von Bismarck. Die Revolution von oben. In: Gestalten der Bismarckzeit. Hg. Gustav Seeber. Berlin 1978, S. 2), Lothar *Gall*, Frankfurt/Main, von »Schönhausen bei Magdeburg« (Bismarck. Der weiße Revolutionär. Frankfurt/Main, Berlin, Wien 1980, S. 27) – womit Engelberg das Dorf um über 2 km, Gall um mindestens 50 km verlagert. A. O. Meyer hätte mit einer »Korrektur« in *diesem* Punkte sicherlich nicht gerechnet. Indessen bleibt seine Beschreibung, wie sich der Verfasser durch Augenschein vergewissern konnte, auch heute noch richtig: Schönhausen liegt nach wie vor abseits der Elbe und bei Tangermünde.

[3] Sie lautete: »Die gestern erfolgte Entbindung meiner Frau von einem gesunden Sohne verfehle ich nicht, allen Bekannten und Freunden unter Verbittung des Glückwunsches bekannt zu machen. Schönhausen, den 2. April 1815. Ferdinand von Bismarck.«

[4] G. *Küntzel*, Die politischen Testamente der Hohenzollern. Leipzig/Berlin 1919[2], Bd. I, 104.

[5] Brief an die Braut, Schönhausen, 23. Februar 1847. Ergänzend dazu Charlotte *Sempell*, Briefe der Eltern Bismarcks an seinen Bruder Bernhard. In: HZ 214 (1972), 557–579. Besonders charakteristisch der undatierte Brief (Frühjahr 1825) der Mutter, a.a.O. 565 ff.

[6] Vgl. dazu die kurze von F. W. *Euler* zusammengestellte Ahnenreihe Bismarcks bis zur VIII. Generation im »Archiv für Sippenforschung«, Bd. 31, Heft 18, Limburg (Lahn) 1965, S. 133–146.

[7] Robert von *Keudell*, Fürst und Fürstin Bismarck. Erinnerungen aus den Jahren 1846 bis 1872. Berlin, Stuttgart[3] 1902, S. 160 f.

[8] Max *Lenz*, Geschichte der Königlichen Friedrich-Wilhelm-Universität zu Berlin, Bd. II, 1. Hälfte, Halle (Saale) 1910, S. 256.

[9] Bd. 1, Berlin, Leipzig 1930, S. 141.

[10] Gespräch mit Ph. H. Sheridan am 18. 8. 1870 bei Besichtigung des Schlachtfeldes von Mars-la-Tour. – Ph. H. *Sheridan*, Von Gravelotte nach Paris. Aus dem Englischen übersetzt von Udo Brachvogel. Leipzig 1889, S. 11.

II »Warum soll ich harmonisch sein?«

[1] Näheres dazu bei Franz *Stadtmüller*, Otto von Bismarck als Student in Göttingen. In: Göttinger Jahrbuch 1960.

[2] Brief vom März 1836. – Zitiert bei Hans *Rothfels*, Bismarck-Briefe. Göttingen 1955. S. 24.

[3] A. O. *Meyer*, a.a.O., 19.

[4] Brief an Scharlach, Berlin, 14. November 1833.

[5] Zitiert im Brief Keyserlings vom 13. Februar 1855, Raiküll. – Anhang zu den Gedanken und Erinnerungen (Hg. Horst Kohl). Stuttgart/Berlin 1901, II, 246.

[6] Brief an Scharlach, Berlin, 18. Juni 1835.

[7] Protokoll, Aachen, 30. 6. 1836. Bismarck-Jahrbuch. Hg. Horst Kohl. Berlin 1896, Bd. III, 12 ff.

[8] Beurteilungen des Konsistorialrats Claessen und des Oberregierungsrats Bartels vom 21. und 1. April 1837. Bismarck-Jahrbuch III, 24, 22, 25.

[9] Brief vom 9. Januar 1845, Kniephof.

[10] Brief vom 29. September 1838, Greifswald.

[11] Brief an Ludwig von Klitzing, Schönhausen, 10. September 1843.

[12] Brief vom 9. Januar 1845, Kniephof.

[13] Brief vom 4. Dezember 1844, Schönhausen.

[14] Brief an den Bruder, Schönhausen, 22. Juli 1846.

15 Albrecht *Goes*, Über das Briefschreiben. Von Mensch zu Mensch. Frankfurt (Main) 1952, S. 56.

16 Schönhausen, 31. Januar 1847.

17 Brief vom 17. Februar 1847, Schönhausen.

18 Brief an die Braut, Schönhausen, 23. Februar 1847.

19 Schönhausen, 4. März 1847. – GW 14/1, 74.

20 Engelberg, a.a.O., 2.

21 Brief vom 18. Juli 1849.

22 Aus der umfangreichen Literatur sei auf A. O. *Meyer*, Bismarcks Glaube, München 1942[5], sowie auf die folgenden neueren Studien hingewiesen: S. A. *Kaehler*, Zur Deutung von Bismarcks »Bekehrung« (in der Aufsatzsammlung des Verfassers: Studien zur deutschen Geschichte des 19. und 20. Jahrhunderts, Göttingen 1961, S. 90–104); Karl *Kupisch*, Der Staatsmann und die Kirche (Theologia Viatorum, Berlin 1952); Leonhard v. *Muralts* Studien in seiner Aufsatzsammlung: Bismarcks Verantwortlichkeit, Göttingen 1955; Franz *Pahlmann*, Der Stand des Gesprächs über Bismarcks Glauben, in: GWU 7 (1956), 207–222.

23 Geschichten der germanischen und romanischen Völker. 1824, S. 214.

III Im Landtag – Gesandter in Frankfurt

1 Brief vom 8. Mai 1847, Berlin.

2 Rede am 8. April 1851.

3 Berlin, 27. 8. 1849.

4 Siehe unten S. 56.

5 Rede vom 24. September 1849.

6 Am 3. Dezember 1850.

7 Brief vom 3. 7. 1851, Frankfurt.

8 Brief vom 8. Juli 1851, Frankfurt.

9 Gespräch mit dem Afrikareisenden Eugen Wolf, Friedrichsruh, 7. Dezember 1888.

10 So z. B. in der Reichstagsrede vom 11. Januar 1887. – Ähnlich auch in Bismarcks Brief vom 22. November 1887 an den englischen Premierminister Lord Salisbury (GP 4, 378).

11 Über Moritz August v. Bethmann-Hollweg – ehemals Professor und Kurator in Bonn und Führer der sogenannten Wochenblattspartei, einer gemäßigt liberal orientierten Gruppe Konservativer, die sich von den Altkonservativen gelöst hatte – und dessen Schwiegersohn P. schrieb Bismarck an Gerlach: »Bethmann läßt sich von dem faux-brillant seines in der Schweiz gebornen, in Paris gefirnißten Schwiegersohns P. imponiren und beherrschen. P. ist einer der best-plattirten Hohlköpfe, die mir je vorgekommen sind. Schnelles Sprechen, dreister applomb im Behaupten und gutes Französisch haben der Mehrzahl der Deutschen noch immer imponirt; nehmen Sie dazu viel Geld, weitgereist, Gesandter

gewesen, Graf noch jetzt, blasirt, mit den ersten Europäern *persönlich* bekannt und mit einer leichten Abfärbung von Kirche, Salon, Wissenschaft und Bordell am Leibe, wie sollte der einen Deutschen Michel von Bonner Gelehrten nicht mit dem mäßigsten Grade von Schmeichelei dahin bringen, die Welt für krank zu halten, so lange *dieser* Schwiegersohn nicht Minister ist.« – Brief vom 13. April 1854, Frankfurt.

12 Brief vom 22. 12. 1853, Frankfurt/Main.

13 Brief vom 20. Dezember 1853, Frankfurt.

14 Vgl. dazu Kurt *Borries*, Preußen und der Krimkrieg, Stuttgart 1930; ––, Zur Politik der deutschen Mächte in der Zeit des Krimkrieges und der italienischen Einigung, in: HZ 151 (1935), 294–310; Siegfried A. *Kaehler*, Realpolitik zur Zeit des Krimkrieges, Eine Säkularbetrachtung, HZ 174 (1952); Wiederabdruck in »Studien zur deutschen Geschichte des 19. und 20. Jahrhunderts«, a.a.O., 128–170.

15 Privatschreiben an Manteuffel, Frankfurt, 15. Februar 1854.

16 Brief vom 20. Februar 1854, Frankfurt.

17 Privatschreiben an Manteuffel, Frankfurt, 28. Februar 1855.

18 Privatschreiben an Manteuffel, Frankfurt, 26. April 1856.

19 Bemerkenswert ist auch das Urteil *Eycks* (a.a.O., I, 265) über diesen Bericht: »Wahrscheinlich gab es im ganzen Bereich der deutschen Zunge damals überhaupt keinen Menschen, der eine politisch-historische Betrachtung dieses Stils und dieser Sprache schreiben konnte.«

20 Brief vom 15. September 1855, Frankfurt.

21 Brief vom 17. April 1857.

22 Hermann *Wagener*, Erlebtes, 2. Bd. Berlin 1884, S. 33. – Ähnlich äußerte er sich gegenüber dem englischen Bankdirektor Hucks Gibbs Ende Oktober 1885: In Fragen nationaler Politik setze er nie den rechten Fuß nieder, bevor er wisse, wo er den linken hinstellen könne: »Das habe ich in meiner Jugend in den pommerschen Sümpfen gelernt.« – GW 8, 533.

23 Brief an Leopold von Gerlach, Frankfurt, 2. Mai 1857.

24 Brief an Leopold von Gerlach, Frankfurt, 11. Mai 1857.

25 Bekannt unter dem Namen »Das kleine Buch des Herrn von Bismarck«.

25a Bericht vom 6. 8. 1852. – Arnold Oskar *Meyer*, Bismarcks Kampf mit Österreich am Bundestag zu Frankfurt (1851 bis 1859). Berlin, Leipzig 1927, S. 112f.

26 Ebenda, 551.

27 Willy *Real*, Der deutsche Reformverein. Großdeutsche Stimmen und Kräfte zwischen Villafranca und Königgrätz. Histor. Studien, Heft 395. Lübeck, Hamburg 1966.

28 Julius *Fröbel*, Deutschland und der Friede von Villafranca 1859. S. 25.

29 Brief an die Schwester, Frankfurt, 12. November 1858.

IV Petersburg und Paris

1 Brief an die Frau, Pskow, 28. März 1859.
2 Brief an den Maler Jakob Becker, Petersburg, 11. Juli 1859.
3 Brief an die Frau, Petersburg, 4. April 1859.
4 Brief an die Frau, Petersburg, 19. April 1859.
5 Brief an General Gustav von Alvensleben, Petersburg, 5. Mai 1859. – Soweit nicht in den Gesammelten Werken abgedruckt, zitiert nach der Dokumentensammlung von Hans *Rothfels* (Hg.), Bismarck und der Staat, Stuttgart 1964[4], S. 113.
6 Herzog *Ernst II.*, Aus meinem Leben und aus meiner Zeit, 2. Bd. Stuttgart 1889, S. 497.
7 A. O. *Meyer*, a.a.O., 33.
8 Vom 2. Juli 1859, Petersburg.
9 Brief an Rudolf von Auerswald, Petersburg, 3. August 1860.
10 Brief vom 2./4. Mai 1860, Berlin.
11 Privatschreiben an Schleinitz, Petersburg, 10. Dezember 1860.
12 An Alexander von Below-Hohendorf, Stolpmünde, 18. September 1861.
13 Brief vom 8. Mai 1859, Petersburg.
14 Gespräch mit dem Regierungsrat v. Keudell, Mitte März 1862 in Petersburg.
15 Privatschreiben an Schleinitz, Petersburg, 2. Februar 1861.
16 Brief vom 7. April 1861, Petersburg.
17 Vom 27. Juli 1860.
18 Petersburg, 18. April 1859. – Kurd von *Schlözer*, Briefe eines Diplomaten (Hg. Heinz Flügel). Stuttgart o. J., S. 97f.
19 Brief vom 12. Mai 1859. – A.a.O., 101.
20 Brief vom 21. Mai 1859. – A.a.O., 103.
21 Brief vom 31. August 1860. – A.a.O., 113.
22 Brief vom Sonnabend, Oktober 1860. – A.a.O., 113.
23 Brief vom 28. Januar 1861. – A.a.O., 118.
24 Privatschreiben an Unterstaatssekretär v. Gruner, Petersburg, 31. Mai 1861.
25 Zit. bei Raymond James Sontag, Germany and England. Background of Conflict 1848–1894, New York 1938, S. 33.
26 Brief vom 22. Juni 1861. – Hermann Oncken (Bearb.), Großherzog *Friedrich I.* von Baden und die deutsche Politik von 1854–1871. Stuttgart 1927, Bd. I, 264.
27 Brief vom 27. Juni 1861.
28 Brief vom 2. Juli 1861.
29 Ausführlich dazu Hermann *Oncken*, Die Baden-Badener Denkschrift Bismarcks über die deutsche Bundesreform (Juli 1861), in: HZ 145 (1932), 106–130. Dort auch die Zitate, die der ersten Fassung der Denkschrift entnommen sind.
30 Brief an Stockmar, 5. März 1862. – Max *Duncker*, Politischer Briefwechsel (Hg. Johannes Schultze). Stuttgart/Berlin 1923, S. 321.
31 Prinz Kraft zu *Hohenlohe-Ingelfingen*, Aus meinem Leben. Aufzeichnungen. 2. Bd. Berlin 1906, S. 306.

[32] *Hohenlohe-Ingelfingen*, ebenda.
[33] Graf Carl Friedrich *Vitzthum v. Eckstädt*, St. Petersburg und London. Denkwürdigkeiten aus den Jahren 1852 bis 1864. Bd. 2. Stuttgart 1886, S. 159.
[34] Brief vom 20. August 1862.
[35] Brief vom 19. August 1862. – Fürst Bismarcks Briefe an seine Braut und Gattin (Hg. Fürst H. Bismarck). Stuttgart/Berlin 1926, S. 450.
[36] *Keudell*, a.a.O., 96f.
[37] Brief vom 27. Juli 1862, Bordeaux.
[38] Brief vom 9. September 1862, Luchon.
[39] Vom 25. September 1875. – Zum Ganzen Fürst Nikolai *Orloff*, Bismarck und Katharina Orloff. Ein Idyll in der hohen Politik. München 1936, Zitat S. 97.
[40] Brief vom 4. Januar 1876, Berlin. – Der französische Originaltext lautet: »...la perte d'une femme comme Catherine, c'est l'extinction d'un rayon de soleil, qui par la bonté de Dieu vous était échu en partage, réjouissant et animant en même temps tous ceux qui avaient le bonheur d'en subir le contact. Le souvenir qui me reste du temps où j'en ai éprouvé le charme m'a accompagné à travers les émotions et les déboires de la politique, comme un dernier reflet de la lumière d'une belle journée qui n'est plus.« Orloff, a.a.O., 163.

V »Und *der* in der Wilhelmstraße – Donnerwetter!«

[1] Zitiert bei A. O. *Meyer*, Bismarck, 176.
[2] Vgl. dazu Denkwürdigkeiten aus dem Leben des Generalfeldmarschalls Kriegsministers Grafen von Roon, Hg. Graf Waldemar von Roon. Bd. 2, Berlin, Breslau 1892, S. 80ff. und Otto *Perthes*, Äußerungen des Kriegsministers v. Roon über die Berufung des Herrn v. Bismarck in das Ministerium 1862. In: HZ 73 (1894), 288f.
[3] An Wilhelm Nokk, 30. September 1862. Heinrich v. *Treitschke*, Briefe (Hg. M. Cornicelius). Leipzig 1913, Bd. II, 238.
[4] In seiner Rede vom 6. Mai 1856 hieß es: »Le grandi soluzioni non si operano colla penna. La diplomazia è impotente a cambiare le condizione delle populi; essa non può al più che sancire i fatti compiuti...«
[5] Dreiunddreißig Sätze vom Deutschen Bund. 1861, S. 104.
[6] Friedrich *Oetker*, Lebenserinnerungen. 3. Bd. Kassel 1885, S. 334.
[7] Robert Freiherr *Lucius* von Ballhausen, Bismarck-Erinnerungen, Stuttgart 1921, S. 1f.
[8] Brief F. H. Geffckens an Max Duncker; Berlin, 14. Oktober 1862. *Duncker*, a.a.O., 342.
[9] *Oetker*, a.a.O., III, 335, 339f.
[10] Rede vom 27. Januar 1863. – GW 10, 157.
[11] Rede vom 28. 1. 1863.
[12] Vom 17. Februar 1863.
[13] Rede vom 26. Februar 1863.

[14] Brief vom 18. Dezember 1881, Berlin. – Anhang zu den Gedanken und Erinnerungen, a.a.O., I, 307f.

[15] Zu den vergeblichen Reformbemühungen der vorangegangenen Jahre s. Willy *Real*, Österreich und Preußen im Vorfeld des Frankfurter Fürstentages. Ein Beitrag zur Geschichte der Bundesreform. In: HJb 86 (1966), 339–393.

[16] Brief vom 12. August 1863, Gastein.

[16a] GW 15, 234.

[17] *Keudell*, a.a.O., 126f.

[18] Ausführlich über ihn Otto Graf zu *Stolberg-Wernigerode*, Robert Heinrich Graf von der Goltz. Botschafter in Paris 1863 bis 1869. Oldenburg i. O./Berlin 1941.

[19] Berlin, 24. Dezember 1863.

[20] *Keudell*, a.a.O., 135f.

[21] Am 7. August 1864.

[22] Brief vom 20. Juli 1864.

[23] Am 6. August 1864.

[24] Näheres darüber bei Rudolf *Stadelmann*, Das Jahr 1865 und das Problem von Bismarcks deutscher Politik, Beiheft 29 der HZ, München/Berlin 1933; Otto *Becker*, Der Sinn der dualistischen Verständigungsversuche Bismarcks vor dem Kriege von 1866, in: HZ 169 (1949), 264–298; Walter *Lipgens*, Bismarcks Österreich-Politik vor 1866, in: WaG 10 (1950), 240–262; Eberhard *Kessel*, Gastein, in: HZ 176 (1953), 521–544.

[25] Am 18. August 1865. – *Keudell*, a.a.O., 220f.

[26] Gespräch am 13. Juni 1890 in Friedrichsruh.

[27] Gespräch am 15. Juni 1866. – Lord Augustus *Loftus*, The Diplomatic Reminiscences. Second Series, Vol. I, London 1894, S. 60.

[28] *Keudell*, a.a.O., 261f.

[29] Zit. bei A. O. *Meyer*, a.a.O., 291.

[30] So Hermann *Baumgarten* in der oben S. 78 angeführten Schrift »Der deutsche Liberalismus. Eine Selbstkritik.«

[31] Brief vom 7. Juni 1866 an Bismarck. – *Treitschke*, Briefe II, 476.

[32] Vgl. dazu Walter *Bußmann*, Treitschke. Sein Welt- und Geschichtsbild. Göttingen 1952.

[33] Bismarck im Gespräch mit Anton Memminger, Kissingen, 16. 10. 1890. – GW 9, 86. Über die Beziehungen beider zueinander Fritz *Stern*, Gold and Iron. Bismarck, Bleichröder and the Building of the German Empire. London 1977. Deutsch: Gold und Eisen. Bismarck und sein Bankier Bleichröder. Frankfurt/M., Berlin, Wien 1978. – Vgl. dazu die Rezensionen von Jonathan Steinberg in TLS, 12. 8. 1977, S. 986 und Alan Mitchell in CEH 10 (1977), 165–171, sowie den Aufsatz von Golo Mann, Bismarck und sein Bankier in NZZ 1. 9. 1978, Fernausgabe Nr. 201, S. 25f.

[34] Vgl. dazu Eberhard *Kessel*, Moltke. Stuttgart 1957.

[35] Vgl. dazu Ekkhard *Verchau*, Albrecht von Stosch in Literatur und Forschung. In: WwR 17 (1967), S. 39–57. – Zur Bismarck-Kritik siehe die von E. Verchau mitgeteilten Briefe Stoschs an Freytag in: GFBl Jg. 17–22 (1973–1978).

[36] Denkwürdigkeiten des Generals und Admirals Albrecht von *Stosch.* Briefe und Tagebuchblätter (Hg. Ulrich von Stosch). Stuttgart/Leipzig 1904, S. 94f.

[37] Brief vom 9. Juli 1866, Hohenmauth.

[38] Vom 24. Juli 1866.

[39] Brief an Carl von Gersdorff, Ende August 1866. – Friedrich *Nietzsche,* Werke. Hg. Karl Schlechta. 3 Bde. München 1956. Zitat: 3, 969.

[40] Zitiert nach G. *Brüns,* England und der deutsche Krieg 1866. Berlin 1933, S. 155.

[41] Lord Loftus an Lord Stanley am 4. August 1866. – *Loftus,* a.a.O., I, 107f.

[42] Um so überraschender die Meinung, »daß die Schlacht bei Königgrätz die letzte wirklich entscheidende militärische ›Operation‹ war, die einen unwiderruflichen politischen Zustand schuf«. Das Einseitig-Abwegige dieser Behauptung wird noch im darauffolgenden Satz unterstrichen: »Eine militärische Operation konnte also ein politisches Problem vollständig lösen!« (Wilhelm *Schüßler,* Königgrätz 1866, S. 94). Als ob der politische Zustand mit dem Abend des 3. Juli 1866 schon geschaffen wäre oder sich danach mit automatischem Sachzwang ergeben hätte! Der Sieg war die Grundlage für den schöpferischen Staatsmann, der überreichlich zu tun hatte, um den »unwiderruflichen politischen Zustand« zu schaffen. Mit dieser Feststellung wird das Verdienst Moltkes und des Militärs in keiner Weise geschmälert. Das Beispielhafte der Geschehnisse vom Juni und Juli 1866 besteht, formelhaft zugespitzt, gerade darin, daß der Stratege dort begann, wo der Staatsmann aufhörte, und der Staatsmann einsetzte, wo der Stratege einhielt. Der Primat der Politik blieb gewahrt, und das abgewogene Verhältnis von Politik und Strategie bildete die Voraussetzung für die politische Neuordnung.

[43] 1824–1884. Seit der Heidelberger Studienzeit (Jura, Philosophie) mit Ludwig Feuerbach und Ludwig Bamberger befreundet. Militärdienst bei der Gardeartillerie in Berlin. Bekannt mit Bettina von Arnin und Bruno Bauer, Karl Marx und Alexander Herzen. Am Septemberaufstand 1848 in Frankfurt/Main, 1849 an dem in der Pfalz beteiligt, kommt er als politischer Flüchtling über Paris und Genf 1850 nach den USA, wo er 1855 eingebürgert, 1866 Regierungskommissar zum Schutze der Einwanderer in New York wird.

[44] Brief vom 18. 9. 1866 an seine Schwester Ida Zimmermann. – Friedrich *Kapp,* Vom radikalen Frühsozialisten des Vormärz zum liberalen Parteipolitiker des Bismarckreichs. Briefe 1843–1884. Hg. H. U. Wehler. Frankfurt/Main 1969, S. 86f.

[45] 1871/72 Stadtverordneter in Berlin. 1872–1877 und 1881–1884 MdR, 1874–1876 MdL für Salzwedel-Gardelegen (nationalliberal, später Liberale Vereinigung, Freisinnige Partei). – S. Paul *Wentzcke* (Hg.), Deutscher Liberalismus im Zeitalter Bismarcks. Eine politische Briefsammlung. 2. Bd: Im Neuen Reich 1871–1890. Bonn, Leipzig 1926, S. 471. Vgl. auch Ludwig *Bamberger,* Zur Erinnerung an Friedrich Kapp. In: Ludwig *Bamberger,* Gesammelte Schriften 2. Bd. Berlin 1894, S. 129–136.

VI Vom Prager Frieden zum Kriegsausbruch 1870

[1] Auf dem Gebiet der Wirtschafts- und Handelspolitik war der Umschwung längst erfolgt, besonders in den liberalen Kreisen der kleineren und mittleren Staaten. Kennzeichnend dafür ist etwa eine so entschiedene Stellungnahme wie die des nassauischen liberalen Abgeordneten Johann Knapp gegen eine Beteiligung Nassaus am Krieg gegen Preußen. In der Debatte der zweiten Kammer am 26. 6. 1866 erklärte er: »Von welcher Zeit an datiert die Entwicklung unserer Industrie, unseres Handels und überhaupt unseres Wohlstandes? Seit dem Zustandekommen des Zollvereins! Und wem haben wir es zu danken, daß der Zollverein zustande gekommen und bis heute erhalten worden ist? Nur Preußen! Wenn durch diesen Krieg der Zollverein gesprengt und aufgelöst wird und unsere Grenzen gegen Preußen demnächst mit einer Zollschranke belegt und abgesperrt werden, so ist es mit unserer Industrie und unserem Wohlstand zu Ende.« – Verhandlungen der Ständeversammlung des Herzogtums Nassau im Jahre 1866. [1866], S. 277. Zit. bei Wolf-Arno *Kropat*, Das liberale Bürgertum in Nassau und die Reichsgründung. In: Nass. Ann. 82 (1971), 309.

[1a] Wie wir wieder ein Volk geworden sind. 1870. In: Hermann *Baumgarten*, Historische und politische Aufsätze und Reden. (Zit.: Aufsätze). Straßburg 1894, S. 313.

[2] Denkwürdigkeiten des Fürsten Chlodwig zu *Hohenlohe-Schillingsfürst*. (Hg. Friedrich Curtius) Bd. I Stuttgart, Leipzig 1906, S. 195.

[3] Vgl. dazu Karl Georg *Faber*, Die nationalpolitische Publizistik Deutschlands von 1866 bis 1871. Eine kritische Bibliographie. Düsseldorf 1963.

[4] Wilhelm Emmanuel Freiherr von *Ketteler*, Deutschland nach dem Kriege von 1866. Mainz 1867. Ausführlich über diese Schrift Fritz *Vigener*, Ketteler. Ein deutsches Bischofsleben im 19. Jahrhundert. München, Berlin 1924, S. 471–561. Vgl. auch Hartmut *Müller*, Der deutsche politische Katholizismus in der Entscheidung des Jahres 1866. In: Blätter f. pfälzische Kirchengesch. u. religiöse Volkskunde, 33 (1966), S. 46–75.

[5] Veröffentlicht in den Preußischen Jahrbüchern, Nov./Dez. 1866. Wiederabdruck in: *Baumgarten*, Aufsätze, a.a.O., 76–216. Zitate: 109 u. 152.

[6] Wahlrede vom 30. Dezember 1866. – Johannes von *Miquels Reden* (Hg. W. Schultze und Fr. Thimme). Bd. I. Halle 1911, Reg. 190, S. 193 ff.

[7] Brief an die Frau, Prag, 3. August 1866.

[8] Julius von *Hartmann*, Briefe aus dem Feldzug 1866. Berlin 1898. S. 46 f.

[9] Noch im Alter bezeichnete Bismarck Kniephof als das »Paradies der Kindheit« und erzählte dabei vom Kniephofer Kuhhirten Brand: »Wenn er mir ins Gedächtnis kommt, ist mir immer wie Haidekraut und Wiesenblumen.«

[10] Brief an die Frau, Varzin, 30. Juni 1867.

[11] A. O. *Meyer*, a.a.O., 383 f., 388 f.

[12] Carl *Schurz*, Lebenserinnerungen. 2. Bd. Berlin 1907, S. 488–497.

[13] Gespräch in Berlin mit dem freikonservativen Abgeordneten Grafen Bethusy-Huc. – GW 7, 186 f.

[13a] Gespräch in Berlin, 14. 12. 1868. – Julius *Fröbel,* Ein Lebenslauf. Erinnerungen und Bekenntnisse. Bd. 2, Stuttgart 1891, S. 545 ff.

[13b] Vgl. Heinrich Ritter von *Srbik,* Deutsche Einheit. Idee und Wirklichkeit von Villafranca bis Königgrätz. München 1942, III, 414 ff. und IV, 1 ff., sowie Wilhelm *Mommsen,* Julius Fröbel. Wirrnis und Weitsicht. In: HZ 181 (1956), 497–532. Beide Verfasser heben mit Recht das Dilettantische und Utopische in den Gedankengängen Fröbels hervor. Wie schwierig eine angemessene Ortung ist, belegt erneut die Arbeit von Rainer *Koch,* Demokratie und Staat bei Julius Fröbel 1805–1893. Liberales Denken zwischen Naturrecht und Darwinismus. Wiesbaden 1978. Vgl. dazu die kritische Stellungnahme von Thomas *Nipperdey* in: HZ 229 (1979), 183–187.

[13c] Julius *Fröbel,* Kleine politische Schriften. (Aufsätze von 1852–1865). Stuttgart 1866, II, 209 f.

[13d] 1848 Mitglied der äußersten Linken in der Preußischen Nationalversammlung. Im Februar 1850 wegen versuchten Aufruhrs (Verbreitung des Steuerverweigerungsbeschlusses vom 15. 11. 1848) als einziger zu Ämterverlust und Festungsstrafe verurteilt. 1850–1861 im Londoner Exil, war er Korrespondent der »Nationalzeitung«. 1861 nach Deutschland zurückgekehrt, trat er u. a. auch in Verbindung mit Lassalle.

[13e] Gespräch in Berlin, März 1869. – Fröbel, a.a.O., 2, 544 ff.

[14] Ludwig *Bamberger,* Monsieur de Bismarck. Paris 1868. Siehe dazu oben S. 103 f. George *Hesekiel,* Das Buch vom Grafen Bismarck. Bielefeld/Leipzig 1869. Beide Bücher wurden wiederholt aufgelegt und erschienen auch übersetzt im Ausland.

[14a] Brief an Carl v. Gersdorff, Naumburg, 16. 2. 1868. – *Nietzsche,* a.a.O., 3, 992.

[15] Brief vom 22. Februar 1869, Berlin. – Anhang zu den Gedanken und Erinnerungen, a.a.O., I, 189 f. – Text mit geringen Abweichungen in GW 15, 138.

[16] Brief vom 29. August 1869, Varzin.

[17] Brief vom 27. August 1869, Varzin.

[18] Brief vom 17. Februar 1870, Berlin.

[19] Berlin, 3. Februar 1867.

[20] Vom 26. Februar 1869, Berlin.

[21] Bei einer Ansprache an die Abordnung der Universität Jena. Jena, 30. Juli 1892.

[22] Rede vom 16. April 1869.

[23] Rede vom 24. Februar 1870.

[24] Vgl. dazu Josef *Becker,* Bismarck und die Frage der Aufnahme Badens in den Norddeutschen Bund im Frühjahr 1870. Dokumente zur Interpellation Laskers vom 24. Februar 1870. In: ZGO 119, N. F. 80 (1971), 427–470.

[25] Gegenüber dem württembergischen Generalstabschef von Suckow am 11. Mai 1868. – Albert von *Suckow,* Rückschau. Hg. W. Busch. Tübingen 1909, S. 139 f.

[26] Die ausführliche und grundlegende Darstellung der politischen Geschehnisse zwischen 1866 und 1870 bei Otto *Becker,* Bismarcks Ringen um Deutschlands Gestaltung (Hg. A. Scharff), Heidelberg[2] 1958, findet eine wichtige Ergänzung durch die Arbeit von Rolf *Wilhelm,* Das Verhältnis der süddeutschen Staaten zum Norddeutschen Bund (1867–1870). Hist. Studien, Heft 431, Husum 1978.

VII Der deutsch-französische Krieg – Die Reichsgründung

1 *Keudell,* a.a.O., 366. – Siehe dazu auch die Variante bei *Hohenlohe-Schillingsfürst,* Denkwürdigkeiten, Bd. II, Stuttgart, Leipzig 1907, S. 319, sowie im Gespräch Bismarcks mit dem italienischen Ministerpräsidenten Francesco Crispi, 21.–23. 8. 1888, in Friedrichsruh. – GW 8, 621f.

2 Erlaß vom 9. Februar 1870 an den Botschafter in London, Grafen von Bernstorff.

2a GW 6b, 271–274. Zitat: 272.

3 Über die Vorgeschichte und die einzelnen Phasen dieser Krise Jochen *Dittrich,* Bismarck, Frankreich und die spanische Thronkandidatur der Hohenzollern. Die »Kriegsschuldfrage« von 1870. Mit einer Einführung v. G. *Ritter.* München 1962.

4 Gespräche am 26. und 27. November 1891 in Friedrichsruh. – Vgl. dazu ergänzend Ernst *Walder,* Die Emser Depesche. Quellen z. neueren Geschichte. Heft 27/28/29. Bern 1959.

5 Vgl. William L. *Langer,* Bismarck as a Dramatist. In: Studies in Diplomatic History and Historiography in Honour of G. P. Gooch (Hg. A. O. Sarkissian). Gateshead on Tyne 1961, S. 199–216.

5a Siehe dazu Eberhard *Weis,* Vom Kriegsausbruch zur Reichsgründung. Zur Politik des bayerischen Außenministers Graf Bray-Steinburg im Jahr 1870. In: ZBLG 33 (1970), 787–810.

5b Siehe dazu Heinrich *Potthoff,* Die deutsche Politik Beusts. Von seiner Berufung zum österreichischen Außenminister Oktober 1866 bis zum Ausbruch des deutsch-französischen Krieges. Bonn 1968 und Heinrich *Lutz,* Österreich-Ungarn und die Gründung des Deutschen Reiches. Europäische Entscheidungen 1867–1871. Frankfurt/M., Berlin, Wien 1979.

5c Beust an den österreichischen Botschafter in Paris, Fürst Richard von Metternich, 9. 7. 1870. – Hermann *Oncken,* Die Rheinbund-Politik Kaiser Napoleons III. von 1863–1871 und der Ursprung des Krieges von 1870/71. Stuttgart 1926. Bd. 3, S. 412f.

5d GW 6b, 347, Nr. 1578.

5e Friedrich Ferdinand Graf von *Beust,* Aus drei Viertel-Jahrhunderten. Erinnerungen und Aufzeichnungen. Stuttgart 1887, 2. Bd., S. 354.

5f Hervorhebung im Original.

5g Zit. bei Elisabeth *Wentz,* Die Behandlung des deutsch-französischen Krieges in der englischen Presse. Würzburg 1940, 1. Bd., S. 54.

6 An die Frau.

7 Brief an die Frau, Homburg, 8. August 1870.

8 Artikel Buschs auf Grund Bismarckscher Direktiven, 17. September 1870. – Moritz *Busch,* Tagebuchblätter. 3 Bände, Leipzig 1899. Zitat: a.a.O., I, 203. Diese wie auch die zuvor genannten Pressedirektiven – vgl. oben S. 61f., 64 – waren für preußische Blätter gedacht. Über die Art, wie Bismarck die *auswärtige* Tagespresse für die Politik der Reichsgründung eingesetzt hat, vgl. Eberhard *Naujoks,* Bismarcks auswärtige Pressepolitik und die Reichsgründung (1865 bis 1871). Wiesbaden 1968.

[9] Brief vom 4. April 1859.
[10] Graf *d'Herisson*, Journal d'un officier d'ordonnance. Paris 1889.
[11] Brief vom 27. Februar 1871, Versailles. – GW 14/2, 816.
[12] Friedrich Ferdinand Graf von *Beust*, a.a.O., 478.
[13] Moritz *Busch*, Tagebuch, 1. März 1871. A.a.O., II, 174.
[14] Neuerdings dazu Walter *Lipgens*, Bismarck, die öffentliche Meinung und die Annexion von Elsaß und Lothringen 1870, in: HZ 199 (1964), 31–112. Entgegnung: Lothar *Gall*, Zur Frage der Annexion von Elsaß und Lothringen 1870, in: HZ 206 (1968), 265–326. Erwiderung: Walter *Lipgens*, Bismarck und die Frage der Annexion 1870, in: HZ 206 (1968), 586–617. Ebenfalls kritisch zu Lipgens: Josef *Becker*, Baden, Bismarck und die Annexion von Elsaß und Lothringen. In: ZGO 115, N.F. 76, (1967), 167–204; O. *Stoeckicht*, Bismarck und das Elsaß. Studien der Erwin-von-Steinbach-Stiftung, Bd. 2 (1968), S. 59–132; Eberhard *Kolb*, Bismarck und das Aufkommen der Annexionsforderung 1870. In: HZ 209 (1969), 318–356; schließlich noch einmal Lothar *Gall*, Das Problem Elsaß-Lothringen. In: Reichsgründung 1870/71. Tatsachen, Kontroversen, Interpretationen. Hg. Theodor Schieder u. Ernst Deuerlein. Stuttgart 1970, S. 366–385.
[15] Vom 21. August 1870, Pont-à-Mousson.
[16] L. v. *Ranke*, Tagebuchblätter. Gespräch am 10. November 1870. SW 53/54, S. 591.
[17] Brief vom 27. Februar 1871, Versailles.
[17a] Ludwig *Bamberger*, Erinnerungen. Berlin 1899, S. 415 f. Diese Stelle jetzt auch bei Fritz *Bronner*, 1870/71 Elsaß-Lothringen. Zeitgenössische Stimmen für und wider die Eingliederung in das Deutsche Reich. 2 Halbbände, Frankfurt/M. 1970. Schriften der Erwin von Steinbach-Stiftung, Hg. Christian Hallier, Nr. 2 u. 3, S. 139 f.
[18] Moritz *Busch*, a.a.O., I, 427 f.
[19] Ganz anders Bismarck. Wie Moritz Busch berichtet, fand am 21. 1. 1871 im engeren Kreise eine Erörterung über die Titulaturen »deutscher Kaiser«, »Kaiser von Deutschland« und »Kaiser der Deutschen« statt, bei der sich Bismarck zunächst zurückhielt, dann aber die Frage stellte: »›Weiß einer von den Herren, was auf Lateinisch Wurscht heißt?‹ ›Farcimentum‹, erwiderte Abeken. ›Farcimen‹, sagte ich. Chef, lächelnd: ›Farcimentum oder farcimen, einerlei. Nescio quid mihi magis farcimentum esset.‹« – Moritz Busch, a.a.O., II, 69.
[20] Brief vom 24. Januar 1871.
[21] Der amerikanische Historiker Otto *Pflanze* (Bismarck and the development of Germany. The period of unification, 1815–1871. Princeton 1963, S. 497) dagegen meint, der Text der Proklamation symbolisiere »the completed union of three traditions: Hohenzollern authoritarianism, Prussian militarism, and German nationalism«. Solche Behauptungen, zumal ohne nähere Begründung und ohne Erörterung des Textes aufgestellt, können zwar als Häufung sehr geläufiger und nur schwer definierbarer Schlagworte angesehen werden, bieten aber keinen Ersatz für ein fundiertes Urteil. Vielleicht kennzeichnen sie die nicht vorurteilsfreie Sicht des Verfassers, zur Erhellung der Proklamation aber und zur

Charakteristik der sie bestimmenden Kräftekomponenten und Zeitumstände tragen sie nichts bei.

22 John Lothrop *Motley*, Briefwechsel, Berlin 1890, 375 f.

Zweiter Teil

I Bismarck und Europa

1 Privatschreiben an den Staatsminister Grafen von Itzenplitz, Versailles, 5. Dezember 1870.

2 Unter den zahlreichen neueren Veröffentlichungen zu den Problemen der Reichsgründungszeit sind folgende Aufsatzsammlungen zu nennen: Theodor *Schieder* u. Ernst *Deuerlein* (Hg.), Reichsgründung 1870/71. Tatsachen, Kontroversen, Interpretationen. Stuttgart 1970. Helmut *Böhme* (Hg.), Probleme der Reichsgründungszeit 1848–1879. Köln, Berlin[2] 1972. Horst *Bartel* u. Ernst *Engelberg* (Hgg.), Die großpreußisch-militaristische Reichsgründung 1871. Voraussetzungen und Folgen. 2 Bde, Berlin-Ost 1971.
Eberhard *Kolb* (Hg.), Europa und die Reichsgründung. Preußen-Deutschland in der Sicht der großen europäischen Mächte 1860–1880. Beiheft 6 (neue Folge) der HZ. München 1980.

3 18. Dezember 1863 im Haus der Abgeordneten.

4 Moritz *Busch*, a.a.O., 320.

5 Telegramm vom 11. August 1866.

6 S. dazu Eckart *Fleischhauer*, Bismarcks Rußlandpolitik im Jahrzehnt vor der Reichsgründung und ihre Darstellung in der sowjetischen Historiographie. Köln, Wien 1976.

7 Über den »traumatischen Gefühlskomplex«, der sich in Frankreich von der »honte de Sadowa« zur Losung »Revanche pour Sadowa« steigerte, vgl. Paul *Hartig*, Königgrätz im Urteil französischer Historiker. Im Sammelband »Europa und der Norddeutsche Bund« (Hg. Richard Dietrich). Berlin 1968, S. 157 ff.

8 Vgl. dazu G. A. *Rein*, Die Revolution in der Politik Bismarcks. Göttingen 1957.

9 »Herr von Bismarck«. Breslau 1868. Die Einleitung trägt die Überschrift: Deutschland, Frankreich und die Revolution. Zitate: XLIV und 108. – Vgl. dazu auch Stanley *Zucker*, Ludwig Bamberger. German Liberal Politician and Social Critic, 1823–1899, Univ. of Pittsburgh Press 1975. S. 52 ff.

10 »Man kann nicht einen Augenblick daran zweifeln, daß er ein geborener Revolutionär war. Denn man wird als Revolutionär geboren wie als Legitimist, nach der Art der geistigen Anlage, während der Zufall allein darüber entscheidet, ob die Lebensumstände aus dem gleichen Menschen einen Weißen oder einen Roten machen.« Diese bemerkenswerte Stelle lautet im Original: »On ne peut douter un moment qu'il ne soit né révolutionnaire. Car on naît révolutionnaire

comme on naît légitimiste, par la conformation du cerveau, tandis que le hasard seul décide si les circonstances de la vie feront du même homme un blanc ou un rouge.« – Zitiert nach Ludwig *Bamberger*, Politische Schriften von 1848 bis 1868. Berlin 1895, Bd. 3, S. 434.

[11] A.a.O., 108.

[12] In der Rede vom 14. Juni 1882.

[13] Brief Jacob Burckhardts an Friedrich v. Preen, 26. April 1872. Jacob *Burckhardt*, Briefe (Bearb. Max Burckhardt). Bd. 5. Basel/Stuttgart 1963, S. 160.

[13a] Vgl. dazu auch Karl-Ernst *Jeismann*, Das Problem des Präventivkrieges im europäischen Staatensystem mit besonderem Blick auf die Bismarckzeit. Freiburg, München 1957, S. 91–96.

[13b] Dem Herzog von Polignac sagte er: »Man hat uns brouillieren wollen, das ist erzeugt durch den Nonsens zweier Zeitungen. Aber jetzt ist alles beendet, vollkommen beendet.« – Zit. bei E. *Eyck*, a.a.O., 3, 162.

[13c] In der »Times« z. B. erschien am 6. 5. 1875 der Artikel »The French Scare«.

[13d] Der Text lautete: »L'empereur quitte Berlin parfaitement convaincu des dispositions conciliantes qui y regnent et qui assurent le maintien de la paix.« – Die unrichtige Wiedergabe des Textes in Bismarcks »Erinnerung und Gedanke«, die seitdem häufig abgedruckt wurde, ist Ausdruck seines anhaltenden Ärgers über Gortschakow. – GW 15, 364.

[13e] So am 11. 4. 1875 gegenüber Lucius. – *Lucius*, a.a.O., 72.

[13f] 31. 5. 1875.– Ebenda, 74f.

[13g] Gespräch am 11. 5. 1880. – GW 8, 365.

[14] Ansprache an die Studenten der deutschen Universitäten und Technischen Hochschulen. Friedrichsruh, 1. April 1895. – GW 13, 559.

[15] Kissingen, 15. Juni 1877.

[16] Reichstagsrede vom 14. Juni 1882.

[17] In einem Erlaß vom 25. Februar 1887 an den deutschen Botschafter in St. Petersburg, von Schweinitz. – GP 6, 177.

[18] GP 2, 88.

[19] Promemoria, Berlin 11. Februar 1863.

[20] Reichstagsrede vom 5. Dezember 1876.

[21] Rede vom 19. Februar 1878.

[22] Gabriel *Hanotaux*, Historie de la France contemporaine 1871–1900. Paris 1909. Bd. IV, 329.

[23] Zit. bei Hermann *Oncken*, Das deutsche Reich und die Vorgeschichte des Weltkrieges. Leipzig 1933, S. 211.

[24] *Hanotaux*, a.a.O., IV, 329, 331.

[25] Zit. bei *Eyck*, a.a.O., III, 273. George Earle *Buckle*, The Life of B. Disraeli, Earl of Beaconsfield. London 1920; II, 1194, 1203, 1438.

[26] Vgl. dazu W. Norton *Medlicott*, Bismarck and Beaconsfield. In: Studies in Diplomatic History..., a.a.O., 225–250. – Die besondere Sympathie Bismarcks fand auch sichtbaren Ausdruck darin, daß, wie er einem englischen Besucher erzählte, in jedem seiner drei Häuser Disraelis Bild im Bibliothekszimmer hänge.

– Gespräch mit dem englischen Bankdirektor Hucks Gibbs Ende Oktober 1885 in Friedrichsruh. GW 8, 532.

27 Darüber ausführlich Fritz *Hartung*, Bismarck und Graf Arnim. HZ 171 (1951), 47–77. Wiederabdruck in: Staatsbildende Kräfte der Neuzeit. Gesammelte Aufsätze. Berlin 1961, S. 345–375.

28 Brief vom 23. 4. 1881 an Graf Philipp zu Eulenburg. Briefe an die Freunde. Zweite Sammlung, Berlin 1910, II, 384.

29 Nach der genannten Studie von *Hartung* sind zwei englische Untersuchungen über Arnim erschienen: Norman *Rich*, Holstein and the Arnim Affair, in: JMH 28 (1956), 35–54; und George O. *Kent*, Arnim and Bismarck 1869–1875. Phil. Diss. Oxford 1958 (masch.-schr.). Unter Verwendung bisher unveröffentlichter Akten des Auswärtigen Amts fällt die Beurteilung Arnims bei beiden Verfassern sehr negativ aus, *Rich* kommt zu dem Schluß: »Arnim's struggle against Bismarck is a record of incredibly foolish blunders which his opponent did not fail to exploit. The man primarily responsible for the fall of Arnim was without any doubt Arnim himself.« – A.a.O., 54.

30 Denkwürdigkeiten des Generals von *Schweinitz*. 2. Bd. Berlin 1927, S. 270f.

II »Besitzassekuranzen, keine Erwerbsgenossenschaften« Bismarcks Bündnispolitik der achtziger Jahre

1 Brief vom 15. August 1879 (allgemein als »Ohrfeigenbrief« bekannt). B. *Schwertfeger*, Diplomatische Akten I, S. 250.

2 Bismarck an Kaiser Wilhelm I., Gastein, 24. August 1879. GP 3, 20.

3 Richard *Fester*, Saburow und die russischen Staatsakten über die russisch-deutschen Beziehungen von 1879 bis 1890, in: Die Grenzboten, 80 (1921), 55–65 und 86–100. Zitat: a.a.O., 60. Vgl. J. Y. Simpson, The Saburow Memoirs or Bismarck and Russia. Cambridge 1929, S. 111.

4 GP 5, 247.

5 Erlaß an den Botschafter in Wien, Prinzen Reuß, Berlin, 3. Dezember 1886. GP 5, 147.

6 Rede vom 11. Januar 1887.

7 Oberst Graf von Wedel an den Botschafter in Wien, Prinzen Heinrich VII. Reuß, 15. Januar 1887. GP 5, 152f.

8 Schreiben vom 9. Mai 1888, Berlin. GP 6, 305.

9 10. August 1882 an Prinz Reuß.

10 Friedrich von Holstein. Lebensbekenntnis in Briefen an eine Frau. Hg. Helmuth Rogge. Berlin 1932, S. 135.

11 Die geheimen Papiere Friedrich von *Holsteins* (Hg. Werner Frauendienst). Bd. II (Tagebuchblätter). Göttingen, Berlin, Frankfurt 1957, S. 375. Tagebuch vom 11. Januar 1887.

12 *Holstein*, Geheime Papiere I (Erinnerungen und politische Denkwürdigkeiten), 127, 130.

13 Über das wechselvolle Verhältnis Holsteins zu Bismarck: Helmut *Krausnick*, Holsteins Geheimpolitik in der Ära Bismarck 1886 bis 1890. Hamburg 1942; Werner *Frauendienst*, Einleitung zu Bd. I der geheimen Papiere Friedrich von Holsteins, a.a.O., 1956, S. IX–XLIV; Helmut *Krausnick*, Holsteins großes Spiel im Frühjahr 1887. In: Geschichte und Gegenwartsbewußtsein. Festschrift f. Hans Rothfels. Göttingen 1963, S. 357–427; Norman *Rich*, Friedrich von Holstein. Politics and Diplomacy in the Era of Bismarck and William II. 2 Bände, Cambridge 1965; Günter *Richter*, Friedrich von Holstein. Ein Mitarbeiter Bismarcks. Histor. Studien, Heft 397. Lübeck, Hamburg 1966.

14 Vgl. dazu Hans *Hallmann* (Hg.), Zur Geschichte und Problematik des deutsch-russischen Rückversicherungsvertrages von 1887. Darmstadt 1968.

15 Varzin, 28. Juli 1887, GP 5, 268.

16 Erlaß an Schweinitz, 13. Juni 1887. GP 5, 251.

17 Varzin, 28. Juli 1887. GP 5, 265.

18 Gespräch mit dem österreichisch-ungarischen Außenminister Kálnoky, Varzin, August 1885. Helmut *Krausnick*, Neue Bismarck-Gespräche. Hamburg 1940/43, S. 39.

19 Erlaß an Prinz Reuß. Berlin, 11. März 1887. GP 4, 324.

20 Berlin, 22. November 1887.

21 Über ihn Wolfgang *Windelband*, Herbert Bismarck als Mitarbeiter seines Vaters. Wiederabdruck in der Sammlung des Verfassers »Gestalten und Probleme der Außenpolitik«, Berlin/Essen/Leipzig 1937, S. 157–176; und Walter *Bußmann* (Hg.), Staatssekretär Graf Herbert von Bismarck. Aus seiner politischen Privatkorrespondenz. Göttingen 1964.

22 Rede vom 26. Januar 1889.

23 Privatbrief Graf Herbert v. Bismarcks an den Reichskanzler. London, 22. März 1889. GP 4, 405. – Zu diesen Verhandlungen ausführlich Wolfgang *Steglich*, Bismarcks englische Bündnissondierungen und Bündnisvorschläge 1887–1889. In: Historia integra. Festschrift für Erich Hassinger zum 70. Geburtstag. Berlin 1977, S. 283–348.

24 Immediatschreiben Bismarcks an Wilhelm I. – Friedrichsruh, 9. Oktober 1884.

25 Rede vom 11. Januar 1887.

26 Lord Odo Russell an den englischen Außenminister Lord Granville, 27. November 1880. Lord Edmond *Fitzmaurice*, The Life of Granville, Bd. II. New York 1906, S. 207.

27 Waddington im August 1883 zu Herbert v. Bismarck. *Lucius*, a.a.O., 270.

28 An Graf Münster, Berlin, 25. Januar 1885.

29 An den Geschäftsträger von Thielmann, 31. Januar 1885. Zit. bei Wolfgang *Windelband*, Bismarck und die europäischen Großmächte, 1879–1885. Essen 1942², S. 556.

30 Erlaß an den Botschafter in Paris, Fürst Hohenlohe. Berlin, 25. Mai 1885. GP 3, 446.

31 Friedrichsruh, 5. Dezember 1888.

32 Wenn Bismarck erklärte, daß die Kolonialpolitik »nicht durch Generäle und

nicht durch Geheime Räte, sondern durch Kommis von Handlungshäusern gemacht werde« (12. Mai 1885) und es während seiner Kanzlerschaft auch keine Reichskolonialverwaltung gab, so sind dies, neben vielen anderen Stellungnahmen und amtlichen Handlungen, weitere charakteristische Belege dafür, daß er mit dieser Einstellung noch ganz dem Zeitalter des *Kolonialismus* angehört. Es ist daher unzutreffend, von einem Bismarckschen Imperialismus zu sprechen, auch in der monströsen und begrifflich unscharfen Wortverbindung »Kolonialimperialismus«.

Die antiimperialistische Einstellung Bismarcks mag, neben anderen Faktoren, vielleicht auch bei seiner gefühlsmäßigen Abneigung gegen Josef Chamberlain, einen der führenden englischen Imperialisten, mitgeschwungen haben. Sofern die Überlieferung zuverlässig ist, erklärte Bismarck: »Chamberlain mag ich nicht... er sieht so impertinent aus.« – Gespräch mit dem englischen Bankdirektor Hucks Gibbs, Ende 1885 in Friedrichsruh. GW 8, 533.

Zu seiner Kolonialpolitik sei noch hingewiesen auf die Studien von William O. *Aydelotte*, Wollte Bismarck Kolonien?, in: Deutschland und Europa (Festschrift für Hans Rothfels), Düsseldorf 1951, S. 41–68; und von Henry Ashby *Turner*, Bismarck's Imperialist Venture: Anti-British in Origine?, in: Britain and Germany in Africa. Imperial Rivalry and Colonial Rule (Ed. Prosser Gifford and Wm. Roger Louis). New Haven/London, Yale Univ. Press 1967, S. 47–82.

33 Denkwürdigkeiten des General-Feldmarschalls Alfred Grafen von *Waldersee* (bearb. u. hg. von H. O. Meisner). Stuttgart 1923, Bd. 1, 263. – Über Außenpolitik und Präventivkrieggedanken der Achtzigerjahre siehe neuerdings Konrad *Canis*, Bismarck und Waldersee. Die außenpolitischen Krisenerscheinungen und das Verhalten des Generalstabs 1882 bis 1890. Berlin-Ost 1980.

34 »Die Entwicklung der Wehrkraft Rußlands seit 1878 unter besonderer Berücksichtigung seiner Rüstungen im laufenden Jahre 1887.«

35 An Prinz Reuß. Friedrichsruh, 15. Dezember 1887. GP 6, 25 u. 27f.

36 Zur Aufzeichnung H. v. Bismarcks. Berlin, 17. Januar 1888. GP 6, 82.

37 In einem Privatschreiben vom 6. April 1861 aus Petersburg hatte er dem Minister v. Schleinitz mitgeteilt: »In dem Gedanken, daß es anders werden muß, sind alle einig, der Aristokrat, der Demokrat, der Panslawist, der Orientalist, und das Bestehende findet kaum unter den älteren Beamten einige Anhänger.«

38 Am 1. November 1887. GP 5, 311.

39 GP 5, 205. – Vgl. ergänzend dazu George F. *Kennan*, The Decline of Bismarck's European Order, Franco-Russian Relations, 1875–1890, Princeton 1979.

40 Das Tagebuch der Baronin Spitzemberg. Hg. R. Vierhaus. Göttingen 1960, S. 239f. – Eintragung vom 6. 2. 1888, Berlin.

41 Brief vom 7. 2. 1888, Oestrich im Rheingau. – Nachlaß Stosch.

42 Das Fontane-Buch (Hg. E. Heilborn), Berlin 1921; S. 171.

43 *Schweinitz*, a.a.O., II, 361.

44 Über die Leistung Bismarcks im Jahre 1887, in das jene große Rede mit einbezogen wird, urteilt der amerikanische Historiker William L. *Langer:* »A more complicated chapter of diplomacy than that dealing with the year 1887 could

hardly be found in the history of European international relations... One can hardly escape the conviction that Bismarck throughout this critical year, while doing his utmost to liberate Germany from the danger of a Franco-Russian alliance, at the same time maintained a careful balance between the other powers. He deluded and disappointed some and enraged others, Austrians as well as French and Russians, but he preserved the peace. Had he not been there, the nations would have had it out in the good old way. They had often fought on less pretext. But for Germany's sake Bismarck desired to avoid any conflict in Europe. He would not fight himself, no matter how favourable the situation might be for Germany, but at the same time he would not let the others fight if he could help it. As the situation stood at the end of 1887, no power could move without involving itself in endless difficulties and dangers. The sanctions of peace lay in the great alliance system which spread over Europe like a huge web. Bismarck was denounced and misunderstood, but for him the preservation of peace was worth it.« European Alliances and Alignments 1871–1890. New York 1950², S. 451, 453.

[45] Vom 24. Januar 1887. Ausgewählte Aufsätze und Briefe von A. *Dove* (Hg. F. Meinecke und O. Damman). München 1925, S. 118.

III Bismarck in der inneren Politik

[1] 1. Mai 1871. – Rivista d'Italia. Anno 28, Vol. 1 (1925), S. 186. Zit. bei Paul *Sattler*, Bismarcks Entschluß zum Kulturkampf, in: FBPG 52 (1940), S. 84.

[2] Adelheid *Constabel* (Hg.), Die Vorgeschichte des Kulturkampfes. Quellenveröffentlichungen aus dem deutschen Zentralarchiv. Berlin 1956.

[3] Vgl. dazu Georg *Franz*, Kulturkampf. Staat und katholische Kirche in Mitteleuropa von der Säkularisation bis zum Abschluß des Preußischen Kulturkampfes. München 1954.

[4] Vgl. dazu Johannes *Heckel*, Die Beilegung des Kulturkampfes in Preußen, in: Zeitschrift der Savigny-Stiftung für Rechtsgeschichte. Kan. Abtlg. XIX, 50 (1930), S. 215–353; sowie Edoardo *Soderini*, Leo XIII. und der deutsche Kulturkampf. Innsbruck 1935.

[5] Renate *Ruhenstroth-Bauer*, Bismarck und Falk im Kulturkampf. Heidelberg 1944; Erich *Schmidt-Volkmar*, Der Kulturkampf in Deutschland 1871 bis 1890. Göttingen 1962. – Einen Forschungs- und Literaturbericht über die von 1945 bis 1957 erschienenen Publikationen gibt Rudolf *Morsey*, Bismarck und der Kulturkampf, in: AfK 39 (1957), 232–270.

[6] Rede vor dem Preußischen Abgeordnetenhaus, 24. April 1887.

[7] Nicht nach Canossa! Ein lustig Lied, nach neuer Weise bei Pfingstlandpartien zu singen, im »Kladderadatsch«, 25. Jg., 19. Mai 1872, Nr. 22/23, S. 85.

[8] Hermann *Oncken*, Rudolf von Bennigsen. Ein deutscher liberaler Politiker. Bd. 2 (von 1867 bis 1902), Stuttgart 1910, S. 230f.

[9] Der »Fall Hohenlohe« selbst blieb, wie auch der »Kladderadatsch« treffend aus-

gedrückt hatte, seinem ganzen Gewicht nach nur eine, wenn auch charakteristische Episode. Vgl. dazu Ernst *Deuerlein*, Bismarck und die Reichsvertretung beim Hl. Stuhl. In: Stimmen der Zeit, 164. Bd. 84. Jg. (1958/59), S. 203–219, 256–266, und Hans *Philippi*, Beiträge zur Geschichte der diplomatischen Beziehungen zwischen dem Deutschen Reich und dem Heiligen Stuhl 1872–1909. In: HJb 82 (1963), 219–239.

[10] Vom 10. März 1873.

[11] Vgl. dazu Heinrich *Bornkamm*, Die Staatsidee im Kulturkampf. HZ 170 (1950), 41–72 u. 273–306.

[11a] Vgl. dazu Rudolf *Lill*, Die Wende im Kulturkampf: Leo XIII., Bismarck und die Zentrumspartei 1878–1880. Tübingen 1973.

[11b] Siehe dazu Christoph *Weber*, Kirchliche Politik zwischen Rom, Berlin und Trier 1876–1888. Die Beilegung des preußischen Kulturkampfes. Mainz 1970.

[12] Vgl. dazu Helmut *Böhme*, Deutschlands Weg zur Großmacht. Studien zum Verhältnis von Wirtschaft und Staat während der Reichsgründungszeit 1848–1881. Köln/Berlin 1966 und Hans *Rosenberg*, Große Depression u. Bismarckzeit. Wirtschaftsablauf, Gesellschaft u. Politik in Mitteleuropa. Berlin 1967.

[13] Zu diesem Problemkreis sei verwiesen auf Hermann *Oncken*, Lassalle. Eine politische Biographie. Stuttgart, Berlin 1923^4, 1966^5 Hg. Felix Hirsch. Gustav *Mayer*, Bismarck und Lassalle. Ihr Briefwechsel und ihre Gespräche. Berlin 1928. Shlomo *Na'aman*, Lassalles Beziehungen zu Bismarck – ihr Sinn und Zweck. In: AfS 2 (1962), S. 32–54; Wilhelm *Mommsen*, Bismarck und Lassalle. In: AfS 3 (1963), 81–86; Hans *Rothfels*, Bismarck und Karl Marx. In: Jahresheft d. Heidelberger Akad. d. Wissenschaften. Heidelberg 1960, S. 51–67.

[14] Rede vom 15. Februar 1865 vor dem Abgeordnetenhaus.

[15] Rede vom 11. Februar 1865 (Sten. Ber. 393). Zit. bei Hans Joachim *Schoeps*, Hermann Wagener – ein konservativer Sozialist. Ein Beitrag zur Ideengeschichte des Sozialismus, in: ZRGG 8 (1956), S. 204. – Bezeichnend für seine fortschrittliche Konzeption ist auch die Auseinandersetzung, die Wagener mit der ständischen Denkweise Ludwig v. Gerlachs führte. In der »Neuen Preußischen Zeitung« vom 2. November 1865, Nr. 257 schrieb er: »Es gibt überhaupt keine Stände mehr, es handelt sich vielmehr darum, etwas Entsprechendes neu zu gestalten. Die Signatur der Zeit ist eben die Auflösung und Zersetzung aller überkommenen Institutionen und Organismen, darunter auch diejenigen, welche bis dahin den Gewerbebetrieb und die Stellung der darin beschäftigten Arbeiter geordnet und geschützt haben. Die ›Arbeiterfrage‹ ist eben die Aufgabe, an Stelle dessen, was verlorengegangen und nicht mehr zu halten ist, anderweite zeitgemäße Institutionen und Organismen zu begründen und zu gestalten, und damit dem Fortschritte der Zersetzung einen Damm entgegenzustellen.« Zit. bei *Schoeps*, a.a.O., 202 f. – Vgl. auch Wolfgang *Saile*, Hermann Wagener und sein Verhältnis zu Bismarck. Ein Beitrag zur Geschichte des konservativen Sozialismus. Tübingen 1958.

[16] Schreiben vom 17. November 1871. Heinrich v. *Poschinger* (Hg.), Aktenstücke zur Wirtschaftspolitik des Fürsten Bismarck. 1. Bd. Berlin 1890, S. 164.

[17] Berlin, 27. Februar 1872.

[18] Heinrich v. *Poschinger*, Fürst Bismarck als Volkswirth, 2. Bd. Berlin 1890, S. 81.

[19] Gespräch am 26. Juni 1881 mit Moritz Busch.

[19a] Vgl. dazu Hans-Peter *Ullmann*, Industrielle Interessen und die Entstehung der deutschen Sozialversicherung 1880–1889. In: HZ 229(1979), 574–610.

[20] Erinnert sei hier an die folgende, Mitte November 1918 veröffentlichte Stellungnahme Friedrich Meineckes: »Bismarcks Werk war für seine Zeit ein Wunderwerk von Zusammenfassung staatlicher und nationaler, alter und neuer geschichtlicher Kräfte, aber es fehlte ihm, weil es in seiner Spitze Obrigkeitsstaat blieb, die letzte und höchste Möglichkeit innerer nationaler Kohärenz, – es war ein verborgener Riß in ihm, und diesen Riß hat Bismarck selbst noch erweitert durch die falsche Taktik seines Kampfes gegen die Sozialdemokratie, durch die Abtreibung der Massen vom Staate. Bismarck hat, wie Friedrich Engels es 1887/88 ausgedrückt hat, ›die von ihm selbst geschaffene geschichtliche Lage nicht begriffen‹. Er hat die Massenkräfte des modernen Sozial- und Wirtschaftslebens, die er in dem von ihm geschaffenen Reiche entwickeln half, falsch eingeschätzt und behandelt.« – Friedrich *Meinecke*, Politische Schriften, Bd. 2, Hg. Georg Kotowski, Darmstadt 1958, S. 266.

[21] Friedrichsruh, 27. März 1882. Aus einem Schreiben an den Staatssekretär des Reichsamts des Innern, v. Boetticher.

[22] Am 15. Oktober 1853. Albert v. *Mutius*, Graf Albert Pourtalès. Berlin 1933, S. 73.

[23] Heinrich von *Poschinger*, Bismarck und die Parlamentarier. Bd. 1, Breslau 1894², S. 60.

[24] Rede vor dem Reichstag des Nordd. Bundes, 11. März 1867.

[25] *Spitzemberg*, a.a.O., 202. Eintragung vom 2. Dezember 1883, Friedrichsruh.

[26] Wortspiel mit den Namen der Abgeordneten Forckenbeck und Virchow.

[27] Reichstagsrede vom 15. 3. 1884. – GW 12, 416–429. Zitate: 425 ff.

[28] Brief Bismarcks an den König, 1. Dezember 1863.

[29] Vor einer Abordnung der Universität Jena, 30. Juli 1892.

[29a] 5. August 1892. – Wilhelm *Dilthey*, Briefwechsel mit Graf Paul Yorck von Wartenburg, 1877–1897. Halle 1923, S. 150.

[30] Berlin, 11. April 1877.

[31] So gegenüber der Baronin Spitzemberg. Eintragung vom 1. April 1877. *Spitzemberg*, a.a.O., 164.

[32] Gespräch mit Robert v. Keudell, 31. Mai 1857. – Ganz ähnlich auch in einem Gespräch am 9. 11. 1870: »... wenn ich doch nur einmal auf fünf Minuten die Gewalt hätte, zu sagen: So wird es, und so nicht. – Daß man sich nicht mit Warum und Darum abzuquälen, zu beweisen und zu betteln hätte bei den einfachsten Dingen.« *Busch*, a.a.O., 1, 371.

[33] Gespräch mit dem Redakteur Anton Memminger, 16. August 1890 in Kissingen.

[34] Ernst *Schweninger*, Dem Andenken Bismarcks. Zum 1. April 1899. Leipzig 1899, S. 37.

[35] Gespräch am 19. November 1883 in Friedrichsruh.

[36] Graf Philipp zu Eulenburg vermerkte in seinem Tagebuch über seinen Besuch in Friedrichsruh Ende 1888: »Ungewöhnlich wie alles ist auch die Quantität und Art der Nahrungsmittel im Hause Bismarck. Gänseleberpasteten, geräucherte Fische aller Größen, Heringe, Beefsteaks, Koteletts, Gemüse – alles zugleich auf den Tisch gestellt, und schwerer Portwein dazu. Meistens Geschenke von deutschen Verehrern. Man mußte von allem kosten, Vergleiche in Pasteten anstellen und sich den Teller hoch beladen. Während des Essens reichte der Fürst den bettelnden Hunden Semmeln und große Stücke Fleisch. Und als seine Frau besorgt meinte, er esse zuviel Pastete, zitierte er einen lateinischen Spruch und übersetzte ihn so: ›Was ich gegessen habe, das hab' ich. Was ich sonst geleistet habe, wird vergessen‹.« (Eintragung vom 30. Dezember 1888.)

[37] Rede vom 25. Januar 1873.

IV Das Dreikaiserjahr 1888 – Bismarcks Entlassung

[1] An Emil v. Albedyll, Varzin, 16. Juli 1885.

[2] Portofino, 28. September 1886.

[3] Potsdam, 29. November 1887.

[4] Friedrichsruh, 6. Januar 1888.

[5] Zur Frage, ob Bismarck sich 1890 mit Staatsstreichplänen getragen habe, sei verwiesen auf die Arbeiten von Werner *Pöls*, Sozialistenfrage und Revolutionsfurcht in ihrem Zusammenhang mit den angeblichen Staatsstreichplänen Bismarcks, Lübeck/Hamburg 1960, und von John C. G. *Röhl*, Staatsstreichplan oder Staatsstreichbereitschaft. Bismarcks Politik in der Entlassungskrise, in: HZ 203 (1966), 610–624.

[6] *Lucius*, a.a.O., 509.

[7] Seinem Onkel, dem Großherzog von Weimar, telegraphierte er: »Mir ist so weh ums Herz, als hätte ich noch einmal meinen Großvater verloren. Aber von Gott Bestimmtes ist zu tragen, auch wenn man darüber zugrunde gehen sollte.« Karl Graf v. *Wedel*, Zwischen Kaiser und Kanzler. Aufzeichnungen aus den Jahren 1890–1894. Hg. E. Graf v. Wedel. Leipzig 1943, S. 94. Teildruck: BM 20 (1942).

[8] Vgl. Eberhard *Kessel*, Bismarck und die »Halbgötter«. Zu dem Tagebuch von Paul Bronsart von Schellendorff, in: HZ 181 (1956), S. 284ff. Dort auch die angeführten Sätze aus der Ansprache des Kaisers.

[9] Tagebucheintragung, Berlin, 24. März 1890. *Hohenlohe-Schillingsfürst*, Denkwürdigkeiten (Hg. Friedrich Curtius). 2. Bd. Stuttgart/Leipzig 1907, S. 464.

[10] Tagebucheintragung, Straßburg, 31. März 1890. *Hohenlohe-Schillingsfürst*, a.a.O., 466.

[11] Julius v. *Eckardt*, Bismarcks Kampf gegen Caprivi. Leipzig 1920, S. 52f.

[12] Vom 25. März 1890. GP 7, 8.

[13] Zur Problematik der Bismarckschen Bündnispolitik sei außer den genannten Darstellungen von *Langer* und *Windelband* noch auf folgende Einzelstudien verwiesen: Siegfried A. *Kaehler*, Zwei deutsche Bündnisangebote an England,

1889 und 1939. In: Nachrichten d. Akad. d. Wissenschaften in Göttingen Philolog.-Histor. Klasse, Jg. 1948, Nr. 5, Göttingen; Peter *Rassow*, Die Stellung Deutschlands im Kreise der Großen Mächte 1887–1890. In: Akad. d. Wissenschaften u. d. Literatur. Abhandlungen d. Geistes- u. Sozialwiss. Klasse, Jg. 1959, Nr. 4. Mainz/Wiesbaden 1959.

14 Sidney *Whitman*, Fürst v. Bismarck. Stuttgart 1902, S. 174.

15 Arthur v. *Brauer*, Im Dienste Bismarcks. Berlin 1936, S. 318.

16 Tagebuch, Berlin, 24. März 1890. *Hohenlohe-Schillingsfürst*, a.a.O., II, 464.

17 Brief an den General von Erckert, Paris, 11. April 1890. Herbert von *Nostitz*, Bismarcks unbotmäßiger Botschafter. Fürst Münster von Derneburg (1820–1902), Göttingen 1968, S. 190.

17a Ludwig Bamberger schrieb dagegen Weihnachten 1894: »Welch ein Schreck fuhr den Leuten in die Glieder, als der Unentbehrliche eines Morgens vom Schauplatz verschwand! Nicht bloß seine Anhänger, auch die Gleichgültigen, ja viele seiner Gegner überfiel es wie ein Grauen vor dem Unbekannten, dem unnötigerweise die Tore aufgetan wurden, und sie warfen die Frage auf, ob es zu rechtfertigen sei, daß man den Mann, der die größte politische Autorität in der Welt besaß und sie in den Dienst des Weltfriedens gestellt hatte, bei lebendigem Leibe zu den Toten werfe.«
Diese Tagebucheintragung kann jedoch nicht, wie Eyck meint, als »lebendiger Eindruck« der Tage nach der Entlassung Bismarcks gewertet werden. Vielmehr handelt es sich hier um eine Betrachtung, die aus dem Rückblick geschrieben ist, fast fünf Jahre nach der Entlassung; Sätze, in denen persönliche Erlebnisse und politische Erfahrungen der Jahre 1890 bis 1894 bereits mitschwingen. – Erich *Eyck*, Das persönliche Regiment Wilhelms II. Politische Geschichte des deutschen Kaiserreiches von 1890 bis 1914. Erlenbach, Zürich, 1948, S. 13.

18 Wiesbaden, 19. März 1890. Gustav Freytags Briefe an Albrecht v. Stosch (Hg. Hans F. *Helmolt*). Stuttgart/Berlin 1913, S. 230.

19 Eintragung vom 18. Juni 1890. *Hohenlohe-Schillingsfürst*, a.a.O., II, 470.

20 Brief an Hermann Baumgarten, Bonn, 27. Januar 1871. Julius *Heyderhoff* (Hg.), Deutscher Liberalismus im Zeitalter Bismarcks. Bd. 1. Bonn/Leipzig 1925, S. 494.

21 Der Nationalstaat und die Volkswirtschaftspolitik, in: Max *Weber*, Gesammelte politische Schriften. München 1921, S. 20.

22 Alfred v. *Tirpitz*, Erinnerungen. Leipzig 1920, S. 98.

23 In der weit verbreiteten Schrift »Der deutsche Gedanke in der Welt«. Leipzig 1912, S. 99f.

24 »Deutschland unter den Weltvölkern.« Leipzig 1903[1], 1908[2], S. 43.

25 Vgl. dazu Werner *Conze*, Friedrich Naumann. Grundlagen und Ansatz seiner Politik in der nationalsozialen Zeit (1895 bis 1903), in: Schicksalswege deutscher Vergangenheit (Festschrift für S. A. Kaehler). Düsseldorf 1950, S. 355–386.

26 Harry Graf *Keßler*, Gesichter und Zeiten. Erinnerungen. Hamburg 1962, S. 265f.

27 Nachlaß Adolf v. *Deines*. Bundesarchiv, Militärarchiv, N 32/11. Zu Deines' mi-

litärischer Laufbahn vgl. Kurt v. *Priesdorff* (Hg.), Soldatisches Führertum. Hamburg (o. J.) X, Nr. 3064.

28 Miquel (1828–1901) war 1859 Mitbegründer des Nationalvereins, 1865 Bürgermeister von Osnabrück, 1870 Leiter der Berliner Diskontogesellschaft, 1876 Oberbürgermeister von Osnabrück, 1880 von Frankfurt a. M., 1884 an Stelle Bennigsens Vorsitzender der Nationalliberalen Partei, 1887 Mitbegründer des deutschen Kolonialvereins. Außerdem war er von 1867–1882 Mitglied des preußischen Landtags und des Reichstags, 1887–1890 MdR (nationalliberal) für Kaiserslautern. Er wurde 1890 preußischer Finanzminister, 1897 geadelt und Vizepräsident des preußischen Staatsministeriums.

29 Tagebucheintragung, 10. 3. 1890. – *Waldersee*, Denkwürdigkeiten, a.a.O., 2, 113.

30 Brief vom 11. 3. 1890. – Aus dem Briefwechsel des Generalfeldmarschalls Alfred Grafen von *Waldersee*. Hg. Heinrich Otto Meisner. Stuttgart, Berlin, Leipzig 1928, 1. Bd., S. 355.

31 Siehe Anlage unten S. 188–191. – Eine inhaltliche Teilwiedergabe nach einer Abschrift mit wenigen wörtlichen Zitaten bei Hans *Herzfeld*, Johannes von Miquel. Sein Anteil am Ausbau des deutschen Reiches bis zur Jahrhundertwende. Detmold 1938, 2. Bd., S. 183f. – Diese Rolle Miquels und dieser Brief sind im bisherigen Schrifttum nur wenig oder gar nicht beachtet worden und bleiben z. B. in den Bismarck-Biographien von A. O. Meyer, E. Eyck und L. Gall unerwähnt.

32 Tagebucheintragung Waldersees, 12. 3. 1890. – *Waldersee*, Denkwürdigkeiten 2, 114.

33 Tagebucheintragung Waldersees, 15. 3. 1890, die mit dem Satz beginnt: »Der große Krach ist da!« – Ebenda 2, 114ff.

34 Dieser Satz ist vom Herausgeber weggelassen. – DZA, Hist. Abt. II, Merseburg, Rep. 92, Waldersee A I, Nr. 16, Bl. 31.

35 Ebenda.

36 Eintragung vom 18. 4. 1890. – DZA, Hist. Abt. II, Merseburg, Rep. 92, Waldersee, A I, Nr. 16, Bl. 39. – In der von H. O. Meisner besorgten Edition lautet der Satz: »Der Großherzog hat unbedingt ein großes [...] um Bismarcks Entlassung.« *Waldersee*, Denkwürdigkeiten 2, 123.

37 *Wilhelm II.*, Ereignisse und Gestalten aus den Jahren 1878 bis 1918, Leipzig/Berlin 1922, S. 5. – Ähnlich auch Fürst von *Bülow*, Deutsche Politik, Volksausgabe 1916, S. 117.

38 Bericht vom 19. März 1890 des österreichischen Botschafters Graf Széchényi. Wilhelm *Schüßler*, Bismarcks Sturz. Leipzig ²1922, S. 270.

39 In »Eduards Traum« heißt es: »Vor wenigen Tagen war der größte Mann seines Volkes vom Bocke gestiegen und hatte die Zügel der Welt aus den Händen gelegt. Nun hätte man meinen sollen, gäb's ein Gerassel und Kopfüberkopfunter. Doch nein! Jeder schimpfte und schacherte und scharwenzelte so weiter und spielte Skat und Klavier oder sein Los bei Kohn und leerte sein Schöppchen, genau wie vorher, und der große Allerweltskarren rollte die Straße entlang, ohne

merklich zu knarren, als wär' er mit Talg geschmiert.« Wilhelm *Busch,* Das Gesamtwerk des Zeichners und Dichters. 6. Bd. Olten/Stuttgart 1959, S. 269.

40 Brief vom 1. Mai 1890. Theodor *Fontane,* Briefe an Georg Friedländer (Hg. Kurt Schreinert). Heidelberg 1954, S. 125.

V Letzte Jahre

1 Über die letzten acht Lebensjahre sehr ausführlich ausgebreitet: Manfred *Hank,* Kanzler ohne Amt. Fürst Bismarck nach seiner Entlassung 1890–1898. München 1977 und Wolfgang *Stribrny,* Bismarck und die deutsche Politik nach seiner Entlassung (1890–1898), Paderborn 1977.

2 So gegenüber Horst Kohl am 26./27. November 1891 in Friedrichsruh.

3 Näheres dazu bei Hermann *Hofmann,* Fürst Bismarck 1890–1898. 3 Bände. Stuttgart/Berlin/Leipzig 1914. Hinweise: A.a.O., Bd. 1, S. VII–X.

4 Eine irrtümliche Annahme Bismarcks.

5 Bismarck. Vertrauliche Gespräche u. a. über Wilhelm II., von seinem Anwalt Justizrat Ferdinand Philipp aufgezeichnet und aus dessen Nachlaß herausgegeben (von Max Philipp). Dresden ²1927, S. 135.

6 Zur Entstehungsgeschichte des Werkes vgl. GW 15, IV–XXVIII, sowie Wolfgang *Schadewaldt,* Die Neuausgabe von Bismarcks »Gedanken und Erinnerungen« und die klassische Philologie. In: Neue Jbb. f. Wiss. u. Jugendbildung 9 (1933), wiederabgedruckt in: Hellas und Hesperien. Gesammelte Aufsätze zur Antike und zur neueren Literatur. Zürich 1960.

7 Gespräch mit dem Historiker Erich Marcks, 14. März 1893.

8 25. 6. 1896. – GW 9, 465–469.

9 Ansprache an die Hamburger Bürger, 10. Mai 1897.

10 Brief vom 8. 1. 1891. – Der Briefwechsel zwischen Theodor Fontane und Paul Heyse. Hg. Gotthard Erler. Berlin, Weimar 1972, S. 216.

11 Erlaß vom 9. Juni 1892.

12 Bismarck hat diese Schreiben »Uriasbriefe« genannt, und unter diesem wirkungsvollen Namen laufen sie seitdem in der Literatur. Der Vergleich ist insofern nicht treffend, als hier die tragische Ironie fehlt, die den alttestamentarischen Urias kennzeichnet: Es ist der Überbringer selbst, der sein Schicksal überbringt. Vgl. 2. Samuel, 11, 1–27.

13 Am 31. Juli 1892.

14 C. W. *Allers* und Hans *Kraemer,* Unser Bismarck. Stuttgart/Berlin/Leipzig o. J., S. 237.

15 *Brauer,* a.a.O., 355.

15a Ansprache an deutsche Journalisten und Schriftsteller, Friedrichsruh, 1. 7. 1894. – GW 13, 536.

15b Ansprache am 12. 7. 1894. – GW 13, 536.

15c Vgl. dazu auch Ernst *Engelberg,* Über mittelalterliches Städtebürgertum. Die Stendaler Bismarcks im 14. Jahrhundert. Berlin-Ost 1979.

[16] Brauer, a.a.O., 186.

[17] Ebenda, 395.

[18] Varzin, 19. Dezember 1894.

[19] Brief vom 27. November 1895, Friedrichsruh. – Fünf Briefe Bismarcks an Kaiser Wilhelm II. Mitgeteilt und eingeleitet von Werner Frauendienst. In: BM 15 (1937), 70f.

[20] Am 24. März 1895.

[21] Am 22. Februar 1894. *Hofmann*, a.a.O., II, 247.

[22] Johannes *Penzler*, Fürst Bismarck nach seiner Entlassung. Leben und Politik des Fürsten seit seinem Scheiden aus dem Amte auf Grund aller authentischen Kundgebungen. 6. Bd. Leipzig 1898, S. 87ff.

[23] *Kiderlen-Wächter*, der Staatsmann und Mensch. Briefwechsel und Nachlaß (Hg. Ernst Jäckh). 1. Bd. Berlin/Leipzig 1924, S. 164.

[24] GW 13, 554–557.

[25] GW 13, 557ff.

[26] Vgl. etwa Werner Freiherr v. *Rheinbaben*, Kaiser, Kanzler, Präsidenten. Erinnerungen. Mainz 1968, S. 303f.

[27] GW 13, 559ff.

[28] *Hofmann*, a.a.O., II, 298ff. u. 302f.

[29] Berlin, 6. April 1897, Brief an Friedländer. A.a.O., 311.

[30] *Tirpitz*, a.a.O., 93f. – Vgl. dazu auch Bernhard Fürst v. *Bülow*, Denkwürdigkeiten. 1. Bd. Berlin 1930, S. 208f.

[31] Dies Wort ist eine deutliche Warnung. Mißverstanden bei Otto Graf zu *Stolberg-Wernigerode*, Die unentschiedene Generation. Deutschlands konservative Führungsschichten am Vorabend des Ersten Weltkrieges. München, Wien 1968, S. 353 und zudem irrtümlich als im Jahre 1894 gefallen datiert, statt am 16. 12. 1897. – *Schultheß* Europ. Geschichtskalender 1897, S. 168.

[32] Gespräch am 5. Mai 1872 in Berlin.

[33] Adolph *Wilbrandt*, 1881 bis 1887 Direktor des Wiener Burgtheaters, nach einem Besuch am 30. Dezember 1890.

[34] Zit. bei *Meyer*, Bismarck a.a.O., 706. – Die Lesart bei K. A. v. *Müller* – »und zwanzig Jahre nach meinem Ableben…« weist genau auf das Jahr 1918. K. A. v. *Müller*, Mars und Venus. Erinnerungen 1914–1919. Stuttgart 1954, S. 246.

[35] Siehe oben S. 81.

[36] Vgl. dazu auch *Bülow*, Denkwürdigkeiten, I, 230.

Ausblick

[1] Vgl. dazu die Quellensammlung von Karl Heinrich *Höfele*, Geist und Gesellschaft der Bismarckzeit 1870–1890, Göttingen 1967.

[2] Außerdem sei verwiesen auf Willy *Hertel*, Bismarck-Bibliographie (Hg. K. E. Born), Köln/Berlin 1966. Zu deren Mängeln vgl. die Besprechung von Werner *Schochow* in GGA 221 (1969), 178–185.

[3] Eine Übersicht zum Stand der Geschichtsschreibung bieten folgende Aufsatz-

sammlungen: Lothar *Gall* (Hg.), Das Bismarck-Problem in der Geschichtsschreibung nach 1945. Köln, Berlin 1971. – Hans *Hallmann* (Hg.), Revision des Bismarckbildes. Die Diskussion der deutschen Fachhistoriker 1945–1955. (Wege der Forschung, Bd. 285), Darmstadt 1972.

4 Stirling, The Richmond Papers (1926), S. 340. Zit. bei A. O. *Meyer*, Bismarck, a.a.O., 489.

5 Geniale Menschen. Berlin 1929, S. 152ff. – Vgl. auch Wilhelm *Lange-Eichbaum*, Genie, Irrsinn und Ruhm. Eine Pathographie des Genies. 4. Aufl. von Wolfram Kurth. München/Basel 1956, S. 277ff.

6 *Eyck*, a.a.O., III, 638.

7 Brief Alexander Andraes, Roman, 24. Dezember 1865. Zit. bei R. K. *Goldschmit-Jentner*, a.a.O., 191–194.

8 Brief vom 26. Dezember 1865, Berlin.

9 GW 15, 287.

10 Das Wort geht zurück auf die 1853 anonym erschienene Schrift des damals sehr bekannten Publizisten August Ludwig von *Rochau*, »Grundsätze der Realpolitik, angewendet auf die staatlichen Zustände Deutschlands«. Treitschke schrieb 1856 einem Freunde darüber: »Obgleich scheinbar ein gewöhnlicher publizistischer Essay, enthält er doch für die Wissenschaft mehr Brauchbares, als ein dikkes Lehrbuch der Politik... Ich wüßte kein Buch, das vorgefaßte Illusionen mit schneidenderer Logik zerstörte.« Heinrich v. *Treitschke*, Briefe Bd. I, 1914^2, S. 364.

11 Rede vor dem Herrenhaus, 23. März 1887.

12 Vgl. oben S. 43.

13 Rede vor dem preußischen Landtag, 21. April 1887.

14 Rede vom 3. Dezember 1884. – GW 12, 519.

15 A. O. *Meyer*, Bismarcks Glaube, a.a.O., 64.

16 Brief vom 6. Januar 1888.

17 Vgl. oben S. 150f.

18 Siegfried A. *Kaehler*, Zwei deutsche Bündnisangebote... a.a.O., 149.

19 Brief an Stosch, Segenhaus, 3. November 1895. Im Ring der Gegner Bismarcks. Denkschriften und politischer Briefwechsel Franz v. Roggenbachs mit Kaiserin Augusta und Albrecht v. Stosch 1865–1896 (bearb. u. hg. v. J. *Heyderhoff*). Leipzig 1943, S. 425.

20 *Waldersee*, a.a.O., 2, 449. Eintragung vom 13. Juli 1900.

21 *Waldersee*, a.a.O., 3, 138. Eintragung vom 23. Mai 1901.

22 Vgl. oben S. 121.

23 A. O. *Meyer*, Bismarcks Glaube, a.a.O., 20.

24 In einem Artikel der ›Hamburger Nachrichten‹ über »Deutschland und Rußland« nahm Bismarck am 3. Oktober 1891 Stellung gegen die chauvinistische deutsche Presse, die einige seiner Mahnungen als »Wettkriechen vor Rußland« bezeichnet hatte. Eine ähnliche Stellungnahme aus der ›Konservativen Korrespondenz‹ zitierte er und erklärte dazu: »Dies Beispiel ist typisch dafür, wie ein Teil der deutschen Presse das Wort des Eisernen Kanzlers: ›Wir Deutschen

fürchten Gott und sonst nichts auf der Welt!‹ verstanden wissen möchte. Nicht das weitvorausblickende Rechnen mit vorhandenen Faktoren der europäischen Politik soll die deutsche Staatskunst charakterisieren, ihr Bemühen soll nicht darauf gerichtet sein, Kriege, deren Ende nicht abzusehen wäre, nach Kräften vermeiden zu helfen, sondern Deutschland soll in Europa herausfordernd auftreten, die Rolle des Mannes spielen, der plötzlich zu Gelde gekommen ist und nun, auf die Taler in seiner Tasche pochend, jedermann anrempelt. Die Gefahr, daß solche Auffassungen in Deutschland um sich greifen, liegt vor und verstärkt naturgemäß die Besorgnis, daß trotz des besten Willens eine Fahrt auf falschem Geleise erfolgen könnte, auf dem es keine Umkehr vor der Katastrophe mehr geben würde.« Zit. bei *Hofmann*, a.a.O., I, 382.

[25] So z. B. Theodor *Birt* am 28. Mai 1903 bei der Ansprache aus Anlaß der Enthüllung des Denksteins zur Bismarck-Säule. Marburg 1905, S. 31. – Diese und ähnliche Reden bedeuteten einen Protest gegen das hohle Pathos des Wilhelminismus, ein Protest, der auch in der nüchtern-geschlossenen Architektonik der nun zahlreich errichteten Bismarck-Denkmäler Ausdruck fand.

[26] So auch bei Michael *Freund*, Das Drama der 99 Tage. Krankheit und Tod Friedrichs III. Köln, Berlin 1966, S. 282. Freund zitiert außerdem den nur angeführten ersten Teil ungenau – »Wir Deutschen fürchten niemanden außer Gott« – und meint, daß der Satz »kaum zu Bismarck paßte«. In der Tat!

[27] Vgl. oben S. 106.

[28] Documents Diplomatiques Français (1871–1914), 1. Serie, Bd. 5, 249.

[29] An den Botschafter in London, Graf Hatzfeldt. Varzin, 30. Juni 1889. GP 6, 356.

[30] Bericht des Botschafters in Wien Prinz Heinrich VII. Reuß an den Reichskanzler. GP 6, 302.

[31] An den Botschafter in Wien. Berlin, 3. Mai 1888. GP 6, 303.

[32] Ausfertigung des Schreibens vom 9. Mai 1888. GP 6, 304–307.

[33] Vgl. oben S. 103.

[34] Zit. bei Otto *Becker*, Bismarck und die Einkreisung Deutschlands, I. Teil: Bismarcks Bündnispolitik. Darmstadt 1960 (Berlin 1923), S. 59.

[35] Der in der »Deutschen Revue« anonym erschienene Artikel wandte sich vor allem gegen die Wirkungen des Kolonial- und des Flottenvereins und war von dem Gesandten Graf Pückler verfaßt.

[36] Eintragung Berlin, Anfang Dezember 1912. – Ernst Jäckh (Hg.), Kiderlen-Wächter, Der Staatsmann und Mensch. Briefwechsel und Nachlaß. Berlin, Stuttgart 1924, Bd. 2, S. 162.

[37] Lady Gwendolen *Cecil*, Life of Robert Marquis of Salisbury, Vol. IV, London 1932, S. 364.

[38] Rede Stresemanns, Stuttgart, 18. April 1926. Gustav *Stresemann*, Vermächtnis. Der Nachlaß in drei Bänden. 2. Bd., Berlin 1932, S. 504.

[39] Walter *Bußmann*, Siegfried A. Kaehler, Ein Gedenkvortrag. In: HZ 198 (1964), 360.

[40] Brief an G. H. Earle, 22. 12. 1933. Franklin Delano *Roosevelt*, His Personal Letters, 1928–1945, ed. Elliot Roosevelt. New York 1950, III, 379.

[41] Dr. Kurt Herrmann (1890–1955). – Aufgabe der schriftlichen Reifeprüfung, Herbst 1939, Deutsch. Unter den vier zur Wahl gestellten Themen. – Mitteilungen der »Vereinigung ehemaliger Schüler des Gymnasiums (Jahnschule) zu Salzwedel« Juli 1940 und Jahresbericht der Jahnschule (Staatliche Oberschule für Jungen) Schuljahr 1939/40 zu Salzwedel. Salzwedel o. J. [1940], S. 13.

[42] Zit. bei Allan *Bullock*, Hitler. Eine Studie über Tyrannei. Düsseldorf [7]1961, S. 493.

[43] Ulrich von *Hassell*, Vom Andern Deutschland. Aus den nachgelassenen Tagebüchern 1938–1944. Frankfurt/M., Hamburg 1964, S. 319.

[44] Fürst Otto von Bismarck (1897–1975), ältester Sohn Herbert von Bismarcks, Botschaftsrat in London, später Gesandter an der Deutschen Botschaft in Rom, MdB.

Zeittafel

1. 4. 1815	Otto von Bismarck in Schönhausen, Kreis Jerichow, in der Altmark geboren.
Jan. 1822– Herbst 1827	Schüler des Plamannschen Pädagogiums in Berlin.
Herbst 1827– Ostern 1832	Schüler des Friedrich-Wilhelm-Gymnasiums und des Gymnasiums zum Grauen Kloster in Berlin.
31. 3. 1831	Konfirmation durch Friedrich Schleiermacher.
Mai 1832– Herbst 1833	Student der Rechte in Göttingen.
November 1833– Mai 1836	Student in Berlin. Examen als Auskultator. Beschäftigung am Stadtgericht.
Juni 1836	Referendarexamen in Aachen.
Juli 1836– Juli 1837	Referendar in Aachen. Reise nach Süddeutschland.
Dezember 1837– März 1838	Regierungsreferendar in Potsdam.
März 1838– April 1839	Einjähriger in Potsdam und Greifswald (Gardejäger). Hörer der landwirtschaftlichen Hochschule in Eldena.
1. 1. 1839	Tod der Mutter.
22. 10. 1839	Antrag auf Entlassung aus dem Staatsdienst.
1839–1846	Herr des Pommerschen Gutes Kniephof. Bildungsjahre, Reisen, Beteiligung an der ländlichen Selbstverwaltung als Kreisdeputierter, stellvertretender Landrat des Kreises Naugard/Pommern und im Provinziallandtag.
1845	Tod des Vaters.
1846	Übersiedlung nach Schönhausen. Deichhauptmann. Harzreise. Werbebrief.
10. 11. 1846	Tod von Marie von Blanckenburg, geb. von Thadden.
12. 1. 1847	Verlobung mit Johanna von Puttkamer in Reinfeld/Pommern.
Mai 1847	Einberufung als Stellvertreter in den Vereinigten Preußischen Landtag.
15. 5. 1847	Erste Rede im Landtag.
28. 7. 1847	Hochzeit.
März 1848	Revolution.
	Mitglied des Zweiten Vereinigten Landtags.
2. 12. 1848	Der österreichische Kaiser Ferdinand I. dankt ab; ihm folgt auf dem Thron Franz Joseph I.
21. 8. 1848	Geburt der Tochter Marie.
5. 12. 1848	Oktroyierte Verfassung in Preußen.
Febr. 1849	Mitglied der Zweiten Preußischen Kammer.

Juli	Wiederwahl.
28. 12. 1849	Geburt des Sohnes Herbert.
März und April 1850	Mitglied des Erfurter Unionparlaments.
28. 11. 1850	Vertrag von Olmütz.
3. 12. 1850	Rede vor dem Landtag. – Verteidigung des Vertrages.
15. 5. 1851	Ernennung zum Rat bei der preußischen Gesandtschaft am Bundestag, bald darauf zum Bundestagsgesandten in Frankfurt a. M.
2. 12. 1851	Staatsstreich Louis Napoleons.
25. 3. 1852	Duell mit Vincke.
8. 5. 1852	Londoner Protokoll.
1854–1856	Krimkrieg.
30. 3. 1856	Friede von Paris.
7. 10. 1858	Wilhelm Prinz von Preußen wird Regent. Beginn der »Neuen Ära«. Kaltstellung Bismarcks.
29. 1. 1859	Bestallung zum Gesandten in Petersburg. Schwere Krankheit.
2. 1. 1861	Tod Friedrich Wilhelms IV. – Wilhelm I. wird König von Preußen.
Juli 1861	Erste Darlegung seiner deutschen Pläne vor König Wilhelm I. in Baden-Baden.
18. 10.	Krönung in Königsberg, bei der auch Bismarck zugegen ist.
17. 3. 1862	Entlassung der liberalen Minister. Ende der »Neuen Ära«.
Mai 1862	Ernennung zum Gesandten in Paris.
August 1862	In Biarritz. – Katharina Orlow.
22. 9. 1862	Unterredung mit König Wilhelm in Babelsberg. Ernennung zum preußischen Ministerpräsidenten.
30. 9. 1862	Rede vor der Budgetkommission des Abgeordnetenhauses. »Eisen und Blut.«
8. 2. 1863	Militärkonvention mit Rußland (Alvenslebensche Konvention) gegen die aufständischen Polen.
5. 6. 1863	Danziger Rede des Kronprinzen.
August 1863	Fürstentag in Frankfurt a. M.
15. 9. 1863	Preußische Reformdenkschrift. Gedankenaustausch mit Lassalle.
16. 1. 1864	Bündnis mit Österreich.
Februar–Juli 1864	Preußisch-österreichischer Krieg gegen Dänemark.
18. 4. 1864	Erstürmung der Düppeler Schanzen.
1. 8. 1864	Unterzeichnung der Friedenspräliminarien in Wien.
30. 10.	Friede von Wien. Dänemark tritt die Herzogtümer Schleswig, Holstein und Lauenburg an Österreich und Preußen ab.
14. 8. 1865	Vertrag von Gastein. Kompromiß zwischen Preußen und Österreich: Die Ausübung der gemeinsamen Rechte in den Herzogtümern soll in Holstein Österreich, in Schleswig Preu-

	ßen zustehen; Lauenburg kommt gegen Geldentschädigung an Preußen; Kiel soll Bundeshafen unter preußischem Oberbefehl werden.
16. 9. 1865	Ernennung zum Grafen.
Oktober 1865	Treffen Bismarcks und Napoleons III. in Biarritz.
8. 4. 1866	Befristeter preußisch-italienischer Bündnisvertrag gegen Österreich.
	Antrag Preußens beim Bundestag in Frankfurt a. M. auf Bundesreform durch ein deutsches Parlament auf Grund des allgemeinen Wahlrechts.
7. 5.	Attentat Cohen-Blinds auf Bismarck.
Juni 1866	Preußen beantragt Bundesreform mit Ausschluß Österreichs.
	Österreich schließt einen Geheimvertrag mit Frankreich, das für die künftige Abtretung Veneziens an Frankreich Neutralität verspricht.
	Der Bundestag beschließt auf österreichisch-bayrischen Antrag Mobilmachung eines Teils der Bundesarmee. Preußen erklärt die Bundesakte für gebrochen und tritt aus dem Bunde aus.
15. 6.– 26. 7. 1866	Krieg um die Vorherrschaft in Deutschland, zugleich österreichisch-italienischer Krieg.
3. 7.	Wahlen für preußischen Landtag.
3. 7.	Schlacht von Königgrätz.
26. 7.	Vorfriede von Nikolsburg.
August 1866	Abschluß der geheimen Schutz- und Trutzbündnisse zwischen Preußen und den süddeutschen Staaten (Württemberg 13., Baden 17., Bayern 22. August).
23. 8. 1866	Friede von Prag zwischen Preußen und Österreich: Auflösung des Deutschen Bundes, Österreichs Rechte in Schleswig-Holstein gehen auf Preußen über, Österreich stimmt den von Preußen beabsichtigten Annexionen und der geplanten Neugestaltung Deutschlands ohne Österreich zu. Keine Gebietsabtretungen Österreichs an Preußen; Kriegsentschädigung 20 Mill. Taler.
3. 9. 1866	Das preußische Abgeordnetenhaus nimmt mit 230 gegen 75 Stimmen die Indemnitätsvorlage an, durch die der Verfassungsstreit beendet wird.
20. 9.	Preußen annektiert Hannover, Kurhessen, Nassau und Frankfurt a. M.
15. 12.	Entwurf der Verfassung des Norddeutschen Bundes.
1866–1867	Gründung des Norddeutschen Bundes unter Führung Preußens mit den Bundesgenossen von 1866, Sachsen und den nördlich des Mains gelegenen Teilen des Großherzogtums Hessen.
12. 2. 1867	Der verfassunggebende Norddeutsche Reichstag wird auf Grund des allgemeinen, gleichen und direkten Wahlrechts ge-

	wählt. Erster Präsident: Eduard Simson, der letzte Präsident der Frankfurter Nationalversammlung.
1. 4. 1867	Interpellation Bennigsens wegen der Luxemburg-Krise.
16. 4.	Annahme der Verfassung durch den Norddeutschen Reichstag.
14. 6.	Bismarck zum Bundeskanzler ernannt.
18.–22. 8.	Napoleon III. und Franz Joseph I. in Salzburg.
27. 4. 1868	Eröffnung des deutschen Zollparlaments.
Februar 1869	Rücktrittsangebot Bismarcks wegen partikularistischer und höfischer Spannungen.
1.–3. 6. 1870	Zusammenkunft mit dem Zaren und mit Gortschakow.
6. 7.	Kammererklärung des französischen Außenministers Gramont zur Hohenzollernschen Kandidatur auf den spanischen Thron.
12. 7.	Verzicht des Erbprinzen Leopold von Hohenzollern-Sigmaringen auf die Thronkandidatur.
13. 7.	Emser Depesche.
15. 7.	Kriegserklärung Frankreichs an Preußen.
2. 9.	Kapitulation der kaiserlichen französischen Armee in Sedan.
4. 9.	Sturz des französischen Kaisertums. Ausrufung der Französischen Republik.
31. 10. 1870	Rußland erklärt durch Zirkulardepesche die Schwarzmeerklausel des Pariser Friedens für hinfällig.
18. 1. 1871	Kaiserproklamation in Versailles.
28. 1.	Übergabe von Paris.
26. 2.	Vorfriede von Versailles: Frankreich tritt an Deutschland das Elsaß ohne Belfort und Lothringen mit Metz ab. Kriegsentschädigung 5 Milliarden Franken.
13. 3.	Die Londoner Pontuskonferenz sanktioniert die Aufhebung der Schwarzmeerklausel.
22. 3.	Bismarck wird in den Fürstenstand erhoben.
10. 5.	Friede in Frankfurt a. M., bestätigt den Vorfrieden.
22. 1. 1872	Adalbert Falk wird preußischer Kultusminister. Auseinandersetzung zwischen Kirche und Staat – »Kulturkampf«.
Sept. 1872	Dreikaiserzusammenkunft (Deutschland, Österreich-Ungarn, Rußland).
Mai 1873	Kampfgesetze gegen die katholische Kirche.
22. 10. 1873	Drei-Kaiser-Abkommen zwischen Österreich, Rußland und Deutschland.
1874	Gesetz über die obligatorische Zivilehe (1875 auf das Reich ausgedehnt).
14. 4. 1874	Reichstag nimmt Septennat an, eine siebenjährige Festlegung der militärischen Friedensstärke.
13. 7. 1874	Attentat Kullmanns auf Bismarck in Kissingen.
Oktober–Dezember 1874	Arnim-Prozeß.
8. 4. 1875	»Krieg-in-Sicht«-Artikel der »Post«.

Mai 1875	Gründung der Sozialistischen Arbeiterpartei Deutschlands in Gotha.
10.–13. 5. 1875	Alexander II. und Gortschakow in Berlin.
25. 4. 1876	Rücktritt Rudolf Delbrücks, des Präsidenten des Reichskanzleramtes.
5. 12. 1876	Reichstagsrede zur orientalischen Frage. Standpunkt des deutschen Desinteressements.
1877	Innenpolitischer Kurswechsel: Beginnender Umschwung vom wirtschaftlichen und allgemein politischen Liberalismus zu Schutzzoll, staatlicher Sozialpolitik und Konservativismus.
März 1877	Kanzlerkrise. – Reichstagsrede am 10. 3. 1877 mit Angriffen auf Stosch.
7. 2. 1878	Tod des Papstes Pius IX.
19. 2.	Reichstagsrede. »Ehrlicher Makler.«
20. 2.	Kardinal Pecci als Leo XIII. zum Papst gewählt.
11. 5.	Attentat Hödels auf Kaiser Wilhelm I.
24. 5.	Ablehnung des Entwurfs eines Sozialistengesetzes durch den Reichstag.
2. 6.	Attentat Nobilings auf Kaiser Wilhelm I.
11. 6.	Auflösung des Reichstags.
13. 6.–13. 7.	Berliner Kongreß. Schlichtung der durch den russisch-türkischen Frieden von S. Stefano entstandenen Gegensätze zwischen England und Österreich gegenüber Rußland.
19. 10.	Gesetz gegen die gemeingefährlichen Bestrebungen der Sozialdemokratie (»Sozialistengesetz«) vom Reichstag angenommen.
Juni 1879	Ministerkrise in Preußen. Rücktritt des Finanzministers Hobrecht (27. 6.), des Landwirtschaftsministers Friedenthal und des Kultusministers Falk (beide 29. 6.).
15. 8.	Handschreiben des Zaren an Wilhelm I. »Ohrfeigenbrief.« Beginnender Abbau des »Kulturkampfes«.
7. 10.	Abschluß des Zweibundes zwischen Deutschland und Österreich-Ungarn.
August 1880	Spaltung der nationalliberalen Partei.
18. 6. 1881	Drei-Kaiser-Bündnis. Geheimes Neutralitätsabkommen auf 3 Jahre zwischen dem Deutschen Reich, Österreich-Ungarn und Rußland.
17. 11.	Kaiserliche Botschaft über die Sozialgesetzgebung.
20. 5. 1882	Geheimer Dreibund-Vertrag zwischen dem Deutschen Reich, Österreich-Ungarn und Italien für den Fall eines französischen Angriffs auf Italien oder Deutschland.
1883	Deutschland tritt dem geheimen Verteidigungsbündnis zwischen Österreich-Ungarn und Rumänien bei.
März 1884	Gründung der Deutschen Freisinnigen Partei.
24. 4.	Erwerb von Südwest-Afrika.
Juni 1884	Erneuerung des Drei-Kaiser-Bündnisses.

27. 6.	Unfallversicherung.
Juli	Erwerb von Togo (5. 7.) und Kamerun (14. 7.).
15. 12. 1884– 26. 2. 1885	Kongo-Konferenz in Berlin. Deutsch-französisches Zusammengehen.
26. 1. 1885	Fall Khartums. Englisch-französische Rivalität in Ägypten.
27. 2.	Erwerb von Ostafrika.
30. 3.	Sturz Jules Ferrys.
17. 5.	Erwerb der Nordostküste Neuguineas und der vorgelagerten Inselgruppe (Kaiser-Wilhelm-Land und Bismarck-Archipel).
September	Beginn der bulgarischen Krise.
25. 11. 1886	Neue Septennats-Vorlage.
12. 1. 1887	Auflösung des Reichstags.
21. 2.	Sieg des konservativ-nationalliberalen »Kartells« bei den Reichstagswahlen.
Mai	Erneuerung des Dreibundes.
18. 6.	Rückversicherungsvertrag. Geheimes Neutralitätsabkommen zwischen Rußland und dem Deutschen Reich auf drei Jahre.
3. 2. 1888	Veröffentlichung des Dreibundvertrages.
6. 2.	Septennatsrede. »Wir Deutsche fürchten Gott…«
9. 3.	Tod Kaiser Wilhelms I. – Thronbesteigung Friedrichs III.
13. 6.	Tod Kaiser Friedrichs III. – Thronbesteigung Wilhelms II.
11. 1. 1889	Bismarcks Bündnisangebot an England.
Mai	Bergarbeiterstreik im Ruhrgebiet.
18. 5.	Bismarcks letzte Reichstagsrede für das Alters- und Invaliditätsgesetz.
22. 6.	Gesetz über Alters- und Invalidenversicherung.
24. 1. 1890	Kronrat über das »Sozialistengesetz« und die Arbeiterversicherung. Zusammenstoß zwischen Kaiser und Kanzler.
25. 1.	Ablehnung des »Sozialistengesetzes« durch den Reichstag.
4. 2.	Arbeiterschutzerlasse Wilhelms II.
20. 2.	Reichstagswahlen. Niederlage des Kartells und der Innenpolitik Bismarcks.
12. 3.	Windthorst besucht Bismarck.
15. 3.	Bruch zwischen Wilhelm II. und Bismarck.
18. 3.	Bismarcks Entlassungsgesuch.
20. 3.	Bismarcks Entlassung.
30. 4. 1891	Bismarck wird in der Stichwahl vom 19. hannoverschen Wahlkreis in den Reichstag gewählt.
9. 6. 1892	Caprivis Erlaß an Prinz Reuß wegen des Bismarck-Besuches in Wien.
Juli 1892	Bismarcks großdeutsche Triumphreise.
31. 7. 1892	Rede in Jena.
12. 10.	Tod Lothar Buchers.
26. 1. 1894	Formelle Aussöhnung mit dem Kaiser in Berlin.
27. 11.	Tod der Gattin.

23. 3. 1895	Reichstag lehnt Glückwünsche für Bismarck zur Vollendung des 80. Lebensjahres ab.
24. 10. 1896	Bismarck enthüllt in den »Hamburger Nachrichten« den Rückversicherungsvertrag.
16. 12. 1897	Besuch Wilhelms II. in Friedrichsruh.
30. 7. 1898	Tod Bismarcks
31. 7.	Veröffentlichung des Entlassungsgesuchs im »Berliner Lokal-Anzeiger«.

Namen- und Sachverzeichnis

Die im Vorwort, in den Anmerkungen und in den Bildunterschriften angeführten Namen sind hier nicht aufgenommen.